KB020995

NEW

상속·증여 만점세무

상속·증여 만점세무

초판 1쇄 2016년 5월 13일
초판 5쇄 2021년 9월 10일

지은이 세무법인 택스홈앤아웃
펴낸이 이혜숙
펴낸곳 (주)스타리치북스

출판감수 이은희
출판책임 권대홍
책임편집 이은정
편집교정 송경희·이주선
본문편집 다온컴퍼니
일러스트 배성환

등록 2013년 6월 12일 제2013-000172호
주소 서울시 강남구 강남대로62길 3 한진빌딩 2~8층
전화 02-6969-8955

스타리치북스 페이스북 www.facebook.com/starrichbooks
스타리치북스 블로그 blog.naver.com/books_han
스타리치몰 www.starrichmall.co.kr
홈페이지 www.starrichbooks.co.kr
글로벌기업가정신협회 www.epsa.or.kr

값 22,000원
ISBN 979-11-85982-23-6 13320

상속·증여 만점세무

세무법인 택스홈앤아웃 지음

StarRich
Books

"近者悅 遠者來(근자열 원자래)"

"가까이 있는 사람을 기쁘게 하면 멀리 있는 사람은 저절로 찾아온다."

2500년 전 춘추전국시대 초나라 섭공이라는 제후에게 공자가 남긴 말씀입니다.

저희 법인이 2004년 하나은행 PB사업본부, WM사업본부와 세무고문 계약을 체결한 이후로 하나대투증권, 외환은행, 한국투자증권, AIA생명, 현대증권과도 고문 계약을 체결하는 등 국내 최고 금융기관 및 고객들에게 전문화된 서비스를 제공해온 지 벌써 12년이 되었습니다.

그동안 저희 법인은 각 금융기관 고객들의 상담, 신고, 세미나, 세무조사 입회 등 다방면의 업무를 진행하면서, 좀 더 다양하고 실질적 도움을 드릴 수 있는 종합적인 컨설팅을 제공해드리고자 끊임없이 고민해왔습니다.

금융기관 고객들과의 상담에서 주를 이루는 것은 상속세와 증여세에 대한 내용입니다. 그만큼 「상속세 및 증여세법」은 어렵고 복잡하며 무엇보다, 아는 것과 모르는 것 사이에 큰 절세효과가 숨어 있을 가능성이 높은 세목입니다.

이에 저희 법인이 고객들과의 많은 상담 사례를 통해 고객들께서 주로 궁금해하시거나 꼭 아셔야 할 내용을 중심으로 집필한 것이 2013년에 처음 출간된 『상속·증여 만점세무』입니다.

『상속·증여 만점세무』를 처음으로 선보인 지 어느덧 3년이 되었습니다.

그동안 과분한 사랑을 보여주신 독자들에게 진심으로 감사드리며, 이번 2016년 『NEW 상속·증여 만점세무』 개정판을 출간하게 되었습니다.

개정판에는 최근 개정 세법을 모두 반영하였고, 상속세와 증여세를 각각 기초 편과 고급 편으로 나누어 각자 상황에 맞춰 단계적으로 또는 선택적으로 접근할 수 있게 하였습니다. 또 가급적 많은 예시를 Q & A 형식으로 서술하여 독자들이 쉽게 이해할 수 있도록 하였습니다.

상속·증여 문제에 관심이 있거나 당면한 독자들은 『NEW 상속·증여 만점세무』를 곁에 두고 시간 날 때마다 또는 전문가의 컨설팅을 받기 전 사전 지식 습득을 위해 펼쳐 보신다면 적절한 해결책을 구할 수 있으시리라 확신합니다.

상속과 증여에 대한 국세청의 과세 방침은 '법에 열거되어 있지 않더라도 사실상의 상속·증여가 발생하면 과세한다'는 완전포괄주의를 강화하는 것입니다.

이에 일감 몰아주기로 얻은 이익에 대한 과세, 명의신탁 주식의 실소유자 추적 과세, 차등배당 이익에 대한 과세 등 새로운 제도가 속속 등장했습니다.

지금도 국세청에 자료가 제출되지 않은 비과세 금융상품이나 무기명 장기채권, 그리고 페이퍼컴퍼니 등에 은닉한 해외 발생 소득에 대한 세원 발굴이 강화되고 있습니다.

2015년 미국과 '조세정보 자동교환 협정'을 맺은 데 이어 앞으로 국가 간 금융계좌 정보를 교환하는 국제 규약이 확산될 것이므로 국외에서의 변칙적 상속·증여는 엄단될 것으로 보입니다.

또한 점점 정보화, 전산화되어가는 흐름을 볼 때 일반인들도 증여의 개념을 깊이 이해할 필요가 있습니다.

이처럼 상속·증여 관련 세법 개정은 더욱 강도 높게 진행되는데 반해, 방대하고 어려운 「상속세 및 증여세법」의 성격상 독자들이 이를 잘 이해하고 적용하는 데는 많은 어려움이 있는 것이 현실입니다.

이런 상황이 상속·증여 등 재산 세제 관련 전문 세무법인으로서의 역할을 다하고자 하는 저희 법인에서 본서를 출간하는 계기가 되었습니다. 이 책이 독자들의 세무 관련 고민을 가볍게 하는 데 조금이라도 도움이 되기를 기대해봅니다.

이 책이 나오기까지 세무법인 택스홈앤아웃 컨설팅 사업부 세무사들의 많은 고민과 노력이 있었습니다.

저술해 참여해준 모든 세무사와 개정판 출판에 도움을 준 스타리치북스 관계자분들에게 진심으로 감사드리고, 특히 본 개정판 작업을 위해 밤샘을 마다하지 않고 수고해준 박상혁 전무, 박상언 전무, 박상호 이사, 김효경 이사에게 감사의 말씀 전합니다.

앞으로도 저희 택스홈앤아웃은 약속을 지키는 전문가 그룹으로서, 세무 서비스의 경계를 허물고 다양한 서비스를 포괄하는 플랫폼을 통해, 고객의 일생을 넘어 후대에 이르기까지 최고의 가치를 제공하는 'Only One' 세무법인이 되겠습니다.

많은 관심 보내주시기 바랍니다.

2016년 5월
세무법인 택스홈앤아웃 대표이사 신웅식
(전 성남·송파·반포·제주 세무서장)

생활 세금도 알면 절세된다

상속세와 증여세는 사업을 하지 않는 사람도, 직업이 없는 실업자도 어느 정도 재산이 있는 사람이라면 누구나 해당되는 세금으로서 우리 생활과 밀접하게 관련되어 있습니다. 그리고 수익이나 소득이 아닌 재산 가치를 기준으로 세금을 부과하기 때문에 세금에 대한 부담감이 높아서 납세자뿐 아니라 예비납세자의 관심과 문의가 많은 세금입니다.

또한 상속세와 증여세는 다른 세목에 비해 조세시효도 길고 완전포괄주의와 같은 새로 도입된 개념은 평소에 자주 접하지 못하는 내용이라 납세자들에게 아직 익숙하지 않아, 매우 복잡하게 느껴질 뿐 아니라 이해하는 데에도 어려움이 많은 것이 사실입니다.

이런 점을 잘 알고 있는 세무법인 택스홈앤아웃의 뜻있는 세무사들이 의기투합하여 현장에서 접한 다양한 상담 사례, 세무 관련 문제들을 처리하면서 쌓은 경험 등을 토대로 납세자들에게 도움

될 만한 내용을 간추려『상속·증여 만점세무』를 발간한 것이 벌써 3년이 되었습니다.

그 후 세법도 많이 손질되었고 새로운 해석과 판례도 나오고 해서 처음 발간한 책 내용을 대폭 보완하고 수정하여 이번에 개정판『NEW 상속·증여 만점세무』를 발간하게 된 것은 매우 뜻깊고 보람된 일이라 생각합니다.

이 책은, 평상시에 세금과 별로 관계없이 지내는 보통 사람들도 관심을 많이 가지는 상속세와 증여세 분야를 다루는 만큼 세세한 부분까지 정밀하고 정확하게 살펴 누구나 읽기 편하고 이해하기 쉽게 독자를 위한 책으로 만들어졌습니다.

아무쪼록 이 책이 상속·증여와 관련된 세금에 의문이 있거나 미리 정보를 익혀 세금 문제에 대비하고자 하는 예비납세자에게 유용한 길잡이로 활용되고, 나아가 상속세와 증여세에 대한 인식을 새롭게 하고 정확하고 합리적으로 납세하는 데 큰 도움이 되기를 바라는 마음 간절합니다.

김문환(전 중부지방국세청 조사1국장/현 택스홈앤아웃 부회장)

Contents

고급 편

상속세

기초 편

고급 편

TIP

NEW
상속·증여 만점세무

증여세와 상속세란 무엇이고
누가 내는 세금일까?

증여세와 상속세. 과거에는 대기업 재벌이나 부자들에게만 해당되는 세금이라 여겼지만, 이제는 일반인들도 반드시 알아야 할 기본 상식이 되었다. 결혼하는 자녀를 위해 집을 마련해주는 경우, 가업을 자녀에게 물려주는 경우, 가족들에게 재산을 남기고 일생을 마감하는 경우 등에서 증여와 상속이 발생한다. 그런데 이에 대한 사전 지식이 없을 경우에는 돌이킬 수 없는 결과를 초래할 수도 있으니 미리 준비하여 낭패를 보는 일이 없도록 해야 할 것이다. 먼저 증여세와 상속세의 정확한 의미부터 알아두자.

증여세

증여세란 무엇인가?

증여세는 타인(증여자)으로부터 무상으로 재산을 이전받는 경우
(현저히 낮은 대가를 받고 이전하는 경우도 포함)에 그 재산을 이전받는
자(수증자)가 납부하는 세금을 말한다. 자녀가 부모로부터 부동산,
주식, 예금 등의 재산을 무상으로 받는다면 자녀는 증여세를 납부
해야 한다.

증여재산의 범위

수증자가 거주자인 경우에는 국내와 국외에 소재한 모든 증여

재산에 대하여 증여세를 납부해야 하고, 수증자가 비거주자인 경우에는 국내에 소재한 모든 증여재산에 대하여 증여세를 납부해야 한다.

- 거주자라 함은 국내에 주소를 두거나 183일 이상 거소를 둔 사람을 말하고, 비거주자는 거주자가 아닌 사람을 말한다.

누가 증여세를 내는가?(증여세 납세의무자)

증여세의 납세의무자는 증여에 의하여 재산을 취득하는 수증자, 즉 재산을 증여받는 자이다.

얼마를 공제할 수 있는가?(증여재산공제 항목)

- **배우자로부터 증여받는 경우**: 6억원
- **직계존속으로부터 증여받는 경우**: 5천만원(미성년는 2천만원)
- **직계비속으로부터 증여받는 경우**: 5천만원
- **기타 친족으로부터 증여받는 경우**: 1천만원

> **직계존속의 예**: 아버지, 어머니
> 할아버지, 할머니
> 외할아버지, 외할머니
> **직계비속의 예**: 아들, 딸, 손자, 손녀

증여세는 언제까지 신고납부를 해야 하는가?

증여받은 날이 속하는 달의 말일부터 3개월 이내에 증여세 신고서를 제출하고 증여세를 납부해야 한다. 더불어 부동산 등을 증여받은 경우에는 취득세 등을 납부해야 하는데, 이는 60일 이내에 납부해야 한다(기한이 일치하지 않음을 주의해야 함).

증여받은 날	취득세 납부기한	증여세 납부기한
예 20X1년 3월 10일	20X1년 5월 9일	20X1년 6월 30일

증여세는 어디에, 어떤 서류로 신고해야 하는가?

증여세 신고서는 증여받는 자(수증자)의 주소지를 관할하는 세무서에 제출한다. 그러나 수증자가 비거주자이거나 주소·거소가 불분명하면 증여자 주소지의 관할세무서에 신고서를 제출하고, 증여자와 수증자가 모두 비거주자이거나 주소·거소가 불분명하다면 증여재산 소재지 관할 세무서에 신고서를 제출한다.

증여세를 신고할 때에는 다음과 같은 서류를 제출해야 한다.

① 증여세과세표준신고 및 자진납부계산서

② 증여재산 및 평가명세서

③ 채무를 부담하는 경우 채무를 입증할 수 있는 서류

④ 증여자와 수증자의 관계를 알 수 있는 가족관계증명서

● **일반적인 증여 절차**(부동산 증여의 경우)

상속세

상속세란 무엇인가?

상속인 또는 수유자[2]가 피상속인의 재산(유증, 사인증여 재산 등 포함)상의 권리·의무를 포괄적으로 승계하는 것을 상속이라 하며, 상속세는 유산을 취득한 상속인 또는 수유자에게 부과되는 세금이다.

상속재산의 범위

피상속인이 거주자인 경우에는 국내외에 소재한 모든 상속재산에 대해서 상속세를 납부해야 하고, 피상속인이 비거주자인 경우에는 국내에 소재한 모든 상속재산에 대해서만 상속세를 납부하

---

1 증여 실행 전에 증여세가 얼마나 나오는지 반드시 검토해야 한다.
2 사망을 원인으로 효력이 발생하여 재산을 취득하는 자. 즉, 유언에 따라 증여(유증)를 받는 자.

면 된다.

상속재산에는 부동산, 현금·예금, 퇴직금, 보험금, 주식, 서화 등 모든 재산을 포함한다.

누가 상속세를 내는가?(상속세 납세의무자)

상속세의 납세의무자는 상속인 또는 수유자이다. 상속인 또는 수유자는 상속재산 중 각자가 받았거나 받을 재산의 점유 비율에 따라 상속세를 납부할 의무가 있다. 또한 각자가 받은 상속재산 한도 내에서 전체 상속세액을 연대하여 납부할 의무도 있다.

얼마를 공제할 수 있는가?(상속공제 항목)

피상속인의 채무, 공과금·조세, 장례비용은 상속재산에서 공제한다. 또한 비과세(금양임야, 묘토, 지정문화재 등), 불산입 재산(공익법인 출연재산 등), 기초공제, 배우자공제, 가업상속공제, 재해손실공제 등도 상속재산의 공제 항목에 포함된다.

상속세는 언제까지 신고납부를 해야 하는가?

상속개시일(사망일 또는 실종 선고일)이 속하는 달의 말일부터 6개월 이내에 상속세 신고서를 제출해야 한다. 그러나 피상속인 또는 상속인 전원이 비거주자이면 9개월 이내에 신고서를 제출하면 된다. 더불어 상속재산이 부동산 등이어서 취득세 등을 납부해야 하는 경우에는 상속개시일이 속하는 달의 말일부터 6개월 이내에 취득세를 납부해야 한다. 또한 피상속인의 종합소득세 신고납부 기한은 상속개시일이 속하는 달의 말일로부터 6개월 이내이다(상속의 경우 상속세, 취득세, 종합소득세의 신고기한은 일치).

상속세는 어디에, 어떤 서류로 신고해야 하는가?

상속세 신고서는 피상속인의 주소지를 관할하는 세무서에 제출한다. 피상속인의 주소지가 국외인 경우에는 국내에 있는 주된 재산 소재지 관할세무서에 제출한다.

상속세를 신고할 때에는 다음과 같은 서류를 제출해야 한다.

① 상속세과세표준신고 및 자진납부계산서

② 상속재산명세서 및 평가명세서

③ 공과금, 장례비, 채무 사실을 입증할 수 있는 서류

④ 피상속인 및 상속인의 가족관계증명서

⑤ 상속재산의 감정평가를 의뢰한 경우 감정평가 수수료 지급 서류

⑥ 상속재산을 분할한 경우에는 상속재산 분할명세서 및 평가명세서

⑦ 가업상속공제 신고서 등 기타 서류

● 일반적인 상속 절차

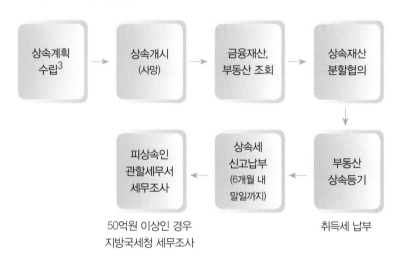

상속계획
수립[3] → 상속개시
(사망) → 금융재산,
부동산 조회 → 상속재산
분할협의

피상속인
관할세무서
세무조사 ← 상속세
신고납부
(6개월 내
말일까지) ← 부동산
상속등기

50억원 이상인 경우
지방국세청 세무조사

취득세 납부

────────────

3 상속개시 이전에 상속계획을 수립하여 대비하는 절차가 필요하다.

증여세와 상속세는
세무조사를 꼭 받는 걸까?

김조사 씨는 아버지가 돌아가신 뒤 상속세 신고를 세무사에게 의뢰하였다. 상속세 신고와 관련하여 상담을 받던 중 세무사로부터 상속세 세무조사에 대비해야 한다는 이야기를 들었다. 상속재산도 별로 많지 않고, 아버지가 생전에 워낙 꼼꼼하게 세금 문제를 챙겼기 때문에 대수롭지 않게 여겼다. 그런데 상속세나 증여세는 신고만으로 끝나는 것이 아니라는 사실을 알게 되었다.

증여세와 상속세는 정부 결정에 따라 확정, 종결된다.

일반적으로 법인세나 종합소득세, 부가가치세와 같은 세목은 납세자가 신고와 납부를 하면 납세의무가 확정되고, 국세청에서는 일단 납세자가 신의에 따라 성실하게 신고한 것으로 간주[4]하여 처리한다. 차후에 과소 신고, 탈루 혐의가 발견되거나 신고 내용과 다른 과세 자료가 발생되면 세무조사 등의 과정을 거쳐 과소신고하거나 탈루한 세액을 추징하게 된다.

그러나 증여세와 상속세의 과세표준이나 세액은 정부부과결정 제도에 의하여 종결된다. 다시 말해 자진 신고와 납부를 통해 상속세나 증여세의 납세의무가 확정되는 것이 아니라, 납세의무자가 신고한 내용을 기초로 정부가 그 신고 내용을 조사한 후에 납세의무를 확정한다는 뜻이다.

국세청은 납세자가 신고한 내용을 구체적으로 확정하는 지위에 있으며, 납세의무자에게 과세표준 및 세액의 신고의무를 부여한다. 납세의무자의 신고만으로 조세법상의 효력이 확정되는 것은 아니다. 이러한 신고는 정부가 조세채권을 구체적으로 확정하기 위한 참고 자료에 불과하다.

그러므로 국세청은 신고의 정확성과 적법성 등에 대하여 조사하고 확정할 권리를 가지며, 이를 실현하기 위해 금융재산 일괄조회, 질문검사권, 지급명세서 제출 의무, 행정기관장의 상속개시 등의 통지와 같은 제도적 장치를 마련하고 있다. 따라서 이러한 결정을 하기 위하여 상속세나 증여세는 세무조사 등의 과정을 거치는 것이다.

4 신의성실의 원칙

상속세에 대한 세무조사, 미리 준비하자!

증여세의 경우, 신고 내용에 특별한 문제점이 없다면 신고를 하더라도 따로 세무조사 통지를 받지 않는다. 오히려 취득자금을 증여하고도 신고를 하지 않은 경우에 증여세를 과세하기 위하여 세무조사를 한다.

그러나 상속세를 신고하면 특별한 사정이 없는 한 대표 상속인 등이 세무조사 통지서를 받는다고 생각하면 된다. 납부할 상속세가 없을 것으로 판단하여 상속세를 신고하지 않았더라도, 상속재산이나 과거에 증여받은 사실 등을 찾아내기 위해 상속세 세무조사를 하는 경우도 많다.

따라서 상속세를 신고하는 경우, 세무조사를 반드시 거쳐야 한다는 점을 알아두고 미리 준비해야 한다. 세무조사 사전통지서를 받더라도 당황하지 말고 세무 전문가와 상의하기 바란다.

근래에는 과세관청에서 피상속인의 재산 상태 등을 보아 세무조사가 반드시 필요하지 않다고 판단하면 세무조사가 아닌 서면확인 결정에 의한 수정신고 권고 절차를 따르기도 한다.

세무조사에 관한 자세한 내용은 이 책 후반부에서 다루니, 여기에서는 일반적인 상속세 신고와 세무조사 일정, 소요 기간 등을 확인해두길 바란다.

● 일반적인 경우

상속세 신고 → 세무조사 통지 → 세무조사 착수 → 세무조사 종결

6개월~1년　　　　1주　　　　2~3개월

● 추가로 진행하는 경우

과세예고통지 (과세전 적부심사 청구) → 납세고지서 수령 → 조세불복 (이의신청, 심사·심판청구)

30일 정도　　　　90일 내

증여세

01

증여세는 어떻게 계산할까?

강남의 아파트에 전세를 살고 있는 나전세 씨는 평범한 회사원이다. 집주인이 전세금을 올려달라고 하자 차라리 집을 사는 것이 나을 것 같다는 판단을 하고 취득자금을 모았다. 나전세 씨는 집을 취득하기 위해서 대출을 받고도 약 1억5천만원이 모자라자 고민 끝에 아버지에 게 도움을 청했다. 나전세 씨의 아버지는 1월 20일 1억5천만원을 나전세 씨의 계좌로 이체하였다. 나전세 씨가 신고납부 해야 할 증여세 는 얼마일까?

증여세 계산하기

구분	가액	비고
증여재산가액	150,000,000원	
(-) 증여재산공제	50,000,000원	직계존속으로부터 증여받은 경우

(=) 과세표준	100,000,000원	
(×) 세율	10%	
(=) 산출세액	10,000,000원	
(−) 신고세액공제	300,000원	3개월 내에 신고 시 세액공제
(=) 납부할 세액	9,700,000원	

위의 증여세 계산 내역을 살펴보면, 나전세 씨가 아버지에게 계좌 이체로 받은 금액 1억5천만원은 증여재산가액이 된다. 직계존속으로부터 증여받는 경우 5천만원까지는 공제받을 수 있어 1억5천만원에서 5천만원을 차감한 1억원이 증여세 과세표준이 된다. 여기에 해당 세율을 곱하면 증여세 산출세액이 계산되고, 증여일이 속한 달의 말일로부터 3개월 이내에 신고하는 경우 세액의 3%

를 공제해준다. 이런 방법으로 증여세를 계산한다.

증여세 신고하기·국세청 신고 서식 작성하기

나전세 씨는 아버지로부터 받은 1억5천만원에 대하여 국세청 신고서식(별지 제10호 서식)에 따라 서류를 작성하여, 나전세 씨의 주민등록상 주소지가 속하는 관할세무서에 우편(또는 방문) 접수를 하면 된다.

이때 증여세의 신고기한은 증여재산인 1억5천만원이 1월 20일에 계좌 이체되었으므로, 이날을 증여일로 보고, 이날이 속하는 달의 말일로부터 3개월까지인 4월 30일까지이다.

신고 시 첨부해야 하는 서류는 증여자인 아버지와 수증자인 나전세 씨 관계를 증명하는 가족관계증명서, 수증자의 주민등록등본(주소지 관할세무서 확인용), 증여재산가액을 확인할 수 있는 거래내역(계좌 이체 통장 사본 등) 등이다.

증여세 납부하기

증여세는 신고기한까지 신고와 납부를 하되, 납부할 증여세가 1천만원을 초과하는 경우 분납할 수 있다. 나전세 씨의 경우 납부할 증여세가 9백5십만원이므로 분납은 불가하고 신고기한인 4월 30일까지 일시에 납부하여야 한다.

증여세 과세표준신고 및 자진납부계산서
(기본세율 적용 증여재산 신고용)

관리번호	-

☑ 기한 내 신고　　☐ 수정신고　　☐ 기한 후 신고

수증자	1. 성명	나전세	2. 주민등록번호	751111-1111111	3. 거주구분	[✓] 거주자 [ ] 비거주자
	4. 주소				5. 전자우편주소	
	6. 전화번호	(자택)	(휴대전화)		7. 증여자와의 관계	2.직계존비속
증여자	8. 성명	나××	9. 주민등록번호	451111-1111111	10. 증여일자	2022-01-20
	11. 주소				12. 전화번호	(자택　　) (휴대전화　)
세무대리인	13. 성명	택스홈앤아웃	14. 사업자등록번호	214-86-66508	15. 관리번호	P04020
	15. 전화번호	(사무실) 02-6910-3051	(휴대전화)			

증 여 재 산

17.재산구분코드	18.재산종류	19.지목 또는 건물,재산종류	국외자산여부	국외재산국가명	20.소재지,법인명 등	21.수량(면적)	22.단가	23.금액
A11	현		[ ]여 ☑부					150,000,000
				계				150,000,000

구　분	금 액	구　분	금 액
24. 증여재산가액	150,000,000	44. 세액공제 합계 (45)+(46)+(47)+(48)	300,000
25. 비과세재산가액	0	45. 기납부세액 「상속세 및 증여세법」 제58조	0
과세가액불산입 26. 공익법인출연재산가액 「상속세 및 증여세법」 제48조	0	세액공제 46. 외국납부세액공제 「상속세 및 증여세법」 제59조	0
27. 공익신탁 재산가액 「상속세 및 증여세법」 제52조	0	47. 신고세액공제 「상속세 및 증여세법」 제69조	300,000
28. 장애인 신탁재산가액 「상속세 및 증여세법」 제52조의2	0	48. 그밖의 공제·감면세액	0
29. 채무액	0	49. 신고불성실가산세	0
30. 증여재산가산액 「상속세 및 증여세법」 제47조 제2항	0	50. 납부불성실가산세	0
31. 증여세과세가액 (24)-(25)-(26)-(27)-(28)-(29)+(30)	150,000,000	51. 공익법인 등 관련 가산세 「상속세 및 증여세법」 제78조	0
증여재산공제 32. 배우자	0	52. 자진납부할 세액(합계액) (41)-(42)-(43)-(44)+(49)+(50)+(51)	9,700,000
33. 직계존비속	50,000,000	납부방법	납부 및 신청일자
34. 그밖의 친족	0	53. 연부연납	0
35. 재해손실공제 「상속세 및 증여세법」 제54조	0	54. 물납	0
36. 감정평가수수료	0	현금 55. 분납	0
37. 과세표준(31)-(32)-(33)-(34)-(35)-(36)	100,000,000	56. 신고납부 2022-04-30	9,500,000
38. 세율	10%	「상속세 및 증여세법」 제68조 및 같은 법 시행령 제65조 제1항에 따라 증여세의 과세가액 및 과세표준을 신고하며, 위 내용을 충분히 검토하였고 신고인이 알고 있는 사실을 그대로 적었음을 확인합니다.	
39. 산출세액	10,000,000		
40. 세대생략가산액 「상속세및증여세법」 제57조	0	2022년 4월 30일 신고인 나전세 (서명 또는 인)	
41. 산출세액계(39)+(40)	10,000,000	세무대리인은 조세전문자격자로서 위 신고서를 성실하고 공정하게 작성하였음을 확인합니다.	
42. 이자상당액	0	세무대리인 택스홈앤아웃 (서명 또는 인)	
43. 박물관자료 등 징수유예세액	0	강남 세무서장 귀하	

신청(신고)인 제출서류	1. 증여재산 및 평가명세서(부표) 1부 2. 채무사실 등 기타 입증서류 1부 3. 증여자 및 수증자 관계를 알 수 있는 가족관계등록부 1부	수수료 없음
담당공무원 확인사항	주민등록표등본	

[별지 제10호 서식 부표] (2018.3.19. 개정)

증여재산 및 평가명세서

1.재산 구분코드	2.재산종류	3.지목 또는 건물재산종류	국외재산 여부 [ ]여부	국외재산 국가명	4.소재지·법인명 등	5.사업자 등록번호	6.수량 (면적)	7.단가	8.평가가액	9.평가기 준코드
A11	합						0	0	150,000,000	08
계										

10. 증여재산가액	150,000,000
11. 비과세재산가액	0
12. 과세가액 불산입액	0
13. 공익신탁 재산가액	0
14. 장애인 신탁재산가액	0
15. 증여재산가산액	0
16. 합계	150,000,000

증여세 산출 원리

증여재산가액	• 금전으로 환가할 수 있는 경제적 가치가 있는 물건, 재산적 가치가 있는 법률상, 사실상의 모든 권리가액
+	
증여재산 가산액	• 증여일 전 10년 이내에 동일인으로부터 받은 증여재산가액을 합친 금액이 1천만원 이상인 경우에는 합산함(부모는 동일인으로 봄)
−	
비과세 재산가액	• 국가, 지방자치단체로부터 증여받은 가액 등
−	
과세가액 불산입	• 공익법인 등이 출연받은 가액 • 증여재산 중 공익신탁을 통해 공익법인에 출연한 재산가액 • 장애인이 직계존·비속 또는 친족에게 증여받은 재산(금전, 유가증권, 부동산) 중 다음 요건 충족 시 5억원 한도로 불산입 ① 증여받은 재산 전부를 신탁업자에게 신탁하였을 것 ② 장애인이 신탁의 이익 전부를 받는 수익자일 것
−	
채무 인수액	• 부담부증여를 통해 증여자의 채무를 인수한 경우
=	
총증여재산가액	

증여일 전 10년 이내에 같은 사람으로부터 증여받은 재산이 1천만원 이상인 경우에는 증여재산가액에 이를 합산한다. 그리고 국가 등으로부터 증여받은 가액, 과세가액 불산입에 해당되는 금액, 채무 인수액을 제외하면 총증여재산가액이 산출된다.

```
┌─────────────────┐
│  총증여재산가액   │
└─────────────────┘
        −
┌─────────────────┐
│                 │   • 직계존속: 5천만원(미성년자 2천만원)(10년)
│                 │   • 직계비속: 5천만원(10년)
│                 │   • 배우자: 6억원(10년)
│                 │   • 기타 친족: 1천만원(10년)
│  증여재산공제액   │   • 재해손실공제: 재산 증여 후 증여재산이 화재 등으로 훼손
│                 │     되었다면 그 손실만큼 공제
│                 │   • 감정평가 수수료:
│                 │     ① 감정평가기관 수수료는 5백만원 한도
│                 │     ② 비상장주식 증여: 평가심의위원회 수수료는 1천만원
│                 │        한도
└─────────────────┘
        =
┌─────────────────┐
│    과세표준       │
└─────────────────┘
        ×
┌─────────────────┐
│                 │   • 1억원 이하: 10%(누진공제 없음)
│                 │   • 5억원 이하: 20%(누진공제 1천만원)
│     세율         │   • 10억원 이하: 30%(누진공제 6천만원)
│                 │   • 30억원 이하: 40%(누진공제 1억6천만원)
│                 │   • 30억원 초과: 50%(누진공제 4억6천만원)
└─────────────────┘
        =
┌─────────────────┐
│    산출세액       │
└─────────────────┘
```

총증여재산가액에서 증여재산공제액을 차감하면 과세표준이 나온다. 여기에 10~50%의 증여세율을 적용하면 산출세액이 나온다. 이때 증여재산공제로 직계존속은 5천만원(미성년자 2천만원), 직계비속은 5천만원, 배우자는 6억원, 친족은 1천만원을 공제해주는데, 이는 10년 동안의 증여재산에 대한 공제액을 뜻한다. 또한 재해손실공제, 감정평가 수수료공제가 있으니 해당 사항이 있다면 관련 서류를 꼼꼼히 챙겨 적절하게 공제받을 수 있도록 한다.

산출세액

+

세대생략
할증세액

−

세액공제

=

자진 납부할 세액

- 세대를 생략하여 증여할 시에는 세액의 30% 가산
  (단, 수증자가 미성년자이고 증여재산가액이 20억원을 초과하는 경우 40% 가산)

- 납부세액공제: 사전증여재산이 있는 경우 산출세액 공제
  ▶ 한도 = 산출세액 × $\dfrac{\text{가산한 증여재산 과세표준}}{\text{해당 증여재산과 가산한 증여재산 합계액의 과세표준}}$

- 외국납부세액공제: 외국에 있는 증여재산에 대해 외국 법령에 따른 증여세 납부 시 공제
  ▶ 한도 = 증여세 산출세액 × $\dfrac{\text{외국 법령에 따른 증여세 과세표준}}{\text{증여세 과세표준}}$

- 신고세액공제: (산출세액 − 공제 · 감면세액) × 3%
  세대를 건너뛴 할증세액 포함

세대를 생략하여 증여하는 경우에는 산출세액에 30%(또는 40%)를 가산하게 된다. 그리고 종전에 증여한 재산이 있는 경우에는 증여재산에 합산한 금액에 대한 기납부세액은 차감해준다. 그러나 전체 과세표준에 대해 가산한 증여재산 과세표준의 비율만큼의 한도가 있으니 유의해야 한다. 또한 신고세액공제가 있어 산출세액에서 납부세액공제, 외국납부세액공제를 제외한 금액의 3%만큼 차감해주는데, 증여세 자진신고기한(증여일이 속하는 달의 말일로부터 3개월) 이내에 신고하면 공제가 가능하다.

02

7년 전에 어머니로부터
증여받은 재산이 있는데…

나전세 씨는 올해(2022년) 아버지로부터 1억5천만원을 증여받아 증여 신고를 위해 세무사에게 검토를 받던 중 과거에 부모님 등으로부터 증여받은 재산이 없는지 질문을 받았다. 10년 내 증여받은 다른 재산이 있으면 합산해서 신고해야 한다는 것이다.

기억을 더듬어보니 아래와 같은 내역이 생각났다.

① 2009년 아버지로부터 6천만원

② 2014년 어머니로부터 1억원

③ 2016년 삼촌으로부터 3천만원

이 경우 과거 사전증여재산을 모두 합산하여 신고해야 하나?

증여를 받은 날로부터 10년 이내에 동일인으로부터 다시 증여를 받은 경우에는 그 금액을 합쳐서 1천만원 이상이면 합산하여 증여세를 계산한다.

만약 아버지로부터 증여를 받은 후 10년 이내에 어머니로부터 다시 증여를 받는다면, 아버지와 어머니를 동일인으로 보고 증여재산을 합산하여 증여세를 계산한다.

이는 할아버지와 할머니의 경우에도 마찬가지이다. 할아버지와 할머니는 직계존속에 해당하므로 할아버지로부터 증여를 받고 10년 이내에 할머니로부터 증여를 받는 경우라면 이들을 동일인으로 보고 증여재산을 합산한다.

합산되는 증여재산은?

나전세 씨의 경우 10년 이내에 동일인으로부터 1천만원 이상 받은 금액을 합산하여야 한다.

먼저 2009년 아버지로부터 받은 금액은 10년이 지났으므로 합산 대상이 아니고, 2014년에 어머니에게 받은 금액은 아버지에게 받은 것과 동일하게 보아 합산 대상에 해당된다. 반면 삼촌은 아버지와 동일인이 아니므로 합산하지 않는다. 따라서 어머니로부터 2014년에 받은 1억원만 합산하여 신고하면 된다.

구분	가액	비고
증여재산가액	150,000,000원	
(+) 증여재산가산액	100,000,000원	2014년 어머니로부터 받은 사전증여재산
(−) 증여재산공제	50,000,000원	직계존속으로부터 증여받은 경우
(=) 과세표준	200,000,000원	
(×) 세율	20%	
(=) 산출세액	30,000,000원	누진공제 1천만원
(−) 기납부세액공제	7,000,000원	2010년 증여신고 시 산출세액[5]
(−) 신고세액공제	1,150,000원	3개월 내 신고 시 세액공제
(=) 납부할세액	21,850,000원	

결국, 올해(2022년) 아버지로부터 증여받은 1억5천만원에 2014년에 어머니로부터 받은 1억원을 가산하여 계산한다. 이와 같이 사전증여재산을 합산하는 경우에는 2014년도에 증여세를 신고하면서 납부하였기 때문에 해당 증여세를 기납부세액으로 공제하고 납부세액을 결정한다. 이때 공제하는 기납부세액은 2014년 신고 당시의 산출세액이다.

---

5 2010년 증여신고 시 산출세액 = (1억원 − 3천만원) × 10% = 7백만원

증여세 신고를 위한 준비 서류

증여세 신고를 위해 준비할 서류는 어떤 재산을 어떠한 근거로 평가하여 증여하였는지 국세청에 입증하는 서류로 이해하면 된다. 증여자와 수증자에 대한 기본 인적자료, 증여재산에 대한 평가 근거 자료, 공제받을 자료를 챙기는 것이다. 다음 서류는 신고 서식에 첨부하여 국세청에 제출하는 것들이므로 꼼꼼하게 챙기는 것이 중요하다. 다음 서류는 사본도 관계없다.

기본 자료

준비 서류	증여자	수증자
주민등록등본	○	○
증여계약서	○	○
가족관계증명서	○	○

증여계약서에 특정 서식이 있는 것은 아니며, 증여일과 증여 물건, 증여가액, 증여자와 수증자의 인적 사항 등을 표시하고 양자 간에 합의한 내용을 기재하면 된다.

증여재산 관련 서류

분류	필요 서류
부동산	• 부동산 등기부등본, 토지 및 건축물대장 • 증여 전 6개월, 증여일 후 3개월 이내에 매매 및 수용 사례가 있을 경우 관련 자료 • 기준시가로 평가한 경우 기준시가 평가 관련 근거 자료
예금 등 금융 자료	• 예금 등 이체한 계좌 거래 내역서, 통장 앞면 사본
골프회원권, 콘도미니엄회원권 등	• 회원권 등 명의변경 입증 자료
보험	• 해당 기관에서 발급받은 보험증권, 보험금 수령 자료, 연금보험 관련 자료

신탁재산	• 재산에 따른 입증 서류
주식, 채권	• 주식계좌, 주권, 채권 실물, 기타 명의변경 사실을 확인할 수 있는 자료 • 비상장주식의 경우 비상장주식 평가 서류(재무제표, 세무 조정계산서 등)
차량	• 차량등록증
사전증여재산	• 상속개시일 전 10년 이내에 상속인 등에게 사전증여를 한 재산이 있을 경우 증여세 신고서
수증자의 증여세 납부 관련	• 수증자 본인 명의의 계좌에서 증여세를 납부한 자료 • 필요하다면 증여세를 납부한 재원의 자금출처
기타	기타 증여재산 평가 관련 입증 서류

공제받을 자료(채무 등)

분류	필요 서류
금융기관 또는 일반인과의 채무	• 금융기관 채무 입증 서류 • 일반인과 채무 입증 서류(차용증, 이자 지급 내역 등) • 기타 채무에 대한 서류(대출, 상환, 이자 내역) • 임대차계약이 있는 경우 임대차계약서
감정평가 수수료	• 증여재산에 대하여 감정평가를 하였다면 감정평가 수수료 지급 영수증(세금계산서, 신용카드 영수증)

위 서류 외에도 증여재산 종류나 개인의 상황에 따라 추가로 복잡하고 다양한 서류가 필요할 수도 있다. 세무 전문가와 상의하여 빠짐없이 챙겨두어야 한다.

03

얼마까지 증여해야 세금이 없을까?

증여세의 면세점

배우자, 직계존·비속 또는 친족으로부터 증여를 받는 경우에 다음 금액 이하에는 증여세가 없다. 이 금액은 증여재산에서 기본으로 공제되는 금액이며 증여세의 면세점이라고 할 수 있다.

- **증여재산공제 한도**

    ① 배우자: 6억원

    ② 직계존속: 5천만원(단, 미성년자는 2천만원)

    ③ 직계비속: 5천만원

    ③ 기타 친족: 1천만원(6촌 이내 혈족, 4촌 이내 인척)

예를 들어 손주에게 세금 없이 증여하려면 다음과 같은 증여 계획을 생각할 수 있다. 장기 투자 관점에서 보았을 때 할증 수익을 기대한다면 손주가 성년이 되었을 때 이는 훌륭한 자금출처로 활용될 수 있을 것이다.

① 태어났을 때 2천만원 증여

② 만 10세가 되는 해에 2천만원 증여

③ 만 20세가 되는 해에 5천만원 증여

④ 만 30세가 되는 해에 5천만원 증여

증여재산공제 한도는 10년간 합산금액

사람들이 많이 혼동하는 것 중 하나는 증여하는 건마다 앞서 말한 금액을 공제해주는가이다. 물론 그렇지 않다. 10년간 합산한 금액에 대하여 증여세를 산정한다. 예를 들어 배우자에게 8년 전에 2억원을 증여하고 이번에 5억원을 추가로 증여한다면, 6억원까지는 증여세가 면제되지만 추가로 증여하는 1억원만큼은 증여세가 과세되는 원리이다.

증여재산공제는 그룹별 금액

또 하나 혼동하지 말아야 할 것은 직계존속(또는 직계비속)과 친척으로부터 증여를 받는 경우이다. 아버지, 어머니, 할아버지, 할머니 각각 5천만원을 따로 적용하는 것이 아니라 직계존속을 모두 포함하여 그들이 증여한 것의 총합계에서 10년간 5천만원까지 면제해준다는 의미이다. 기타 친족의 경우도 예를 들어 고모가 1천만원, 삼촌이 1천만원을 증여했을 때 각각 공제하는 것이 아니라 기타 친족이 준 재산 중 1천만원을 초과하는 부분은 증여세가 과세된다는 의미이다. 만일 동시에 증여받는 경우에는 증여재산 가액별로 공제액을 나누게 된다.

그렇다면 나를 기준으로 증여재산공제를 받을 수 있는 최대 금액은 얼마가 될까? 정답은 7억1천만원이다(배우자 6억원, 직계존속 5천만원, 직계비속 5천만원, 기타 친족 1천만원).

이처럼 증여재산공제는 그룹별로 한도만큼만 공제된다는 점에 유의하자.

만약 장인이 사위에게, 시아버지가 며느리에게 주는 경우는 어떠할까? 이 관계도 직계존속 관계로 보아 5천만원을 공제해줄까? 그렇지 않다. 이 관계는 직계존속 관계가 아닌 기타 친족관계로 보아 1천만원만 공제하므로 혼동하지 말자.

증여재산공제는 거주자만

이러한 증여재산공제는 증여받는 사람이 거주자인 경우에만 적용된다. 증여받는 사람이 비거주자라면 적용하지 않는다. 증여하는 사람이 거주자인지 비거주자인지 여부는 관계없다.

세금이 없어도 증여세 신고는 해야 할까?

증여재산공제액 이하로 증여하는 경우에도 반드시 증여세 신고를 해야 할까? 실무상 증여세 신고는 안 해도 되지만 가급적이면 신고하는 것이 좋다. 만일 신고하지 않으면 차후 추가 증여를 하여 증여재산공제액을 넘겼을 때, 과거 증여분에 대하여 신고를 요하는 경우가 발생할 수 있다. 그리고 자금출처의 근거 마련 등의 목적이 있다면 신고를 하는 것이 바람직하다.

앞서 살펴본 것처럼 증여세의 면세점을 이용하면 합리적인 증여 계획을 세울 수 있다. 단 증여재산공제는 거주자인 수증자를 기준으로 10년간 공제받을 수 있는 총금액임을 명심하여야 한다.

과다한 혼수를 받는 것도 증여로 볼 수 있을까?

증여세가 비과세되는 증여재산에는 다음과 같은 것이 있다.

- 사회 통념상 인정되는 이재구호금품, 치료비, 피부양자의 생활비, 교육비, 기타 이와 유사한 것으로서 다음에 해당하는 것
  - 학자금 또는 장학금, 기타 이와 유사한 금품
  - 기념품, 축하금, 부의금, 기타 이와 유사한 금품으로서 통상 필요하다고 인정되는 금품
  - 혼수용품으로서 통상 필요하다고 인정되는 금품

실무적으로 중요시되는 부분은 생활비와 교육비, 그리고 혼수용품 중 어디까지를 증여로 볼지 그 범위를 결정하는 것이다.

일반적으로 증여세가 과세되지 않는 생활비와 교육비는 필요할 때마다 직접 지출하기 위하여 받는 재산이다. 그러므로 생활비 등으로 받은 금액을 직접 지출하는 데 사용하지 않고, 예금을 하거나 주식, 토지, 주택 등을 매입하는 자금으로 사용하는 경우에는 비과세되는 생활비 또는 교육비로 보지 아니하므로 유의하여야 한다.

통상 필요하다고 인정하는 혼수용품은 일상생활에 필요한 가사용품에 한하며, 호화·사치용품이나 주택·차량 등은 포함되지 않는다. 그러나 일상생활에 필요한 가사용품과 주택·차량의 기준이 호화롭고 사치스러운지의 여부는 저마다 생활수준에 따라 다르다. 따라서 아직까지 명확한 범위를 규정하지 못하고 있으며, 실제 세무조사 과정에서도 논쟁이 계속되고 있다.

거액의 예단비 사례를 보며 서민들은 가슴이 쓰라릴 것이다. '그렇게 큰돈이 오갔는데, 세금을 한 푼도 안 낸다? 엄청난 증여인데도 세금이 없다?' 그러나 혼수가 증여수단으로 된 것은 이미 오래된 일이다. 부유층에서 수억원짜리 미술품이나 수천만원짜리 골프회원권을 혼수로 보내는 것은 더 이상 놀랄 일이 아니다.

근래 부동산 가격의 폭등으로 전세든 매매든 신혼집을 마련하는 데 상당한 자금이 소요되는 까닭에 부모가 자금을 마련해주어야 하는 상황이 많아졌다. 국세청은 소득이 부족한, 또는 없는 자녀가 취득한 신혼집에 대한 자금출처, 거래내역 등을 면밀히 살피고 있다. 따라서 자녀들의 혼인 시 마련하는 집에 대한 자금출처의 근거를 마련하는 데 많은 신경을 써야 하는 상황이다.

위자료 vs. 재산분할 청구권, 세금의 차이

이혼할 때 위자료와 재산분할 청구는 무엇이 다를까?

위자료는 유착 행위를 한 배우자가 정신적 고통을 당한 상대방에게 지급하는 금전적 손해배상금을 말한다. 이혼에 따른 배우자로서의 지위 상실이나 이혼 사유인 외도, 폭행, 모욕 등의 정신적 고통에 대한 위자료도 모두 포함된다.

재산분할 청구권은 이혼 시에 배우자 중 일방이 상대방에게 자신의 기여도만큼 재산을 나누자는 청구를 할 수 있는 권리를 말한다. 이는 당사자 사이에 합의되지 않는 경우에 소송을 통해 법원이 정하는 것이다. 이렇듯 위자료와 재산분할 청구는 성격이 다르기 때문에 세금 문제도 다르다.

	증여세	양도세
위자료	과세 안 함	과세
재산분할	과세 안 함	과세 안 함

위자료는 현금으로 줄 경우와 부동산으로 줄 경우 세금이 다르다. 현금으로 줄 경우에는 손해배상금으로 보기 때문에 세금이 없다. 그렇다면 부동산으로 줄 경우에는 어떨까?

부동산으로 위자료를 줄 경우에는 받은 부동산을 팔아야 위자료 지급의무가 소멸되는 것으로 보기 때문에 유상 양도에 해당되어 양도소득세를 과세한다. 채무액 또는 위자료에 갈음하여 부동산으로 대물변제를 하는 경우에는 양도에 해당하여 양도소득세 과세대상이 된다.

재산분할 청구는 이혼의 책임이 있는 자, 그 상대방 모두 청구가 가능하다. 재산분할 대상은 부부의 노력으로 형성된 재산이면 가능한데, 부동산, 예금, 증권 등이 이에 해당되고, 채무를 가지고 있다면 공제가 가능하다.

이처럼 물질적인 것 외에 배우자의 노력으로 변호사, 세무사, 의사 등의 전문직 자격증을 취득했다면 그 또한 재산분할 대상이 될 수 있다. 이러한 재산분할 청구로 인한 이익에 대하여는 증여세, 양도소득세 등의 세금 문제는 발생하지 않는다. 단순히 이혼합의서에 의하여 재산분할을 하는 경우에도 과세는 제외한다.

단, 재산분할이 끝난 후 추가적으로 지급하는 위자료나 분할하는 재산에 대해서는 증여세가 과세될 수 있으니 유의해야 한다. 또한 조세포탈 목적으로 위장이혼을 하는 경우에는 세금을 추징당할 수 있다.

만일 사실혼 관계인 경우에는 어떠할까? 사실혼이라도 「민법」상 혼인관계로 인정받는다면 재산분할 청구금액에 대하여 증여세와 양도소득세가 과세되지 아니한다.

04

증여할 땐 여러 명에게 나누어서!

오주택 씨는 아파트 3채를 가지고 있다. 그중에서 현재 12억원 상당의 아파트 1채를 외아들에게 증여하려고 마음먹었다. 세무사를 찾아가서 상담했더니 내야 할 증여세가 만만찮다고 해서 걱정이 앞선다. 세무사는 외아들의 식구들에게 나누어서 분산증여를 하면 절세할 수 있다고 하는데….

단독증여를 하는 경우

12억원 상당의 아파트를 아들에게 단독증여를 하는 경우 과세표준이 10억원을 초과하여 40%의 증여세율을 적용받는다. 또한 단독으로 증여받으면 증여재산공제는 5천만원만 공제되어 납부세액이 결정된다.

분산증여를 하는 경우

같은 자산을 아들 가족, 예컨대 아들, 며느리, 손자(미성년자로 가정)에게 나누어 증여하는 경우는 재산가액이 분산됨에 따라 20% 세율이 적용되고, 증여재산공제도 각각 공제한도가 적용되어 세액이 계산된다.

결과적으로 분산증여를 함에 따라 다음 표에서 보는 바와 같이 약 8천1백만원의 절세효과가 있다.

구분	단독증여(아들)	분산증여			
		아들	며느리	손자	계
증여재산가액	1,200,000,000	400,000,000	400,000,000	400,000,000	1,200,000,000
(−) 증여재산공제	50,000,000	50,000,000	10,000,000	20,000,000	
(=) 과세표준	1,150,000,000	350,000,000	390,000,000	380,000,000	
(×) 세율	40%	20%	20%	20%	
(=) 산출세액	300,000,000	60,000,000	68,000,000	66,000,000	
(+) 세대생략 할증				19,800,000	
(−) 신고세액공제	9,000,000	1,800,000	2,040,000	2,574,000	
(=) 납부세액	291,000,000	58,200,000	65,960,000	83,226,000	
기납부세액					
차가감납부세액	291,000,000	58,200,000	65,960,000	83,226,000	207,386,000
차액					83,614,000

분산증여를 하는 경우 증여세뿐 아니라, 임대하는 부동산을 보유해서 발생하는 종합소득세도 절세할 수 있다.

따라서, 증여를 할 생각이 있다면 단독증여만 고집할 것이 아니라 수증자의 가족들에게 분산하여 증여하는 방법도 고려해보는 것이 증여세 절세 측면에서는 더 유리하다.

05

어린 자녀에게 아파트를 주려면
세금도 같이 주자

김대납 씨에게는 유학 중인 딸이 있다. 딸에게 시가 3억원인 아파트 1채를 증여하였다. 증여세 신고를 하면서 증여세를 내야 하는데, 학생 신분인 딸은 현재 자금이 없어서 김대납 씨가 딸을 대신하여 세금을 내주었다. 그런데 3개월이 지난 후에 세무서에서 딸의 증여세 납부에 대한 자금출처를 소명하라는 안내문을 보냈다. 소명하지 못하면 추가로 증여받은 것으로 보아 증여세를 추징하겠다고 하는데….

증여세의 납세의무자는 수증자

증여세는 증여받은 사람이 납부하는 세금이다. 수증자가 납부할 세금을 다른 사람이 대신 납부해준다면 그 또한 증여에 해당하여 증여세를 과세한다.

세금의 대납액은 그 자체로 증여금액이 된다

증여세 신고를 하면 관할세무서에서는 수증자가 어떤 자금으로 증여세 등을 납부하였는지 점검한다. 수증자의 연령, 재산, 소득 등에 비추어 납부 능력이 없다고 판단되면 김대납 씨의 사례와 같이 소명 안내문을 보낸다. 증여세를 수증자 본인의 계좌에서 납부하였는지 등 자금출처를 소명하지 못하면 증여받은 것으로 추정하여 가산세를 포함하여 증여세를 과세하게 된다.

다음 표는 김대납 씨가 당초 신고한 세액과 딸의 증여세 대납액을 증여로 포함하여 신고한 것을 가정한 세액과 증여세 대납액을 포함하여 신고하지 않아 세무서에서 추징하는 세액을 비교한 표이다.

(단위: 원)

	당초 신고	대납액 포함 신고	세무서 추징
증여재산가액	300,000,000	300,000,000	300,000,000
(+) 증여세 대납액		48,138,950	50,148,906
(−) 증여재산공제	50,000,000	50,000,000	50,000,000
(=) 과세표준	250,000,000	298,138,950	300,148,906
(×) 세율	20%	20%	20%
(=) 산출세액	40,000,000	49,627,790	50,029,780
(+) 가산세			1,319,125[6]

6 신고불성실가산세 = 추가납부세액 × 10%
　납부불성실가산세 = 추가납부세액 × 2.5/10,000 × 미납일수

(−) 신고세액공제	1,200,000	1,488,833	1,200,000
(=) 납부세액	38,800,000	48,138,950	50,148,906
차액		9,338,950	11,348,906
		9,338,950	2,009,956

증여세 대납액을 포함하여 신고하는 것은 증여세 대납액과 납부세액을 정확히 일치하게 계산하는 방식이다. 증여세 대납액을 증여재산에 추가하기 때문에 세금은 약 9백만원이 늘어나지만, 과세관청과 세금 납부액의 자금출처를 다투는 일은 없게 된다.

그러나 당초 신고할 때 증여세 대납액을 포함하지 않아 세무서에게 추징할 때는 과소 신고, 과소 납부에 관련된 가산세까지 부담하여야 한다. 그리고 신고세액공제액에도 당초 신고할 때 공제받은 금액인 1백2십만원만 반영되기 때문에 산출세액의 3% 전액을 공제받지 못하게 되었다. 결국 증여세 대납액을 포함하여 신고하였다면 내지 않아도 되는 세금 약 2백만원을 더 부담한 셈이 되었다.

만약 김대납 씨의 딸이 유학 중인 경우가 아니고 영주권자인 비거주자라면 어떻게 될까?

2015년 이전에는 수증자가 비거주자라면 원칙적으로 증여를 받은 수증자가 납세의무자임에도 불구하고, 증여자는 연대납세의무가 있어 증여세를 대신 납부하더라도 추가적인 증여문제는 발생하지 않았다. 그러나 2016년 이후 증여 분부터는 관할세무서장으로부터 연대납세의무자 지정통지를 받아야만 연대납세의무가 있는 것으로 개정되었다.

그러면 연대납세의무 지정통지를 받지 않은 상태에서 증여자가 수증자가 납부할 증여세를 대신 납부하게 되는 경우 재차증여에 따른 증여세가 과세되느냐의 문제가 발생하는데, 국세청에서는 "연대납세의무 통지를 받기 전에 수증자가 납부하여야 하는 증여세를 납부한 경우, 증여자가 납부한 증여세는 증여재산에 해당하지 아니하는 것"[7]이라고 해석하고 있다.

따라서 수증자가 비거주자인 경우 증여자가 증여세를 대납하는 경우 2015년 이전과 동일하게 증여자의 연대납세의무가 있는 것으로 판단되어 재차증여에 대한 증여문제는 발생하지 않는다.

또한 수증자가 비거주자인 경우에는 직계존속으로부터 증여받을 때 5천만원을 차감해주는 증여재산공제는 적용받지 못한다.[8]

(단위: 원)

	거주자	비거주자
증여재산가액	300,000,000	300,000,000
(+) 증여세 대납액	48,138,950	
(−) 증여재산공제	50,000,000	

7 서면법령재산−3788, 2016.10.25
8 비거주자에 대한 증여는 〈증여세 기초 편〉 12장에서 더 자세히 알아보도록 하자.

(=) 과세표준	298,138,950	300,000,000
(×) 세율	20%	20%
(=) 산출세액	49,627,790	50,000,000
(+) 가산세		
(−) 신고세액공제	1,488,840	1,500,000
(=) 납부세액	48,138,950	48,500,000
차액		361,050

수증자가 납부 능력이 없다면 납부할 세금까지 증여 신고

현금이나 예금을 증여받은 경우에는 증여받은 금액으로 증여세를 납부하면 되지만, 부동산을 증여받은 경우에는 증여세를 납부할 현금이 없는 경우가 많다. 증여를 하고자 할 때 수증자가 세금을 납부할 능력이 있는지를 판단해서 신고하는 것이 세금을 줄이는 현명한 방법이다.

여기서는 증여세의 납부 능력만을 고려 대상으로 삼았으나, 실무적으로는 증여세뿐 아니라 부동산 증여에 대한 취득세(4%)에 대한 납부 재원을 소명하여야 하는 경우가 빈번하다. 따라서 당초 신고 시 증여세와 취득세까지 대납하는 것을 포함하여 신고하든지, 증여세와 취득세 납부 재원에 대한 출처를 철저히 준비하든지 하여야 한다. 증여세의 납부 재원에 대한 좀 더 자세한 내용은 〈고급 편〉에서 알아보도록 하자.

06

예쁜 손자에게 재산을 주고 싶은데
할증과세가 뭘까?

이할증 씨는 아들이나 손자에게 5억원 가치의 아파트를 증여하려고 한다. 그런데 손자에게 직접 증여할 경우 할증과세가 부과되어 세금이 늘어난다는 말을 들었다. 아들에게 증여하는 것이 좋을지, 손자에게 증여하는 것이 좋을지 고민인데….

세대생략 할증과세란

할아버지가 아버지에게 증여를 하면 아버지는 증여세를 내야 하고, 아버지가 그 증여받은 재산을 다시 아들인 내게 증여하면 한 번 더 증여세를 내야 한다. 그런데 할아버지가 손자에게 증여를 하면 중간 증여의 과정이 생략되어 한 세대가 증여세를 회피하는 결과가 초래된다. 이에 「상속세 및 증여세법」에서는 세대생략에 대한 증여의 경우 세액의 30%만큼 할증과세를 한다(수증자가 미

성년자이고 증여재산가액이 20억원을 초과하는 경우에는 40% 할증과세함).

할아버지가 아버지에게 증여하고 그 후 아버지가 아들(성년이라 가정)에게 증여하여 증여세를 두 번 납부하는 경우와 할아버지가 손자에게 직접 증여하는 경우의 증여세 부담액을 사례를 통해 비교해보자.

(단위: 원)

구분	세대생략을 하지 않은 경우		세대생략의 경우
	할아버지 → 아버지	아버지 → 아들	할아버지 → 손자
증여재산가액	500,000,000	500,000,000	500,000,000
(−) 증여재산공제	50,000,000	50,000,000	50,000,000
(=) 과세표준	450,000,000	450,000,000	450,000,000
(×) 세율	20%	20%	20%

(=) 산출세액	80,000,000	80,000,000	80,000,000
(+) 세대생략 할증세액			24,000,000
(−) 신고세액공제	2,400,000	2,400,000	3,120,000
(=) 납부세액	77,600,000	77,600,000	100,880,000
차액		0	54,320,000

　두 경우에서 증여세 차이는 5천4백만원 정도이다. 할증이 되더라도 세대생략 증여로 인해 절세효과가 큰 것이다. 또한 증여재산이 부동산인 경우라면 취득세 또한 두 번 부담할 것을 한 번만 부담하는 셈이므로 일석이조의 효과를 볼 수 있다. 이처럼 세대생략 할증과세는 30%가 가산되어 세금을 더 내야 한다고 생각할 수도 있지만, 사실은 절세효과가 더 크다고 할 수 있다.

　세대생략을 통한 증여의 경우 손자가 증여세와 취득세를 납부할 능력이 있는지 반드시 점검해야 한다. 납부 능력이 없다면 누군가 대신 납부해야 하고, 이것 또한 증여재산에 합산되어야 하기 때문이다.

　만약, 이때 아버지가 증여세와 취득세에 해당하는 현금을 증여한다면 즉, 할아버지로부터는 부동산을 증여받고, 납부할 증여세와 취득세는 아버지로부터 증여받는다면, 할아버지의 증여분(부동산)과 아버지의 증여분(현금 등)이 합산되지 않는다. 따라서 증여재산이 합산되어 높은 세율이 적용될 가능성이 낮아져 세금 부담도 낮출 수 있을 것이다. 이에 관한 구체적인 사례는 〈증여세 고급편〉 2장에서 확인하도록 하자.

07

증여는 아무 때나 하면 될까?

5월 초 최건물 씨는 광명에 있는 5층짜리 건물을 외아들에게 증여하기로 마음먹고, 증여신고 절차 등을 상의하기 위해 세무사를 찾았다. 세무사는 5월이 가기 전에 되도록 빨리 증여하는 것이 유리하다고 하였다. 그러나 최건물 씨는 너무 서두르는 게 아닌가 하는 생각이 들어 고민인데….

부동산 증여재산 평가

증여세가 부과되는 재산의 가액은 증여 당시의 '시가'에 의하고 있다. 그러나 보통, 아파트 같은 경우를 제외하고는 '시가'를 파악하는 것이 매우 어려운 일이다.

단독주택이 있다고 가정해보자. 그 집을 바로 팔지 않으면 집주인이 알고 있는 시세는 호가에 불과하다. 바로 옆집의 단독주택이

어제 매매되었더라도 옆집의 평당 매매가액이 우리 집의 평당 매매가액이 될 수는 없다. 옆집과 우리 집은 다르게 생겼을 뿐 아니라 대지 면적, 용적률 등 모든 것이 다르기 때문이다. 비교 자체가 불가능하다.

토지나 상가의 경우에도 비교 대상이 사실상 존재하지 않는다. 그렇기 때문에 부동산의 경우 증여 당시의 시가는 존재하지 않는다고 보아야 한다. 그러므로 보충적 평가 방법인 '기준시가'를 적용한다.

단, 시가와 기준 시가가 상당히 차이가 나는 일정한 꼬마빌딩과 같은 상가의 경우는 감정평가를 적용하도록 2019년에 개정되었으니 주의가 필요하다.

기준시가를 예상하여 증여 시기를 결정

보충적 평가 방법에 해당하는 기준시가의 가격은 연도별로 일정 시점에 공시된다. 공시 기준일을 기준으로 하여 전년도와 올해의 공시가격이 달라진다. 개별공시지가의 경우 매년 5월 말에 공시하는데, 4월에 증여하면 전년도 기준 개별공시지가를, 6월에

개별공시지가	5월 31일 공시
개별단독주택가격	4월 30일 공시
공동주택가격	4월 30일 공시
오피스텔, 상업용 건물 일괄 고시가격	연초 공시
건물신축가격 기준액	1월 1일 공시

증여하면 금년도 기준 개별공시지가를 적용한다. 따라서 기준시가가 전년도보다 높게 결정될 것으로 예상되면, 기준시가가 고시되는 해당 기준일 전에 증여를 하여 증여세를 절세할 수 있다.

최건물 씨가 5월에 증여한 경우와 6월에 증여한 경우를 비교해 보자.

 경기도 광명시 광명동 ××× **연면적: 435m²**

개별공시지가

2022년 1,400,000원/m²(2022년 5월 31일 공시)

2021년 1,200,000원/m²(2021년 5월 31일 공시)

건물평가액

연초에 고시되었으므로 150,000,000원으로 동일하다고 가정.

기준시가

(단위: 원)

	5월 증여	6월 증여
토지	522,000,000	609,000,000
건물	150,000,000	150,000,000
합계	672,000,000	759,000,000

※ 2021년 토지가액 : 435m² × 1,200,000원 = 522,000,000원
※ 2022년 토지가액 : 435m² × 1,400,000원 = 609,000,000원

증여세액

(단위: 원)

구분	5월 증여	6월 증여
증여재산가액	672,000,000	759,000,000
(−) 증여재산공제	50,000,000	50,000,000
(=) 과세표준	622,000,000	709,000,000
(×) 세율	30%	30%
(=) 산출세액	126,600,000	152,700,000
(−) 신고세액공제	3,798,000	4,581,000
(=) 납부세액	122,802,000	148,119,000
차액		25,317,000

　5월이 지나 증여하는 경우에 증여세가 약 2천4백만원이 추가로 나오게 된다. 증여 시기를 언제로 선택하느냐에 따라 표에서 보는 바와 같이 부담해야 하는 증여세가 달라질 수 있다. 따라서 부동산가액 변동을 예측하여 증여 시기를 결정하는 것이 중요하다. 기준시가 등은 공시 전에 사전 열람할 수 있으므로 이를 활용하는 것도 좋다.

감정평가의 방법, 세법 개정 방향 등을 고려

　매매사례가액이 없다고 해서 '시가'가 반드시 기준시가에 의해 결정되는 것은 아니다. 전략적으로 2곳 이상의 감정기관에서 감정을 받아 감정가액으로 증여재산가액을 결정하는 경우도 있다.

일반적으로 감정을 받게 되면 평가가액이 시가보다는 낮지만 기준시가보다는 높은 편이다. 단, 감정평가 수수료를 부담해야 한다. 그러나 기준시가가 공시되지 않은 부동산이라든지 차후 발생할 양도소득세를 낮추어야 할 필요가 있을 경우에는 감정가액으로 증여세를 신고하는 경우가 있다. 이 경우 감정평가 수수료는 증여세 계산 시 공제되므로 선택해볼 만한 절세 방법이다.

앞서 언급한 바와 같이 일정한 꼬마빌딩 상가처럼 시가에 근접하는 감정평가가액과 기준시가가 상당히 차이 나는 경우 납세자가 기준시가로 신고를 하더라도 국세청에서 직접 감정평가를 의뢰한 감정가액에 의하여 현재 과세하도록 하고 있다.

그래서 상가의 경우는 기준시가로 신고할 것인지 감정평가가액에 의하여 신고할 것인지 세무 전문가와 상의해 보아야 한다.

마지막으로 세법 개정이 예상되는 경우에는 증여세에 차이가 발생할 수 있다는 점을 명심하고, 개정된 세법의 적용 시기를 반드시 확인해야 한다. 개정 세법의 적용 시기 이전과 이후에 증여세 부담액 차이가 날 수 있기 때문이다. 비상장주식의 경우에도 회사의 경영 상태에 따라 증여 시기를 결정한다면 절세할 수 있는 방법이 있음을 알아두기 바란다.

즉, 증여를 할 경우에는 증여 시기, 평가 방법, 세법 개정 등을 고려하여 사전에 증여 계획을 세우고 세 부담을 최소화하는 방법을 선택해야 한다.

증여받은 재산을 반환하는 경우 증여세 과세 여부

증여받은 재산을 증여자에게 다시 반환할 수도 있다. 그런데 반환하는 시기에 따라 과세 여부가 달라질 수 있으니 주의해야 한다.

반환 시기		신고기한 이내 (3개월)	신고기한 경과 후	
			3개월 이내	3개월 이후
과세 여부	당초 증여	과세 제외	과세	과세
	반환(재증여)	과세 제외	과세 제외	과세
	현금 증여	과세	과세	과세

증여한 재산이 현금이라면 기간에 관계없이 모두 과세된다. 그러나 부동산의 경우에는 반환을 하더라도 당초에 냈던 취득세는 취소되지 않는다. 오히려 반환을 받아다시 한 번 취득하게 되면 여기에 대하여 한 번 더 취득세를 납부해야 한다. 잘못된판단으로 취득세만 이중으로 내는 것이다.

그러나 증여 등기에 실질적인 원인 무효의 사유가 있어서 증여 등기를 말소하는 경우이거나, 증여받은 재산을 상속인에게 유류분으로 반환하는 경우에는 반환 시기에관계없이 증여세를 과세하지 않는다. 증여계약 해제 등에 대한 소송이 있을 때 증여세 신고기한 이내에 제기하기만 하면 신고기한 이후에 판결이 나도 신고기한 이내에 반환한 것으로 본다.

증여재산의 반환을 결정하였다면 신속하게 처리하는 것이 좋다. 기간에 따라 증여세를 낼 수도 있다는 점을 명심하기 바란다.

08

옆집 아파트 판 가격이
우리 집값에 영향을 줄까?

이사례 씨는 40평대 아파트를 소유하고 있다. 시가로 10억원이고 공시가격으로는 6억원인 아파트의 절반을 배우자에게 증여하려고 한다. 아파트의 경우 매매사례가액을 기준으로 증여세를 낸다고 하여 매매사례가액을 알아보니, 7개월 전에 매매된 단지 내 같은 평형의 매매사례가액이 11억원이다. 그러나 증여일 이전 6개월의 기간에서 벗어났기 때문에 공시가격을 기준으로 할 수도 있겠다는 생각을 하여 공시가격인 6억원으로 신고하였다. 그 후 세무서에서 통지서가 왔는데….

아파트의 재산 평가 기준

증여재산을 평가하는 방법은 증여일 현재의 '시가'에 의하는데, 불특정 다수인 사이에 통상적으로 거래되는 매매사례가액이 있다면 그 가액을 시가로 본다. 아파트의 경우에는 평형, 조망권, 층

수, 주변 환경, 용적률 등이 유사[9]한 동일 단지 내 가호의 매매사례가액이 있다면 그것을 평가액으로 삼을 수 있다. 이러한 아파트 매매사례가액은 국세청에서도 상속세나 증여세 과세를 위하여 자체 전산망을 통해 중점적으로 관리하고 있다.

따라서 아파트의 경우에는 적용할 수 있는 매매사례가액이 있는지 잘 살펴보아야 한다. 일반적으로 아파트 실거래가 현황은 '국토교통부 실거래가 공개시스템' 홈페이지(rt.molit.go.kr)에서 조회할

---

9 "면적·위치·용도·종목 및 기준시가가 동일하거나 유사한 다른 재산"이란 공동주택의 경우 다음 요건을 모두 충족하는 주택을 말함

　가. 평가대상주택과 동일한 공동주택단지 내에 있을 것

　나. 평가대상주택과 주거전용면적의 차이가 5% 이내일 것

　다. 평가대상주택과 공동주택가격의 차이가 5% 이내일 것

수 있다. 또한 국세청은 2017년 7월 18일부터 상속·증여재산의 평가에 필요한 정보를 최대한 제공하여, 납세자가 스스로 상속·증여재산을 평가해 볼 수 있는 서비스를 시작하였다. 이러한 정보를 최대한 이용하여 재산에 대한 평가액을 확인해 볼 필요가 있다.

- 국세청 홈택스(www.hometax.go.kr)→'상속·증여재산 평가하기' 접속

아파트 매매사례가액 적용 기간

증여일 전 6개월, 이후 3개월 이내에 있는 유사한 조건에 해당하는 매매사례가액을 찾아 증여재산가액으로 산정하면 증여세 신고가액으로 무난하다. 매매사례가액이 여러 가지라면 평가기준일로부터 가장 가까운 날의 사례가액을 적용하면 된다. 다만, 해당 가액이 적절한지는 아파트단지 조감도의 검토, 조망 및 주변 여건, 주변 부동산 중개사무소 탐문 등을 통하여 종합적으로 살펴보고 최종 판단해야 한다.

| 아파트 매매사례가액 적용 기간 |

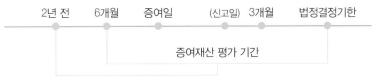

매매사례가액 적용 가능 기간(평가심의위원회에 의한 가액 적용)

※ 신고일 : 신고일까지 확정된 매매사례가액만 적용 가능.

전 6개월, 후 3개월 이내 매매사례가액이 없는 경우

대형 면적의 아파트는 최근 매매사례가액이 없는 경우가 종종 있다. 일반적으로 소형 면적의 아파트와는 달리 대형 면적의 경우 매매가 빈번하게 이루어지지 않기 때문이다. 또한 부동산 경기가 좋지 않아 미분양이 속출하는 아파트라면 소형 평수라도 매매사례가액이 없는 경우도 있다.

매매사례가액이 없다면 국세청에서 어떻게 과세할까? 일반적으로 매매사례가액보다는 감정가격이 낮고, 감정가격보다는 아파트 공시가격이 낮기 때문에 납세자의 입장에서는 당연히 아파트 공시가격으로 증여세를 내는 것이 세금을 줄이는 방법이다.

국세청 평가심의위원회

이사례 씨는 증여재산의 평가 기간이 증여일 전 6개월, 이후 3개월 이내라는 것을 알고 있던 터라 아파트 공시가격으로 증여세를 신고했다.

그러나 이는 완벽하게 신고한 것이 아니다. 증여세의 경우 평가 기간 내에 비교 가능한 아파트의 매매사례가액이 없더라도 특별하게 시가 등의 변동 상황이 없는 상태에서 2년 이내의 매매사례가액이 있다면 평가심의위원회의 자문[10]을 거쳐 그 금액으로 과세할 수도 있기 때문이다. 다시 말해 아파트 시가가 과거 2년 동안 변동하지 않았다면, 과거 2년 내의 매매사례가액을 현재가액으로 적용할 수 있는 법적 근거[11]가 있다는 것이다. 이러한 이유로 대형 평수나 고가의 아파트라면 무조건 기준시가로 신고하는 것은 자칫 위험할 수 있다.

그런데 만일 과세당국에서 평가심의위원회의 자문을 거치지 않고 3개월이 경과한 아파트의 매매사례가액을 적용한다면 어떻게 될까?

당연히 이는 과세할 수 없다. 조세심판원 결정례(조심 2011서 1567, 2011. 07. 12.)에 따르면 납세자가 증여를 한 후 3개월 내에 매매사례가액이 없어서 공시가격으로 신고했을 때 국세청에서 평가심의위원회의 자문을 거치지 않은 채 과거의 매매사례가액으로 과세를 하였다면 이는 무효라고 하였다.

이사례 씨가 공시가격으로 증여세 신고를 한 것은 국세청이 2년 전의 매매사례가액을 적용하기 위하여 평가심의위원회를 개최할 것이라는 생각을 하지 못했기 때문이다.

그러나 관할세무서에서는 통지서를 보내 평가심의위원회를 개최하니 가액 결정에 대한 의견을 보내달라고 요청하였고, 며칠이 지나서 이사례 씨는 11억원을 과세하겠다는 '과세예고 통지서'를 받았다. 어쩔 수 없이 세금을 납부하였지만, 억울한 마음을 지울 수가 없어 조세심판원에 심판청구를 신청하였다. 그러나 현장 조

---

10 2016년부터는 국세청장, 지방국세청장, 세무서장 외 납세자도 자문 신청을 할 수 있도록 개정되어 재산 평가와 관련하여 납세자의 권익을 보호했다.
11 「상속세 및 증여세법 시행령」 제49조(평가의 원칙 등)제1항

사와 주변 부동산 중개사무소 탐문까지 한 조세심판원 조사관들의 조사 결과에 따라 받아들여지지 않았다.

현재 이 씨는 변호사와 상담하며 행정소송을 검토 중이지만 변호사로부터 긍정적인 답변을 듣지 못한 상태이다.

이처럼 증여재산가액은 증여일을 기준으로 과거 2년 전의 매매사례가액까지 적용할 수 있으므로 충분히 검토하여 어떤 금액으로 평가하여 신고할 것인지 판단해야 한다.

상속·증여세의 꼬마빌딩 감정평가 사업 시행

꼬마빌딩이란 개별 건물을 말하는 것으로, 아파트 등과 같은 공동주택과 달리 개별 건물은 유사한 사례가액을 찾기 어려워 기준시가를 적용하여 평가 및 신고를 해왔었다.

하지만 2019년 2월 12일 「상속세 및 증여세법 시행령」 개정으로 납세자가 상속·증여세를 신고한 이후에도 법정결정기한까지 발생한 매매·감정·수용가액 등에 대하여 평가심의위원회를 통해 시가로 인정받을 수 있는 법적 근거가 마련되었다. 상속세는 신고기한부터 9개월, 증여세는 신고기한부터 6개월이다.

법적근거

〈상속세 및 증여세법 시행령 49① 개정내용〉

○ (개정내용) 신고 이후에도 납세자 및 과세관청이 감정평가를 통해 시가에 근접한 가액으로 평가할 수 있게 되었다.

종전	개정(19.2.12 시행)
아래 기간 내 발생한 매매·감정가액	아래 기간 내 발생한 매매·감정가액
(원칙) 전·후 6개월(증여 전·후 3개월) 시가	(원칙) 전·후 6개월(증여 전 6개월·후 3개월) 시가
(예외) ① 평가기간 외로서 평가기준일 전 2년 내	(예외) ① 평가기간 외로서 평가기준일 전 2년 내 ② 평가기간 경과 후 법정결정기한까지

(적용례) 이 영 시행 이후 상속이 개시되거나 증여 받는 분부터 적용

2년 전	6개월	증여일	(신고일) 3개월	법정결정기한

예외 ① │ 증여재산 평가 기간 │ 예외 ②

매매사례가액 적용 가능 기간(평가심의위원회에 의한 가액 적용)

○ 상속·증여세 신고기한 및 법정결정기한

구분	신고기한	법정결정기한
상속세	상속개시일이 속하는 달의 말일부터 6개월 이내	신고기한부터 9개월
증여세	증여받은 날이 속하는 달의 말일부터 3개월 이내	신고기한부터 6개월

감정평가 대상

국세청은 2020년부터 상속·증여세 결정 과정에서 비주거용 부동산에 대해 둘 이상
의 공신력 있는 감정기관에 평가를 의뢰하여 감정가액으로 상속·증여재산을 평가
할 예정이다. 감정평가대상은 상속·증여 부동산 중 「부동산 가격공시에 관한 법률」
제2조에 따른 비주거용 부동산(국세청장이 고시하는 오피스텔 및 일정 규모 이상의 상업용
건물 제외)과 지목의 종류가 대지 등으로 지상에 건축물이 없는 토지(나대지)를 대상으
로 한다. 위 유형에 해당하는 부동산 중 보충적 평가 방법에 따라 재산을 평가하여
신고하고 시가와의 차이가 큰 부동산을 중심으로 감정평가를 실시할 계획인 것으로
파악된다.

손자 유학비는 증여재산일까?

나교육 씨의 손자는 초등학교 4학년 때 미국으로 조기 유학을 떠났다. 나 씨의 아들은 중소기업에 다니고 있어(연봉 6천만원), 손자의 유학비용 연 8천만원을 부담하기는 불가능한 상태이다. 이에 나교육 씨는 손자의 해외 유학 교육비와 현지 생활비까지 지원하고 있는데, 최근 뉴스에서 할아버지가 손자의 유학비를 송금하는 경우 증여세를 과세한다는 내용을 듣게 되었다. 이에 나교육 씨는 자신이 아들을 대신하여 손자의 해외 유학비를 부담하는 경우, 이 지원금액에 대하여 증여세가 부과되는지 궁금하다.

결론부터 말하면 이 사례와 같이 부모가 해외 유학 교육비와 현지 생활비를 부담할 경제적 능력이 없어, 할아버지가 유학 중인 손자의 교육비와 생활비를 부담한 경우라면, 증여세를 부과하기 어렵다고 본다.

「상속세 및 증여세법」 제46조제5호에서는 사회 통념상 인정되는 피부양자의 생활비와 교육비에는 증여세가 비과세된다고 규정하고 있다. 따라서 증여세 과세 여부는 부모의 경제적 능력과 부양 능력 등의 사실에 따라 결정된다고 볼 수 있다.

만약 이 사례와 달리 부모가 자녀의 유학비와 생활비를 부담할 수 있는 경제적 능력이 있는데도 할아버지가 유학비를 부담한다면, 이는 증여세 과세대상이 된다.

또한 생활비 등의 명목으로 지원받은 금전을 등록금 등으로 직접 사용하지 않고, 아들이나 손자 명의의 예·적금을 하거나 전세자금, 주택 등의 매입자금 등으로 사용하는 경우에도 증여세가 비과세되는 생활비로 보지 아니한다.

09

하락한 펀드를 증여재산으로 활용하자

강남에 사는 김펀드 씨는 요즘 주식형펀드에서 손실이 많이 나서 울적하다. 환매를 해야 하는지 추가 구매를 해야 하는지 담당 증권사 PB를 찾아가 상담을 받으니 손실이 난 펀드를 증여하기에는 지금이 적기라고 한다. 정말 그럴까?

하락한 펀드의 평가 기준

펀드를 증여하고자 할 때에는 당초의 원금이 아니라, 증여 당시의 펀드 평가액을 기준으로 증여세를 계산한다. 펀드가 저평가되어 있다면 그만큼 증여세를 절세할 수 있는 기회가 생겼다고 할수 있다.

자금출처의 재원

주식이나 펀드를 투자하여 손실을 봤지만 시장이 다시 회복될 것으로 기대하여 환매를 망설이는 투자자가 많다. 이런 경우에 저평가된 펀드를 소득이 없는 배우자나 자녀 등에게 증여하면 자금출처의 재원이 될 수 있다.

증여하고자 하는 펀드가 저평가되어 있을 때 증여할 경우, 고평가되어 있을 때 증여하는 것보다 상대적으로 적은 증여세를 부담하게 된다. 그리고 증여하고자 하는 펀드의 평가액이 증여세 면세점(배우자는 6억원, 성년 자녀는 5천만원, 미성년 자녀는 2천만원) 이하인 경우라면 세금을 내지 않고도 합법적으로 자금출처 근거를 마련할 수 있다.

그뿐 아니라 펀드나 주식의 경우에는 증여한 이후에 손실에서 회복되거나 수익이 발생하여 증여받은 사람이 이익을 보게 되어도 추가적인 증여세 부담이 없다는 장점이 있다.

예를 들어 펀드 가치가 5억원이었는데 4억원으로 하락했다고 가정하자. 펀드 가치가 5억원이었을 때 자녀에게 증여한다면, 7천7백6십만원[12]의 증여세를 내야 한다. 가치가 4억원으로 하락한 후 증여한다면 5천8백2십만원[13]의 증여세만 내면 된다. 주식 가치 하락으로 증여세 1천9백4십만원을 아낄 수 있다.

그러므로 펀드를 증여할 생각이 있다면 펀드 평가액 추이를 유심히 지켜보다가 가격이 하락하였을 때 명의자를 변경하는 것이 좋다. 현재가치보다 미래가치가 큰 것부터 먼저 증여하거나 보유한 펀드와 주식 중에서 향후 가치가 상승할 것으로 평가되는 자산부터 먼저 증여하는 것이 바람직한 자산운용 방법이다.

---

12 (5억원 − 5천만원) × 20% − 1천만원 × (1 − 3%) = 7천7백6십만원
13 (4억원 − 5천만원) × 20% − 1천만원 × (1 − 3%) = 5천8백2십만원

10

아들 명의로 예금한 계좌는
차명재산일까, 증여재산일까?

김주식 씨는 아들 명의로 예금한 계좌로 주식을 투자해 최근 5배가 넘는 수익을 기록했다. 그런데 TV 뉴스와 신문에서 차명계좌에 대해 증여세를 과세하겠다는 보도가 연일 나와 김주식 씨는 자신의 명의로 계좌를 돌려야 할지를 고민하고 있다.

과연 이 주식계좌는 증여세 과세대상인 차명계좌일까?

배우자나 자녀 명의로 불입한 예금은 배우자나 자녀에게 '실제 증여'한 것으로 볼 것인가, 아니면 단순히 명의를 빌려 '차명으로 예금'한 것으로 볼 것인가?

배우자나 자녀에게 실제 증여한 것으로 보는 경우 증여세를 내야 한다. 그러나 단순히 본인의 자금을 가족들의 명의만을 빌려 관리하는 차명예금이라면 이 예금은 본인 소득이므로, 이자수익이 2천만원을 초과하면 금융소득종합과세 대상이 되어 종합소득세를 내야 한다.

세금 부담의 주체	실제 증여로 보는 경우	차명예금으로 보는 경우
본인	–	금융소득종합과세 판단
배우자 또는 자녀	증여세 과세대상	–

증여 시기는 언제로 볼 것인가?

차명예금을 실제 증여로 보아 증여세를 과세한다면 증여 시기를 언제로 볼 것인지도 문제이다. 2013년 이전까지는 명의자인 배우자나 자녀가 차명예금에서 자금을 인출하여 사용하는 경우를 증여로 볼 것인지 아니면 차명예금계좌를 만든 시점을 증여로 볼 것인지가 명확하지 않았다. 즉, 자녀가 예금을 출금한 때가 증여 시기인지, 아니면 자녀 명의 계좌에 입금한 때가 증여 시기인지 논란의 여지가 있었다.

그러나 2013년도 「상속세 및 증여세법」 개정 당시, 차명계좌에 대한 증여세 과세 기준점을 '차명계좌 명의자가 자금을 인출하여 사용한 시점'이 아닌 '차명계좌를 보유한 시점, 즉 해당 계좌에 입금한 시점'으로 할 수 있도록 하였다. 이는 차명계좌에 대한 증여 추정 규정을 명확히 하여, 자금을 입금하는 시점을 증여 시기로 보고 과세할 수 있는 근거를 마련한 것으로 차명예금에 대한 과세를 강화하려는 목적이다.

물론 명의자가 전혀 자금을 사용하지 않았고 원소유자가 예금을 사용한 정황이 있는 등 차명계좌가 조세회피목적이 없는 명백한 차명재산임을 입증한다면 증여세 추징은 면할 수 있다. 그러나 증여재산이 아님을 입증하는 것은 결코 쉬운 일이 아니다. 금융소득종합과세를 피하기 위하여 차명예금을 사용하였다가 거액의 증여세를 추징당할 위험성이 크다. 그러므로 차명계좌를 보유하고 있거나 가족 명의로 자금을 분산시킬 계획이라면 적절하게 증여세 신고를 하는 것이 안전한 방법이 될 것이다.

또한 차명예금 거래는 「금융실명법」을 위반하는 불법 사항임을 명심해야 한다.

「금융실명거래 및 비밀보장에 관한 법률」(약칭 「금융실명법」) _ 2014년 11월 29일부터 시행

차명계좌란 타인의 명의로 금융기관에 개설하여 거래하는 계좌를 말하는 것으로 우리나라에서는 1993년 금융실명제를 도입하여 차명거래를 금지하고 있다. 그러나 사실상 차명거래가 허용되어왔고, 탈세가 목적인 차명거래가 적발되어도 계좌를 빌려준 사람과 실소유주를 처벌할 수 있는 법적 근거가 미비했다.
이에 2014년 5월에 「금융실명법」을 개정하여 2014년 11월 29일부터 시행했는데, 주요 내용은 다음과 같다.

첫째, 실명으로 확인된 계좌에 보유하고 있는 금융재산은 명의자의 소유로 추정되므로, 실소유자가 되찾기 위해서는 재판을 통해 입증해야 한다.

둘째, 불법 재산의 은닉, 자금세탁 행위, 조세탈루 목적 등의 탈법행위를 하기 위하여 타인 명의로 금융거래를 하는 경우 최고 5년 이하의 징역 또는 5천만원 이하의 벌금에 처해질 수 있다.

셋째, 금융회사 등에 종사하는 자가 위와 같은 범죄 목적의 차명거래를 알선하거나 중개하는 경우 최고 5년 이하의 징역 또는 5천만원 이하의 벌금에 처해질 수 있다 (금융기관의 경우 3천만원 이하 과태료 부과).

구분	종전	개정
허용 여부	실소유자와 명의자 합의 시 차명거래 허용	합의와 무관하게 불법 목적이면 형사처벌
형사처벌	별도 처벌 없음(세금만 추징)	5년 이하 징역 또는 5천만원 이하 벌금형 추가
행정적 제재 (금융회사 과태료)	불법 차명거래 중개 적발 시 5백만원 이하 과태료	건별 과태료 3천만원 이하로 상향
민사적 제재 (재산소유권)	관련 규정 없음	명의자 소유로 추정 (소송을 통해 실소유 주장 가능)

「상속세 및 증여세법」에서는 이미 2013년에 개정을 통해 차명계좌에 재산이 입금된 시점을 재산 취득 시점으로 보아 재산 취득자금의 출처를 소명하도록 하였고, 소명하지 못할 경우 증여로 추정하여 증여세를 과세하여왔다.

2014년 11월 29일부터 개정 「금융실명법」이 시행되었다고 해서 크게 달라지는 내용은 없다. 다만 스스로 차명계좌임을 밝히면 증여세가 과세되는 위험은 피할 수 있다. 그러나 「금융실명법」 위반으로 5년 이하의 징역 또는 5천만원 이하의 벌금을 물어야 하는 상황이 발생할 수 있으므로 유의하여야 한다.

11

대출을 끼고 증여하면
세금을 절약할 수 있다?

강남에 사는 김부담 씨는 주택을 2채 소유하고 있어 자녀에게 1채를 증여할까 생각하고 있다. 그러던 중에 은행 PB로부터 '부담부증여'를 하면 세금을 줄일 수 있다는 말을 들었다. 소유 부동산을 담보로 은행 대출을 받아서 증여받는 사람에게 부동산과 채무를 함께 이전하면 세금을 줄일 수 있다고 하는데….

부담부증여란?

부담부증여란 전세보증금이나 담보대출금처럼 부동산에 포함된 채무를, 증여받는 사람이 인수하는 조건으로 증여하는 것을 말한다. 김부담 씨의 경우처럼 은행 대출을 추가로 받아 대출금은 본인이 사용하고 김 씨의 자녀가 이를 상환하는 조건으로 증여하면 부담부증여가 된다.

채무 이전 금액에 대해서는 세목과 납세의무자가 달
라진다

양도소득세와 증여세의 차이는 대가를 지불하는가 하지 않는가
에 있다. 대가성 없이 재산을 이전하는 것이 증여이고, 대가를 받
고 재산을 이전하면 양도가 된다. 그 대가가 채무인 경우도 마찬
가지이다.

김부담 씨의 경우 김 씨의 자녀는 실제로 증여받은 가액에서 대
출금을 차감한 금액에 대해서만 증여세를 내면 된다. 그리고 김
씨는 채무를 이전하는 효과에 대한 양도소득세를 내야 한다.

	채무액 이전	채무를 뺀 증여재산
세목	양도소득세	증여세
세율	기본세율(6~45%)	누진세율(10~50%)
납세의무자	증여자	수증자

결론적으로 단순증여와 부담부증여를 비교하였을 때 채무를 이전하지 않으면 증여세는 증가하나 양도소득세는 없고, 채무를 이전하면 증여세는 감소하나 양도소득세를 내야 한다.

	단순증여	부담부증여
증여세	증가	감소
양도소득세	없음	있음

김부담 씨가 9억원의 주택을 자녀에게 단순증여를 한 경우와 은행 대출금 4억원을 자녀가 인수하는 부담부증여를 한 경우[14]를 비교하여보자.

(단위: 원)

단순증여		부담부증여			
	증여세		증여세		양도세
증여재산가액	900,000,000	증여재산가액	900,000,000	양도가액	400,000,000

14 당해 주택의 취득가액은 3억원, 필요경비는 9백만원, 보유 기간은 5년으로 가정한다.

채무액		채무액	400,000,000	취득가액	133,333,333
증여세과세가액	900,000,000	증여세과세가액	500,000,000	필요경비	4,000,000
증여재산공제	50,000,000	증여재산공제	50,000,000	양도차익	262,666,667
과세표준	850,000,000	과세표준	450,000,000	장기보유특별공제	39,400,000
세율	30%	세율	20%	양도소득금액	223,266,667
산출세액	195,000,000	산출세액	80,000,000	기본공제	2,500,000
신고세액공제	5,850,000	신고세액공제	2,400,000	과세표준	220,766,667
납부세액	189,150,000	납부세액	77,600,000	세율	38%
				산출세액	64,491,333
				총납부세액 (지방소득세포함)	70,940,467
		대출이자부담(1년차)		16,000,000	
		총부담액		164,540,467	
차이		24,609,533			

단순증여의 경우 1억8천5백만원 넘게 내야 하지만 부담부증여의 경우 증여세 7천6백만원, 양도소득세 약 7천1백만원으로 총 1억4천7백만원을 내야 한다. 대출을 받음으로써 추가적으로 대출이자를 부담하는 것은 고려하지 않은 상태라면 이 사례에서 부담부증여의 경우 약 3천8백만원의 절세효과가 있다.

그렇다면 대출이자까지 고려해보자. 김부담 씨의 자녀는 채무를 인수하는 조건으로 증여를 받은 것이므로, 인수받은 담보대출금 4억원에 대해 대출이자를 부담해야 한다. 담보대출 이자율이 연 4%라고 가정하면, 김부담 씨의 자녀는 매년 1천6백만원의 이자비용을 부담하게 된다. 이 이자비용까지 포함한 총부담액을 단순증여 시 부담금액과 비교하여 단순증여로 할지 아니면 부담부증여로 할지를 결정해야 한다. 김부담 씨의 경우에는 부담부증여를 함으로써 단순증여를 했을 때보다 2천2백만원 정도의 절감효과가 있음을 확인할 수 있다.

만약 김부담 씨가 1세대 1주택(비과세 요건을 갖춘 주택)에서 채무를 인수하는 조건으로 자녀에게 부담부증여를 한다면, 양도소득세에 대해 비과세 혜택을 받을 수 있다. 그러면 증여세와 대출금에 대한 이자비용만 부담하면 되기 때문에 절감효과는 더욱 커질 것이다.

그러나 부동산의 종류, 취득 시기, 취득가액 등에 따라 높은 양도세율이 적용되는 경우에는 부담부증여의 세금 부담이 더 클 수도 있음을 알아두어야 할 것이다. 최근 시행하고 있는 부동산 대책으로 인하여 조정지역 내 다주택자들에 대해 장기보유특별공제 배제 및 양도소득세율 중과규정이 적용되고 있어 반드시 세부담 효과를 검토하여 단순증여와 부담부증여 중에서 어느 방법이 절세에 도움이 되는지 미리 예상해보는 것이 중요해졌다.

12

비거주자는 증여받을 때 불리하다는데…

최외국 씨는 대학 졸업 후 미국 유학 생활 중에 결혼을 하였고, 미국 대학의 교수로 재직하다가 지난해 정년 퇴임을 하고 배우자와 함께 한국으로 돌아왔다. 현재 최외국 씨에게는 자녀 두 명이 있는데, 모두 결혼하여 가정을 꾸리고 있다. 첫째는 대학 졸업 후 한국에 들어와서 직장에 다니며, 둘째는 미국에서 결혼하고 그곳에서 살고 있다. 최외국 씨는 미국에 거주할 때 소유하던 부동산과 국내 부동산, 현금 자산 등을 자녀들에게 미리미리 증여하고자 하는데….

비거주자의 증여세 신고

증여를 받은 수증자에게는 증여세를 신고납부 할 의무가 있다. 이때 수증자의 거주자 여부에 따라 납부해야 하는 세금이 달라진다. 따라서 수증자가 거주자인지 비거주자인지를 파악하는 것이

무엇보다 중요하다. 그렇다면 거주자와 비거주자의 차이는 무엇
인지 알아보자.

거주자	국내에 주소를 두거나 183일 이상 거소를 둔 자를 말함
	• 계속하여 183일 이상 국내에 거주할 것을 통상 필요로 하는 직업을
	  가진 때
	• 국내에 생계를 같이하는 가족이 있고, 그 직업과 자산 상태에 비추어
	  계속하여 183일 이상 국내에 거주할 것으로 인정되는 때를 국내에
	  주소를 둔 것으로 봄

비거주자	거주자가 아닌 경우

첫째, 증여세 과세대상 재산의 범위가 다르다

수증자가 거주자인 경우에는 증여세 과세대상이 되는 국내·외

모든 재산을 증여받는 경우에 증여세 납세의무가 있다.

다만, 국외 재산에 대해 그 나라의 법에 의하여 증여세를 납부한 상태라면, 우리나라 법에 의해 증여세를 다시 납부하는 것은 이중으로 납부하는 셈이 된다. 따라서 거주자가 국외 재산을 증여받는 경우 증여세를 계산하여 납부할 의무가 있되, 이미 국외에 납부한 증여세는 '외국납부세액공제'로 차감하여 이중과세를 조정하고 있다.

반면, 수증자가 비거주자인 경우에는 증여세 과세대상이 되는 국내 재산에 대해서만 증여세 납세의무가 있다. 따라서 국내 재산에 대해서만 증여세를 과세해오는 점을 이용하여 재산을 국외로 유출하여 증여함으로써 증여세를 회피하는 문제가 발생하였다. 이에 「국제조세조정에 관한 법률」 제21조에서는 거주자가 비거주자에게 국외에 있는 재산을 증여하는 경우 증여자에게 증여세를 부과할 수 있도록 하고 있다.

결국 비거주자가 국내 자산을 증여받는 경우에는 상속세 및 증여세법에서, 거주자가 비거주자에게 국외 재산을 증여하는 경우에는 「국제조세조정에 관한 법률」에서 증여세 납세의무를 규정하여 국내외 증여에 빠짐없이 과세하고 있다.

둘째, 납세지가 다르다

수증자가 거주자인 경우에는 본인의 주소지 관할세무서에 신고하고 납부하면 된다. 그러나 수증자가 비거주자인 경우에는 증여자의 주소지 관할세무서에 신고하고 납부하도록 되어 있다. 증여자와 수증자 모두 비거주자라면 증여재산 소재지의 관할세무서에 신고하고 납부하여야 한다.

셋째, 비거주자는 증여재산공제를 받지 못한다

거주자인 배우자가 증여받는 경우에는 6억원, 직계존·비속에게 증여받는 경우에는 5천만원, 기타 친족에게 증여받는 경우에는 1천만원까지 공제받을 수 있다. 그러나 비거주자인 경우에는 증여재산공제를 받을 수 없다.

배우자에게 현금 6억원을 증여한다고 가정할 때, 배우자가 거주자라면 증여재산공제로 6억원을 차감하기 때문에 납부할 증여세는 없다. 그러나 배우자가 비거주자라면 증여재산공제가 없으므로 1억1천6백4십만원[15]을 증여세로 납부하여야 한다.

넷째, 수증자가 비거주자인 경우 증여자가 연대납세의무를 진다

비거주자인 수증자가 증여세를 납부하지 않고 외국에 머물고 있다면, 우리나라 과세관청에서 증여세를 추징하는 것이 현실적으로 어렵다. 따라서 수증자가 비거주자인 경우에는 증여자에게 연대납세의무를 부과한다. 단, 관할세무저장으로부터 연대납세의무자 지정통지를 받아야만 연대납세의무가 있게 된다.[16, 17]

---

15 {(6억원 − 0원) × 30% − 6천만원} × (1 − 3%) = 1억1천6백4십만원

	거주자	비거주자
과세대상 자산 (『상속세 및 증여세법』)	국내외 모든 재산	국내 재산
과세대상 자산 (『국제조세조정에 관한 법률』)		국외 자산
납세지	수증자 주소지 관할세무서	증여자 주소지 관할세무서 (증여자도 비거주자인 경우 증여재산 소재지 관할세무서)
증여재산공제	○	×
직계비속에 대한 할증과세	○	○
외국납부세액공제	○	○
신고세액공제	○	○
신고기한	증여일이 속하는 달의 말일로부터 3개월 이내	증여일이 속하는 달의 말일로부터 3개월 이내

| 거주자와 비거주자의 증여세 비교 |

예를 들어 아버지로부터 거주자인 자녀가 증여를 받았으나 증여세를 납부하지 못하게 되는 경우 아버지가 증여세를 대신 납부하는 경우가 많은데, 이때 대신 납부한 증여세는 다시 증여재산에 합산하여 추가적으로 납부할 증여세가 발생한다. 그러나 비거주자인 자녀에게 증여한 경우에는 증여세를 대납하더라도 추가적인 증여문제는 발생하지 않는다.

---

16 『상속세 및 증여세법』 제4의2조제6항
17 서면법령재산-3788(2016.10.25.)에서 "연대납세의무 통지를 받기 전에 수증자가 납부하여야 하는 증여세를 납부한 경우, 증여자가 납부한 증여세는 증여재산에 해당하지 아니하는 것"이라고 해석하고 있음

이처럼 증여세는 수증자를 기준으로 과세 방법이 결정되는 세목이다. 따라서 수증자가 거주자인지 비거주자인지를 판단하는 것이 중요하며 그 차이점에 유의하여 신고납부 의무를 이행해야 한다.

증여세

01

배우자에게 증여하면 종합부동산세를 줄이는 데 효과가 있을까?

박종부 씨는 본인 명의의 A아파트(시가 20억원, 기준시가 14억원)에 거주하며 B아파트(시가 6억원, 기준시가 4억원)를 1채 더 보유하고 있다. 매년 납부하는 종합부동산세가 부담되어 배우자에게 일부 증여하고자 한다. 이 경우 부부간에는 6억원까지 증여세를 납부하지 않아도 되며, 종합부동산세도 줄어든다는 이야기를 듣고 당장 증여하기로 결정하였다. 정말로 세금 부담을 줄일 수 있을까?

● 아파트 기준시가 = 공동주택가격

박종부 씨는 부동산을 보유하는 동안 재산세와 종합부동산세를 내야 한다. 재산세와 종합부동산세는 시가가 아닌 기준시가인 공동주택가격을 기준으로 부과된다. 지방교육세와 재산세 과세특례는 재산세에 부가되는 세금이고, 농어촌특별세는 종합부동산세에

부가되는 세금이다. 따라서 기준시가가 14억원인 아파트와 기준시가가 4억원인 아파트를 보유하고 있는 경우에는 보유세 약 9백7십7만원의 세금을 내야 한다.

● 보유세 – 박종부 씨

(단위: 원)

구분	주택	비고
주택고시가액 합계	1,800,000,000	공동주택가격 적용
종합부동산세 과세표준	1,140,000,000	
① 종합부동산세 산출세액	8,344,391	
② 농어촌특별세	1,668,878	종합부동산세의 20%

구분	금액	비고
③ 재산세	3,150,000	
④ 지방교육세	630,000	재산세의 20%
⑤ 재산세 과세특례(구 도시계획세)	1,512,000	재산세 과세표준의 0.14%
합계(①+②+③+④+⑤)	15,305,269	

※ 종합부동산세와 재산세 계산 내역은 생략함. 이하 동일.

　그렇다면 박종부 씨가 부인에게 일부증여를 하는 경우에 내야 하는 세금(증여세, 보유세의 합계)은 얼마가 될까?

　증여세는 공동주택가격이 아닌 시가가 과세가액이 된다. 따라서 B아파트를 부인에게 증여할 경우 6억원이 증여가액이 되며 배우자 간 증여재산공제 한도인 6억원 전액을 공제받아 부담할 증여세는 없다.

● **증여세**

(단위: 원)

구분	금액	비고
증여재산가액	600,000,000	시가
(-) 증여재산공제	600,000,000	
(=) 과세표준	-	
산출세액	-	

● 보유세 – 박종부 씨

(단위: 원)

구분	주택	비고
주택고시가액 합계	1,400,000,000	공동주택가격 적용
종합부동산세 과세표준	760,000,000	
① 종합부동산세 산출세액	4,296,000	
② 농어촌 특별세	859,200	종합부동산세의 20%
③ 재산세	2,730,000	
④ 지방교육세	546,000	재산세의 20%
⑤ 재산세 과세특례(구 도시계획세)	1,176,000	재산세 과세표준의 0.14%
합계(①+②+③+④+⑤)	9,607,200	

● 보유세 – 박종부 씨의 부인

(단위: 원)

구분	주택	비고
주택고시가액 합계	400,000,000	공동주택가격 적용
종합부동산세 과세표준	–	
① 종합부동산세 산출세액	–	
② 농어촌 특별세	–	종합부동산세의 20%
③ 재산세	420,000	
④ 지방교육세	84,000	재산세의 20%
⑤ 재산세 과세특례(구 도시계획세)	336,000	재산세 과세표준의 0.14%
합계(①+②+③+④+⑤)	840,000	

박종부 씨가 부인에게 아파트를 증여함에 따라 박종부 씨는 A아
파트에 대한 보유세만 부담하게 되고, 박종부 씨의 부인은 B아파

트에 대한 보유세를 부담하게 된다. 이 경우 박종부 씨가 부담하는 보유세는 약 657만원이고, 박종부 씨의 부인이 부담하게 되는 보유세는 약 84만원이다. 즉 합산하여 약 741만원이다.

결국 박종부 씨가 부인에게 증여하지 않았을 경우 내야 하는 세금은 총 977만원인 반면, 박종부 씨가 부인에게 아파트 1채를 증여하여 내는 세금은 총 741만원이다. 증여를 통해 보유세 약 236만원을 절세할 수 있는 것이다.

취득세에 대한 고려

여기서 한 가지 더, 취득세를 고려해야 한다. 취득세는 증여한 시점에 딱 한 번 부담하는 세금이다. 그래서 매년 발생하는 재산세나 종합부동산세만 고려하고 취득세와의 관계를 따지지 않는 경우가 있다. 박종부 씨 부인의 경우에는 6억원을 증여받아 증여세는 내지 않아도 되지만, 취득세(일반적 증여의 경우 4%)는 2천4백만원 정도를 내야 할 것이다. 이 사례에서는 실질적인 절세효과를 보려면 약 5년[18]은 넘게 보유해야 한다는 결론이 나온다.

이처럼 부동산을 보유하는 동안 내야 하는 세금 때문에 섣불리 증여를 결정하기 쉬운데 매년 내는 세금은 적을 수 있으나, 취득세와 같이 한 번에 내는 세금이 큰 경우도 있다. 따라서 짧은 기간

---

18 절세액 약 503만원 × 4.77년 ≒ 2천4백만원

내에 처분할 예정인 부동산이라면 보유세를 줄일 목적으로 증여하는 것은 옳은 방법이 아닐 수도 있다.

오랜 기간 보유할 의사가 있거나 가격 상승 가능성이 높은 부동산인 경우에 한하여 증여를 결정하는 것이 바람직하다.

02

증여세 납부 재원은
어떻게 준비해야 할까?

김대납 씨에게는 유학 중인 딸이 있다. 딸에게 시가 3억원인 아파트를 증여하고자 할 때, 딸이 내야 할 증여세가 4천만원 정도라고 한다. 납부 재원에 대한 준비를 어떻게 해야 할까? 몇 가지 방법을 소개한다.

첫째, 본인의 소득이나 기존에 상속 또는 증여받은 자금이 자금출처임을 주장하는 방법

본인의 소득으로 세무서에 신고한 내역이나 상속세 또는 증여세를 신고한 내역이 있다면 그것이 자금출처가 될 수 있다. 따라서 과세관청에서 소명을 요구한다면 해당 내역에 대한 계좌 자료나 신고 자료 등을 제출할 수 있도록 한다.

둘째, 당초 증여재산과 세액을 미리 예상하여 세금만큼을 추가로 증여하는 방식(Gross – Up 방식)

이런 경우에는 세금 납부액만큼 굳이 수증자에게 주지 않고 증여자가 바로 대납해도 괜찮다. 증여세 대납액을 증여재산에 추가하기 때문에 세금은 더 늘어나는 결과가 나오지만 과세관청과 세금 납부액의 자금출처를 다투는 일은 없게 된다.

만일 아파트는 아버지로부터 증여받고, 증여세는 어머니로부터 받으면 어떻게 될까? 아버지와 어머니는 동일인으로 보아 합산하기 때문에 결과는 앞과 똑같게 된다.

하지만 세금을 할아버지로부터 증여받으면 어떻게 될까? 아버지로부터 아파트를 증여받을 때 이미 증여재산공제를 받았으므로, 증여재산공제를 받지는 못하지만[19] 증여재산은 동일인으로부터 받는 것만 합산하기 때문에 증여재산의 합산은 피할 수 있다. 결국 아버지와 할아버지로부터 분산하여 증여받은 경우에는 약 400만원 정도의 절세효과가 발생한다.

---

19 직계존속으로부터 증여받는 경우에는 10년간 5천만원 한도로 공제된다. 여기서 직계존속은 아버지, 어머니, 할아버지, 할머니 등을 모두 포함한다.

(단위: 원)

| 구분 | 아버지가 증여, 증여세 대납 | 따로 증여 | |
		아버지가 증여	할아버지가 증여세 대납
증여재산가액	300,000,000	300,000,000	38,800,000
(+) 증여세 대납액	48,138,950		
(-) 증여재산공제	50,000,000	50,000,000	
(=) 과세표준	298,138,950	250,000,000	38,800,000
(×) 세율	20%	20%	10%
(=) 산출세액	49,627,790	40,000,000	3,880,000
(+) 세대생략 할증과세			1,164,000
(-) 신고세액공제(5%)	1,488,833	1,200,000	151,320
(=) 납부세액	48,138,950	38,800,000	4,892,680
		43,692,680	
차액	4,446,270		

셋째, 대출을 받아 세금 납부액을 마련하는 방법

부동산을 증여받은 경우 담보대출을 받아 납부하는 방법이 있는데, 대출을 받아 세금을 납부했다고 해서 모든 과정이 끝나는 것은 아니다. 대출이자를 수증자 본인이 납입하였는지도 국세청에서는 점검한다. 대출이자 대납도 증여의 대상이 될 수 있기 때문이다.

그리고 대출금을 상환할 때에도 수증자가 본인의 자금으로 상환하였는지 사후 관리를 한다. 대출금을 다른 사람이 대신 상환해주면 이 역시 증여가 되므로 유의해야 한다.

만일 개인으로부터 돈을 빌려 세금을 납부하는 경우에도 '금전 소비대차계약서'나 '차용증'을 반드시 작성하고 이자율을 명시해야 한다. 이때, 지나치게 낮은 이자율은 삼가야 하는데 개정된 「상속세 및 증여세법」에서는 개인 간의 금전 대출 시 적정이자율을 4.6%[20]로 보고 있음을 참조해야 한다. 또한 원칙적으로 이자를 정기적으로 지급해야 채권·채무 관계를 인정받을 수 있으며 지급한 이자에 대해 27.5%의 이자소득세를 원천징수하여 납부해야 한다는 점도 유의해야 한다.[21] 만약 부모에게 자금을 빌리는 경우라면 이를 증여로 추정하므로 채무로서 인정받을 가능성은 높지 않다.

넷째, 수익용 부동산의 경우 연부연납을 신청하고 임대료로 세금 납부

상가나 오피스텔 또는 임대용 토지 등의 경우에는 매월 임대료를 받을 수 있다. 수증자는 임대료만큼의 자금출처가 생기는 것이므로 증여세에 대하여 연부연납을 신청하여 매년 분할하여 납부하는 방법이다(연부연납가산금 이자율 1.2%[22]).

---

20 「상속세 및 증여세법 시행령」 제31조의4에서 개인으로부터 금전 대출 시 적정이자율은 당좌대출이자율을 고려하여 기획재정부령으로 정하는 이자율을 말한다(2016년 3월 4일 이후 증여분부터 4.6% 적용).
21 이를 '비영업대금의 이익에 대한 원천징수'라 한다.
22 2021년 3월 16일 이후 기간분부터 적용한다(이전 1.8%).

다섯째, 수증자가 비거주자라면 연대납세의무 규정을 이용하여 증여자가 납부

증여세에는 연대납세의무 규정이 있다. 증여받은 사람이 증여세를 내지 않고, 체납 세금에 대한 체납처분 절차를 통해서도 받을 길이 없다면 증여자에게 세금을 물리겠다는 것이다.

하지만 증여받는 사람이 비거주자일 경우에는 수증자의 납부능력과 관계없이 연대납세의무를 적용한다. 김대납 씨의 딸이 비거주자라면 그 사실을 해외 유학 서류나 출입국 기록 등으로 과세관청에 입증하여, 비록 대납하였다 하더라도 연대납세의무가 있는 증여자가 납부한 것이기 때문에 추가증여로 보아 추징당하는 일은 회피할 수 있을 것이다. 단, 김대납 씨의 딸이 비거주자라면 증여재산공제는 적용되지 않기 때문에 잘 구별해야 한다. 이러한 연대납세의무와 증여재산공제 미적용에 관한 내용은 〈기초 편〉에서 언급한 바 있다.

03

부담부증여 시 채무액 규모를 변동해 세액의 최저점을 찾아보자

박부자 씨에게는 자신이 현재 거주하는 아파트 1채와 약 10년 전에 투자 목적으로 구입한 다세대주택 1채가 있다. 다세대주택은 이번에 미국에서 들어온 큰아들에게 부담부증여를 할 생각이다. 세무사를 찾아가 상담하였더니, 채무를 이전하는 금액에 따라 세액이 달라진다고 한다. 세액이 최저가 되는 점을 찾을 수 있을까?

(다세대주택 취득 당시의 기준시가는 6억원, 현재의 기준시가는 15억원이고, 전세보증금 7억원이 있다. 단, 다세대주택은 양도소득세 중과대상주택이 아님을 가정함)

부담부증여 시 납부해야 할 총세금 계산

〈기초 편〉 11장에서 설명한 바와 같이, 부담부증여는 이전하는 채무에 대해서는 증여자가 양도소득세를 납부하고, 수증자는 증여재산가액에서 채무가액을 뺀 금액만 증여세를 납부하는 것이다.

증여세율과 양도세율은 다르다

증여세율은 구간에 따라 10~50%의 세율이 적용되고, 양도소득세는 소득세율의 기본세율인 6~45%의 세율이 적용된다. 따라서 증여세 부담 범위와 양도소득세 부담 범위의 세율 구간에 따라 세 부담이 달라진다.

세액의 최저점을 찾자

박부자 씨의 경우 현재 채무액인 임대보증금 7억원이 있다. 그리고 은행에서 어느 정도의 대출을 받아 채무액을 늘리려고 한다. 어느 정도의 대출금이 적당할까? 대출을 할 경우에는 대출에 대한 이자비용 부담까지 고려하여야 함을 잊지 말자.

(단위: 원)

Case1 추가 대출 없음			
	증여세		양도소득세
증여재산가액	1,500,000,000	양도가액	700,000,000
(−) 채무액	700,000,000	(−) 취득가	280,000,000
(=) 증여세 과세가액	800,000,000	(−) 필요경비	8,400,000
(−) 증여재산공제	50,000,000	(=) 양도차익	411,600,000
(=) 과세표준	750,000,000	(−) 장기보유특별공제	123,480,000
(×) 세율	30%	(=) 양도소득금액	288,120,000
(=) 산출세액	165,000,000	(−) 기본공제	2,500,000
(−) 신고세액공제	4,950,000	(=) 과세표준	285,620,000

(=) 납부세액	160,050,000	(×) 세율	38%
		(=) 산출세액	89,135,600
		총납부세액(지방세 포함)	98,049,160
대출이자 부담액		–	
총부담액		258,099,160	

Case2 **추가 대출 2억**			
	증여세		**양도소득세**
증여재산가액	1,500,000,000	양도가액	900,000,000
(−) 채무액	900,000,000	(−) 취득가	360,000,000
(=) 증여세 과세가액	600,000,000	(−) 필요경비	10,800,000
(−) 증여재산공제	50,000,000	(=) 양도차익	529,200,000
(=) 과세표준	550,000,000	(−) 장기보유특별공제	158,760,000
(×) 세율	30%	(=) 양도소득금액	370,440,000
(=) 산출세액	105,000,000	(−) 기본공제	2,500,000
(−) 신고세액공제	3,150,000	(=) 과세표준	367,940,000
(=) 납부세액	101,850,000	(×) 세율	40%
		(=) 산출세액	121,776,000
		총납부세액(지방세포함)	133,953,600
대출이자 부담액(연 4%)		8,000,000	
총부담액		243,803,600	

(단위: 원)

Case3 **추가 대출 3억**			
	증여세		**양도소득세**
증여재산가액	1,500,000,000	양도가액	1,000,000,000
(−) 채무액	1,000,000,000	(−) 취득가	400,000,000

(=) 증여세 과세가액	500,000,000	(−) 필요경비	12,000,000
(−) 증여재산공제	50,000,000	(=) 양도차익	588,000,000
(=) 과세표준	450,000,000	(−) 장기보유특별공제	176,400,000
(×) 세율	20%	(=) 양도소득금액	411,600,000
(=) 산출세액	80,000,000	(−) 기본공제	2,500,000
(−) 신고세액공제	2,400,000	(=) 과세표준	409,100,000
(=) 납부세액	77,600,000	(×) 세율	40%
		(=) 산출세액	138,240,000
		총납부세액(지방세 포함)	152,064,000
대출이자 부담액(연 4%)		12,000,000	
총부담액		241,664,000	

(단위: 원)

Case4 추가 대출 4억			
	증여세		**양도소득세**
증여재산가액	1,500,000,000	양도가액	1,100,000,000
(−) 채무액	1,100,000,000	(−) 취득가	440,000,000
(=) 증여세 과세가액	400,000,000	(−) 필요경비	13,200,000
(−) 증여재산공제	50,000,000	(=) 양도차익	646,800,000
(=) 과세표준	350,000,000	(−) 장기보유특별공제	194,040,000
(×) 세율	20%	(=) 양도소득금액	452,760,000
(=) 산출세액	60,000,000	(−) 기본공제	2,500,000
(−) 신고세액공제	1,800,000	(=) 과세표준	450,260,000
(=) 납부세액	58,200,000	(×) 세율	40%
		(=) 산출세액	154,704,000
		총납부세액(지방세 포함)	170,174,400
대출이자 부담액(연 4%)		16,000,000	
총부담액		244,374,400	

네 가지 경우를 살펴보았을 때, 임대보증금 7억원에 대출금을 늘릴수록 총부담액이 줄어들었으나, 추가 대출금이 3억원에서 4억원으로 늘자 부담해야 하는 금액이 커짐을 알 수 있다. 이는 추가 대출 3억원 이상 4억원 미만 구간이 세액과 이자비용의 최저비용 구간임을 보여준다.

이 외에도 부담부증여를 할 때 주의해야 할 사항은 다음과 같다.

첫째, 증여하려는 부동산을 담보한 채무여야 한다

부담부증여 시에 증여재산에서 공제하는 채무액은 증여재산을 담보한 채무와 임차인에 대한 임대보증금만 인정된다. 따라서 담보된 채무가 아닌 것은 별도로 약정을 했어도 채무로 인정받지 못한다. 증여한 사람과 관계없는 다른 사람의 채무에 담보로 제공한 재산을 증여받는 경우에도 공제하지 않는다. 이러한 채무는 반드시 객관적인 서류나 증빙으로서 입증해야 하는데, 임대보증금의 경우에는 기존에 부가가치세 신고 때 신고한 내역과 차이가 없는지도 점검해보아야 한다.

둘째, 증여받는 사람이 채무를 부담할 수 있는 경제적 능력이 있어야 한다

부동산을 증여할 때, 일반적으로 당장에 부담해야 하는 세금을 줄이기 위해 부담부증여를 하게 된다. 그러나 증여 후에는 인수한 채무에 대한 이자나 원금을 수증자가 부담해야지, 증여자가 대신 이자를 지급하거나 원금을 상환하는 경우는 부담부증여로 인정하지 않는다. 과세관청에서는 부담부증여에 대해 부채 사후관리대장에 등재하여 1년에 2회씩 사후 관리를 하고 있다. 증여 이후 채무가 상환되거나 변동될 때 그 상환 자금의 출처를 조사하여 수증자가 자력으로 상환했는지를 판단하여 그러지 않았을 경우 증여세를 과세한다.

셋째, 대출을 받아 바로 증여할 경우에는 자금 흐름에 유의한다

만일 대출을 받은 즉시 부담부증여를 한다면 별문제가 없을까? 수증자가 기존 대출을 인수할 신용 등이 되지 않아 담보대출 이전이 안 되는 경우가 있다. 이런 경우라도 실제 이자를 수증자가 부담하고 있고, 수증자의 자금으로 대출금을 상환한 사실을 입증할 수 있다면 부담부증여로 인정받을 수 있다. 그러나 증여자가 대출받은 자금을 본인이 사용하지 않고 수증자에게 몰래 주어 대출금을 상환한 사실이 밝혀지면 부담부증여로 인정받지 못한다.

넷째, 채무이전에 대한 부분은 매매에 의한 취득세를 적용한다

증여를 받는 경우 적용하는 취득세율은 일반적으로 4%이나, 감면이 없다고 가정하였을 때 매매에 의한 취득세율은 4.6% 정도이다(주택은 1.1~3.5%). 따라서 채무이전에 대한 취득세율은 매매에 의한 취득세율을 적용하고 그 나머지는 증여에 의한 취득세율을 적용하므로 구별을 잘해야 한다.

최근 다주택자들이 주택을 증여하는 경우에는 취득세율을 최고

13.4%로 중과하고 있으므로 사전에 중과될 수 있는 취득세를 잘 점검해야 한다. 수증자가 본 취득세를 납부할 능력이 있는지도 사전에 잘 살펴보아야 한다.

다섯째, 부담부증여 시 채무이전으로 인한 양도소득세 또한 증여세와 동일하게 3개월 내에 신고하여야 한다

부담부증여 시 재산의 증여 부분은 증여세, 채무이전으로 인한 부분은 양도소득세를 내야 한다. 종전까지는 증여세 신고기한은 증여일이 속하는 달의 말일로부터 3개월 이내, 양도소득세 신고기한은 양도일이 속하는 달의 말일로부터 2개월 이내였다. 그러나 2017년 1월 1일 이후부터는 채무이전으로 인한 양도소득세 신고기한이 증여세 신고기한과 동일하게 3개월로 개정되었음을 알아두자.

04

자녀에게 부동산을 싸게 팔면
증여세 과세대상일까?

장저가 씨는 결혼을 앞둔 아들에게 아파트를 증여하려고 생각했지만 너무 많은 세금 부담 때문에 고민 중이다. 주변 지인들과 상의해보니, 아들이 대출을 받아 아버지로부터 아파트를 시세보다 싸게 사면, 무상으로 증여한 것은 아니므로 증여세를 안 내고 양도세도 적게 낼 수 있겠다는 생각이 들었다.

그러나 세무사의 말을 들어보니, 주의할 점이 많은데….

정상적이고 합리적인 거래가격 기준

개인은 각자 자유로운 의사로 거래 조건을 결정하고 거래할 수 있다. 설령 아버지가 아들에게 물건을 팔더라도 매매는 성립된다. 부동산등기를 하는 데에도 아무런 지장이 없다. 그러나 세법에서는 특수관계인 간에 정상적이고 합리적인 거래가 아닌 비정상적인 방식으로 거래하여 세금을 부당하게 감소시켰다고 판단될 경우에 그러한 행위나 계산에 관계없이 거래를 부인하고 있는데 이를 부당행위계산부인[23]이라고 한다.

저가양도를 하는 경우

부동산 등을 양도하는 사람이 가족이나 친족과 같이 특별한 관계에 있는 사람에게 시가보다 싸게 파는 경우에는 그 시가에 따라 양도소득세를 계산한다. 또한 싸게 매입한 사람은 싸게 산 만큼의 차이에 대해서는 증여를 받은 것으로 본다.

다시 말해 특수관계인 간에서 재산을 시가보다 낮은 가액으로 양도하는 경우 양도자는 실제로 양도한 금액이 아닌 시가를 양도 가액으로 보고 양도소득세를 계산하도록 하고 있으며, 저가로 양

---

23 세법에서 부당행위계산부인 규정은 특수관계인 간의 거래에만 적용한다. 따라서 특수관계가 아닌 사람 간의 거래에는 적용하지 않는다.

수하는 사람은 시가와 대가의 차이를 실질적으로 증여받은 것으로 보고 그 차액에 대해 증여세를 과세함[24]으로써 변칙적인 증여 행위를 차단하려는 것이다.

다만, 특수관계인이 아닌 자 간에 이러한 거래가 이루어진다면 양도자의 경우 부당행위계산부인 규정이 적용되지 않으므로 실제로 양도한 금액으로 양도소득세를 계산하고, 저가로 양수한 자는 특수관계인과 거래한 경우와 동일하게 시가와 대가의 차이에 대해 증여세를 과세하되, 과세대상 여부 판단 기준과 증여이익의 계산 방법을 다르게 규정하고 있다.

이때 한 가지 염두에 두어야 할 것은 특수관계인이 아닌 자 간의 거래에 있어서는 거래 관행상 '정당한 사유'가 없는 경우에만 과세한다는 것이다.

즉, 정당한 사유를 입증하면 특수관계인이 아닌 자 간에 시가보다 높거나 낮게 거래하여도 증여세를 과세할 수 없다는 것이다. 그러나 실무상으로 이를 입증하기는 쉬운 일이 아니어서 증여세 과세가 많이 이루어지고 있으며, 심판청구나 행정소송에 수많은 사례가 올라가 있는 실정이다. 물론 대법원 판례에서는 정당한 사유의 입증 책임을 과세관청이 지도록 하고 있으나, 납세자가 이를

---

24 동일한 거래에 대해서 양도소득세를 시가로 과세하고, 증여이익에 대해 증여세까지 과세하는 것이 이중과세되는 측면이 있으나, 현재 대법원 판례 및 헌법재판소에서는 양도소득세와 증여세는 납세의무자가 다른 것 등 각각의 법에 따라 달리 적용되는 것이므로 이중과세가 아니라고 판단하였다.

다투는 데 많은 어려움이 있다는 사실을 꼭 명심해야 한다.

다음에서는 과세대상 여부 판단 기준과 증여이익의 계산법을 알아보도록 하자.

구분	과세대상 여부	증여이익
특수 관계일 때	$\dfrac{시가-대가}{시가} \geq 30\%$ 또는 (시가−대가) $\geq$ 3억원	(시가−대가) − Min(시가×30%, 3억원)
특수 관계가 아닐 때	$\dfrac{시가-대가}{시가} \geq 30\%$	(시가−대가) − 3억원

저가로 재산을 양수하여 시가와 대가의 차이만큼 이익을 보았다고 해서 무조건 증여세를 과세하는 것은 아니다. 특수관계인 간의 거래인 경우에는 시가와 대가의 차액이 시가의 30% 이상이거나 3억원이 넘는 경우라야 증여세 과세대상이 되고, 그 차액에서 시가의 30%에 해당하는 금액과 3억원 중 작은 금액을 차감한 금액을 증여이익으로 보아 증여세를 계산한다. 반면 특수관계인이 아닌 자 간의 거래인 경우에는 시가와 대가의 차액이 시가의 30% 이상인 경우에만 증여세 과세대상이 되고, 그 차액에서 3억원을 차감한 금액을 증여이익으로 본다. 결국 특수관계인이 아닌 자 간의 거래에서는 최소한 3억원 이상의 차이가 나는 경우에만 증여세가 과세된다.

만약 법인에 저가로 양도하면 어떻게 될까? 이 경우에도 마찬

가지로 특수관계가 있는 법인과 특수관계가 없는 법인으로 구분할 수 있다.

먼저 개인이 특수관계가 있는 법인에 저가로 양도하면 양도자인 개인은 부당행위계산부인 규정을 적용받아 실제로 양도한 금액이 아닌 시가를 양도가액으로 보아 양도소득세를 계산하는 점은 다르지 않다. 그러나 법인의 경우에는 재산을 저가로 양수하였다[25] 하여 그 차액에 대해 증여세를 과세하지는 않고 그 재산을 처분할 때 취득가액과 처분가액의 차액에 법인세가 과세되기 때문에 저가로 양수한 시점에는 세금 문제가 발생하지 않는다.

특수관계가 없는 법인에 저가로 양도하는 경우는 부당행위계산부인 규정의 대상이 아니므로 양도자인 개인은 실제로 양도한 가액으로 양도소득세를 계산하면 된다. 재산을 저가로 양수한 법인의 경우에도 그 재산을 처분할 때, 법인세로 과세될 것이므로 세

---

25 법인이 특수관계인인 개인으로부터 유가증권을 저가로 매입하는 경우 「법인세법」 제15조 제2항에 의해 익금에 산입한다. 즉, 유가증권을 제외한 재산을 저가로 매입하는 경우에는 익금에 산입하지 않는다(처분 시 또는 감가상각 시에 법인세로 과세됨).

금 문제는 없다.

고가양도를 하는 경우

이번에는 반대로 고가로 양도하는 경우를 살펴보자.

특수관계인에게 부동산 등을 고가로 양도하는 경우에 양도자는 시가보다 높은 가격으로 팔았으므로 그 차액에 해당하는 이익을 증여받은 것으로 보아 증여세가 과세된다. 또한 양도자는 실지거래가액을 양도가액으로 보아 양도소득세를 계산하여야 하는데, 이때는 시가를 초과하는 금액에 대하여 증여세와 양도소득세가 이중으로 과세되는 문제가 발생한다. 따라서 고가양도로 인해 증여세가 과세된 경우에는 실제 양도가액에서 증여재산가액을 차감한 금액을 양도가액[26]으로 하여 양도소득세를 계산한다. 반면 고가로 매입한 양수자의 경우에는 부당행위계산부인 규정이 적용되어 취득가액은 실지거래가액이 아닌 시가가 된다.

---

26 「소득세법」 제96조제3항제2호에서 특수관계인 외의 자에게 자산을 시가보다 높은 가격으로 양도한 경우로서 실지거래가액에서 증여재산가액을 뺀 금액을 양도가액으로 규정하고 있는 반면 특수관계인 간의 고가양도 시의 양도가액에 대한 법령이나 해석 사례는 없으나, 특수관계인 외의 자에게 적용하는 논리와 동일한 논리로 양도가액을 결정하여야 할 것이다.

특수관계인이 아닌 자에게 고가로 양도하는 경우에도 특수관계인 간 거래와 동일하게 시가와 대가 차액에 대해 증여세가 과세되고, 실제 양도가액에서 증여재산가액을 차감한 금액을 양도가액[27]으로 하여 양도소득세가 계산된다. 다만, 증여세 과세대상 여부 판단 기준과 증여이익의 계산 방법만 다르게 규정하고 있다. 반면에 특수관계가 없는 자 간의 거래이기 때문에 고가로 취득한 양수자의 경우 부당행위계산부인 규정은 적용되지 않고 실지거래가액이 취득가액이 될 것이다.

다음은 고가양도 시의 증여세 과세대상 여부 판단 기준과 증여이익의 계산 방법이다.

---

27 「소득세법」 제96조제3항제2호 상동.

구분	과세대상 여부	증여이익
특수 관계일 때	$\dfrac{대가-시가}{시가} \geq 30\%$ 또는 $(대가-시가) \geq 3억원$	$(대가-시가)-$ $Min(시가 \times 30\%, 3억원)$
특수 관계가 아닐 때	$\dfrac{대가-시가}{시가} \geq 30\%$	$(대가-시가)-3억원$

　저가양도 시와 마찬가지로 특수관계가 있는 자 간의 거래인지, 특수관계가 없는 자 간의 거래인지에 따라 과세대상 여부를 판단하는 기준이 다르며 계산식은 저가양도의 경우와 다르지 않다.

　만약 법인에게 고가로 양도하는 경우는 어떻게 될까?

　먼저 특수관계가 있는 법인에게 고가로 양도하는 경우 양수자인 법인 입장에서는 고가 매입에 해당하고 「법인세법」상 부당행위계산부인 규정이 적용되어 시가와 대가의 차액에 대해 익금산입과 동시에 상여 등으로 소득처분을 하게 된다. 따라서 상여 등으로 소득처분을 받은 개인은 소득세를 납부하게 된다.

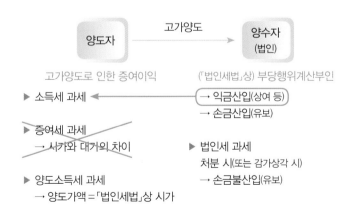

반면에 고가양도자는 고가양도로 인한 증여세를 납부하여야 하지만, 법인과의 거래를 통하여 부당행위계산부인 규정에 의해 소득세를 납부하게 되었으므로 증여세는 납부하지 않는다.[28] 또한 법인과의 고가양도 거래 시 부당행위계산부인 규정에 해당될 때에는 「법인세법」상 시가를 양도가액으로 보도록[29] 하고 있기 때문에 실지거래가액이 아닌 시가가 양도가액이 될 것이다.

특수관계가 없는 법인에게 고가로 양도하는 경우에는 법인 입장에서는 특수관계가 없는 자로부터의 고가 매입에 해당된다. 「법인세법 시행령」 제35조에서는 정상가액보다 높은 가액으로 매입함으로써 그 차액 중 실질적으로 증여한 것으로 인정되는 금액을 기부금으로 보아 손금불산입을 하게 정하고 있다. 고가양도자의 경우는 특수관계가 없는 개인에게 양도하는 경우와 같이 증여세 과세대상 여부를 판단하여 계산한 증여이익만큼 증여세가 과세되고, 양도가액은 실제 양도가액에서 증여재산가액을 차감한 금액이 된다.

다음에서는 시가가 140억원인 부동산을 100억원에 저가양도하는 경우와 시가 100억원인 부동산을 140억원에 고가양도하는 경우

---

28 「상속세 및 증여세법」 제4조의2제2항에서 "수증자에게 「소득세법」에 따른 소득세 또는 「법인세법」에 따른 법인세가 부과되는 경우에는 증여세를 부과하지 아니한다"고 규정하고 있다. → 고·저가 양수도의 경우에는 소득세 먼저 과세한다.

29 「소득세법」 제96조제3항제1호에서 「법인세법」상 부당행위계산부인 규정을 적용할 때 해당 거주자에게 상여 등으로 처분된 금액이 있는 경우에 「법인세법」상 시가를 양도가액으로 본다고 규정하고 있다.

부과되는 세금이 무엇이고, 과세대상은 얼마인지를 알아보겠다.

(단위: 억원)

	거래 유형	여부	양도자	과세 문제	양도가액 (증여이익)	양수자	과세 문제	취득가액 (증여이익)
1	저가 양도 (시가 140 대가 100)	특수 관계 ○	개인	부당행위계산부인	140	개인	대가+증여재산가액 증여이익	137 37
2			개인	부당행위계산부인	140	법인	저가 매입 과세 ×	100 0
3		특수 관계 ×	개인	–	100	개인	–	100 0
4			개인	–	100	법인	저가 매입 과세 ×	100 0
5	고가 양도 (시가 100 대가 140)	특수 관계 ○	개인	대가−증여재산가액 증여이익	103 37	개인	부당행위계산부인	100
6			개인	「법인세법」상 시가 소득세 과세	100 40	법인	부당행위계산부인 익금산입(상여 등) 40 손금산입(유보) 40	140 (처분 또는 감가상각 시 손금불산입 과세)
7		특수 관계 ×	개인	대가−증여재산가액 증여이익	103 37	개인	–	140
8			개인	대가−증여재산가액 증여이익	103 37	법인	기부금의제 손금불산입(기타 사외 유출) 10 손금산입(유보) 10	140 (처분 또는 감가상각 시 손금불산입 과세)

1 – 1) 양도자 개인은 저가양도이므로 「소득세법」상 부당행위계산부인 규정에 의해 시가인 140억원을 양도가액으로 보아 양도소득세 과세.

1 – 2) 양수자 개인은 「상속세 및 증여세법」상 저가양도로 인한 증여세 과세대상: 시가와 대가의 차액(40억원)은 3억원 또는 시가의 30%(42억원) 초과에 해당하므로 차액(40억원)에서 3억원과 시가의 30%(42억원) 중 작은 금액을 차감한 가액인 37억원이 증여이익이 됨. 이때의 취득가액은 대가에서 증여재산가액을 가산한 금액인 137억원이 됨.

2 – 1) 양도자 개인은 저가양도이므로 「소득세법」상 부당행위계산부인 규정에 의해 시가인 140억원을 양도가액으로 보아 양도소득세 과세.

2 – 2) 양수자 법인은 저가 매입에 따른 세금 문제가 발생하지 않음(처분 시 시가와 대가의 차액에 대해 법인세 과세됨).

3 – 1) 양도자 개인은 특수관계가 없는 자 간의 거래이므로 「소득세법」상 부당행위계산부인 규정을 적용받지 않음. 실지거래가액인 100억원을 양도가액으로 보고 양도소득세 과세.

3 – 2) 양수자 개인은 「상속세 및 증여세법」상 저가양도로 인한 증여이익 증여세 과세대상: 시가와 대가의 차액(40억원)은 시가의 30%(42억원)보다 작으므로 증여세 과세대상이 아님.

4 − 1) 양도자 개인은 특수관계가 없는 자 간의 거래이므로 「소득세법」상 부당행위계산부인 규정을 적용받지 않음. 실지거래가액인 100억원을 양도가액으로 보고 양도소득세 과세.

4 − 2) 양수자 법인은 저가 매입에 따른 세금 문제가 발생하지 않음(처분 시 시가와 대가의 차액에 대해 법인세 과세됨).

5 − 1) 양도자 개인은 「상속세 및 증여세법」상 고가양도로 인한 증여세 과세대상: 대가와 시가의 차액(40억원)은 3억원 또는 시가의 30%(30억원) 초과에 해당하므로 차액(40억원)에서 3억원과 시가의 30%(30억원) 중 작은 금액을 차감한 가액인 37억원이 증여이익이 됨. 또한 양도가액은 대가에서 증여재산가액을 차감(140억원 − 37억원)한 103억원이 됨.

5 − 2) 양수자 개인은 고가 매입이므로 「소득세법」상 부당행위계산부인 규정에 의해 시가인 100억원이 취득가액이 됨.

6 − 1) 양도자인 개인은 「법인세법」상 소득처분에 의한 상여 등(40억원)에 대해 소득세가 과세되고, 양도가액은 「법인세법」상 시가인 100억원이 됨.

6 − 2) 양수자 법인은 고가 매입이므로 「법인세법」상 부당행위계산부인 규정에 의해 익금산입하고 상여 등으로 소득처분을 함과 동시에 손금산입, 유보로 처분함. 이때의 취득가액은 140억원이지만 처분 시 또는 감가상각 시 손금불산입, 유보처분을 통해 법인세 과세대상이 됨.

7 − 1) 양도자인 개인은 「상속세 및 증여세법」상 고가양도로 인한 증여세 과세대상: 대가와 시가의 차액(40억원)은 시가의 30%(30억원)를 초과하므로 차액(40억원)에서 3억원을 차감한 가액인 37억원이 증여이익이 됨. 또한 양도가액은 대가에서 증여재산가액을 차감(140억원 − 37억원)한 103억원이 됨.

7 − 2) 양수자 개인은 특수관계가 없는 자 간의 거래이므로 실지거래가액인 140억원이 취득가액이 됨.

8 − 1) 양도자인 개인은 「상속세 및 증여세법」상 고가양도로 인한 증여세 과세대상: 대가와 시가의 차액(40억원)은 시가의 30%(30억원)를 초과하므로 차액(40억원)에서 3억원을 차감한 가액인 37억원이 증여이익이 됨. 또한 양도가액은 대가에서 증여재산가액을 차감(140억원 − 37억원)한 103억원이 됨.

8 − 2) 양수인인 법인은 특수관계가 없는 자간의 거래이므로 시가와 대가의 차액이 정상가액(시가±30%) 범위인 130억원을 초과한 10억원에 대하여 비지정 기부금으로 손금불산입, 기타 사외 유출로 처분한 후 손금산입, 유보처분을 하고, 처분 시 또는 감가상각 시에 손금불산입, 유보처분을 통해 법인세 과세대상이 됨.

이 장에서 기술한 저가·고가 양수도로 인한 증여세와 양도소득세 문제는 현실적으로 부동산보다는 비상장주식의 양도에서 자주 발생한다. 후술하겠지만 비상장주식은 직전 3개년간의 실적을 반영하여「상속세 및 증여세법」에 의해 평가되므로 자신이 생각했던 주식가액보다 높은 경우가 많이 발생하게 된다.

특수관계가 있는 경우, 예컨대 자녀에게 평가액보다 낮은 가액으로 양도하고 싶은 것은 인지상정이며, 특수관계가 없더라도 내가 투자하고 싶은 회사의 주식을「상속세 및 증여세법」에서 평가하는 가치보다 낮은 가액으로 인수하고 싶은 것도 당연할 것이다. 이처럼 납세자의 생각과 세법 규정과의 괴리 때문에 실제로 다툼이 자주 벌어지고 있다. 따라서 이러한 경우에는 전문가와 상담하여 절세 방안이 있는지 사전에 준비하는 것이 현명할 것이다.

특수관계인 범위

'특수관계인'이라 함은 재산을 양도하는 사람 또는 양수하는 사람과 다음 어느 하나의 관계에 있는 자를 말한다.

① 친족 및 직계비속의 배우자의 2촌 이내의 부계 혈족과 그 배우자

② 사용인(출자에 의하여 지배하고 있는 법인의 사용인을 포함)이나 사용인 외의 자로서 본인의 재산으로 생계를 유지하는 자

③ 다음 각 목의 어느 하나에 해당하는 자

　㉠ 개인: 본인이 직접 또는 본인과 친족 및 직계비속의 배우자의 2촌 이내의 부계 혈족과 그 배우자가 임원에 대한 임면권의 행사 및 사업 방침의 결정 등을 통하여 그 경영에 관하여 사실상의 영향력을 행사하고 있는 「독점규제 및 공정거래에 관한 법률 시행령」 제3조 각호의 1에 해당하는 기업집단에 속하는 계열회사

　㉡ 법인: 본인이 속한 「독점규제 및 공정거래에 관한 법률 시행령」 제3조 각호의 1에 해당하는 기업집단에 속하는 계열회사(해당 기업의 임원을 포함)와 해당 기업의 임원에 대한 임면권의 행사 및 사업 방침의 결정 등을 통하여 그 경영에 관하여 사실상의 영향력을 행사하고 있는 자 및 그와 친족에 해당하는 관계에 있는 자

④ 본인, ①부터 ③까지의 자 또는 본인과 ①부터 ③까지의 자가 공동으로 재산을 출연하여 설립하거나 이사의 과반수를 차지하는 비영리법인

⑤ ③에 해당하는 기업의 임원이 이사장인 비영리법인

⑥ 본인, ①부터 ⑤까지의 자 또는 본인과 ①부터 ⑤까지의 자가 공동으로 발행한 주식 총수 등의 30% 이상을 출자한 법인

⑦ 본인, ①부터 ⑥까지의 자 또는 본인과 ①부터 ⑥까지의 자가 공동으로 발행한 주식 총수 등의 50% 이상을 출자한 법인

⑧ 본인, ①부터 ⑦까지의 자 또는 본인과 ①부터 ⑦까지의 자가 공동으로 재산을 출연하여 설립하거나 이사의 과반수를 차지하는 비영리법인

05

"여보, 내가 준 아파트는
5년만 기다렸다가 팝시다"

자영업을 하는 박이월 씨는 배우자로부터 2년 전에 아파트를 증여받았다. 근래 사업이 어려워져 증여받은 아파트를 매각해서 그 대금을 사업자금으로 사용하려고 생각하고 있다. 그런데 증여받은 부동산을 5년 이내에 팔면 세금 부담이 더 크다는 이야기를 듣고 고민에 빠졌는데….

양도소득세 계산 시 취득가액의 결정

양도소득세는 양도가액과 취득가액의 차액인 양도차익에 대하여 부담하는 세금이다. 만일 증여받은 물건을 양도하는 경우 양도소득세 계산 시 취득가액은 증여 당시에 증여받은 가액으로 정한다.

그런데 배우자나 직계존·비속로부터 증여받은 물건을 5년 이내에 파는 경우에 양도물건의 취득가액은 당초 양도자 즉, 당초 배우자 등에게 증여한 사람의 취득가액으로 계산하고, 이미 납부한 증여세는 필요경비로 차감하는 제도가 있다. 이를 이월과세제도라고 한다.

이월과세란?

배우자 등이 양도하려는 물건의 양도가액은 현재 매매하는 가액으로 하지만, 취득가액은 최근에 증여받은 가액이 아니라 당초 증여한 사람이 취득했을 당시의 취득가액으로 한다는 의미이다.

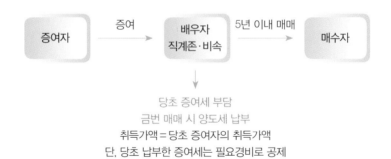

배우자 사이의 증여에 대해서는 10년 동안 6억원까지 증여세가 없다. 따라서 배우자에게 부동산 등을 증여한 후에 증여받은 배우자가 단기간에 이를 매매한다면, 증여받은 가액으로 취득가액을

결정할 수 있어 매매차익이 적어질 수 있다. 그렇게 되면 증여세와 양도소득세를 모두 적게 내는 결과를 낳을 수 있다. 이 같은 방법으로 세금 부담을 피하려는 것을 막기 위해서 배우자에게 증여받은 물건을 5년 이내에 파는 경우에는 취득가액을 당초 증여자의 취득가액으로 계산하겠다는 취지이다.

5년 이내 양도 vs. 5년 이후 양도

박이월 씨의 사례를 더 자세하게 알아보자.

① **박이월 씨 배우자의 아파트 취득 시기**: 20×1년 5월 15일

② **박이월 씨가 증여받은 시기**: 20×3년 11월 20일

③ **박이월 씨 부동산 양도 시기**:

  − 5년 이내 양도: 20×7년 11월 28일

  − 5년 이후 양도: 20×8년 11월 28일

④ **박이월 씨 배우자의 부동산 취득가액**: 4억원

⑤ **증여 당시 평가액**: 7억원

⑥ **증여세 산출세액**: 1천만원 = (7억원 − 6억원) × 10%

⑦ **부동산 양도가액**: 10억원

  (당초 납부한 증여세 외에 기타 필요경비는 없다고 가정)

구분	(증여 후) 5년 이내 양도	(증여 후) 5년 이후 양도
양도가액	1,000,000,000	1,000,000,000
(−) 취득가액	400,000,000	700,000,000
(−) 필요경비	10,000,000	
(=) 양도차익	590,000,000	300,000,000
(−) 장기보유특별공제	106,200,000	45,000,000
(=) 양도소득금액	483,800,000	255,000,000
(−) 기본공제	2,500,000	2,500,000
(=) 과세표준	481,300,000	252,500,000
(×) 세율	38%	38%
(=) 산출세액	163,494,000	76,550,000
(+) 지방소득세	16,349,400	7,655,000
총부담세액(지방세 포함)	179,843,400	84,205,000
차액		95,638,400

취득가액 등의 차이

양도가액은 10억원으로 같으나, 증여일로부터 5년 이내에 양도하는 경우에는 배우자가 당초 취득했을 당시의 4억원이 취득가액이 되고, 5년 이후에 양도하는 경우에는 증여 당시의 증여가액인 7억원이 취득가액이 된다.

즉 증여일로부터 5년 이내에 양도하는 경우에는 양도소득세 납세의무자가 박이월 씨임에도, 취득가액은 당초 증여자의 취득가액 4억원, 보유 기간은 당초 증여자의 취득일부터 계산하여 6년 이상 보유한 것으로 보아 계산한다.

또한 박이월 씨가 배우자로부터 증여받았을 당시 납부했던 증여세액은 양도 시의 필요경비로 차감된다. 그러나 이 경우 세액공제가 아닌 필요경비로 공제되어 세율 적용분만큼만 돌려받기 때문에 증여세 미환급분만큼을 추가로 더 부담했다고 보아야 한다. 반면 당초 증여받은 자산에 대해 박이월 씨가 납부한 취득세는 필요경비로 인정되지 않음에 유의하자.

결국 증여일로부터 5년 이내에 양도한다면 양도세를 약 9천5백만원 더 부담하게 된다. 증여받은 부동산을 매매하는 경우에는 5년이 지났는지 반드시 확인해야 하며, 5년 이내에 매매하는 경우라도 예상되는 세금을 미리 알아본 다음 의사결정을 하도록 한다.

참고로 배우자 또는 직계존·비속의 증여재산에 대한 이월과세 규정은 증여 후 양도를 통해 세금을 탈루하려는 행위를 막기 위한 것이므로 증여 후 5년 이내에 사망 등으로 배우자 관계가 소멸되거나, 수용이 되어 양도소득세 신고를 하는 경우에는 세금을 회피하려는 목적이 있다고 보기 어려워 이월과세제도가 적용되지 않는다는 점도 알아두자.

우회양도의 증여추정 – 배우자 또는 직계존·비속에게

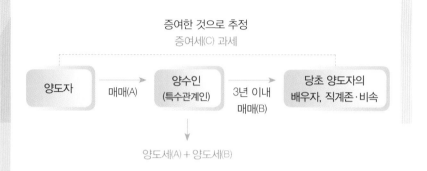

친족과 같은 특수관계인에게 재산을 매도한 이후에 그 특수관계인이 매수한 날로부터 3년 이내에 당초 양도한 사람의 배우자나 직계존·비속에게 다시 매도한 경우에는 당초 양도한 사람이 그 배우자나 직계존·비속에게 증여한 것으로 보아 증여세를 과세할 수 있다. 단, 양도세(A)와 양도세(B)를 합한 금액이 증여세(C)보다 큰 경우에는 증여세 회피 목적이 없는 것으로 보아 증여추정을 적용하지 않는다. 만약 증여세(C)가 양도소득세(A+B)보다 커서 증여세를 부과한다면, 당연히 양도소득세(A, B)는 과세하지 않는다.

06

"동생아, 형이 준 아파트를
5년 동안은 잘 간직해야 해"

쌍문동에 사는 김정봉 씨는 나이 차이가 많이 나는 아끼는 동생이 결혼한다고 하여 본인 소유의 아파트를 증여하였다. 그러나 동생 김정환 씨는 신혼살림을 하기에는 아파트가 너무 넓은 것 같아 증여받은 아파트를 처분하려고 마음먹었다. 그런데 양도세가 걱정이다. 배우자나 자녀에게 증여받은 부동산은 5년 이내에 팔면 세금이 많이 부과된다는 말을 들은 적이 있는데, 형에게서 받은 부동산도 그럴까?

세금 부담 비교

특수관계에 있는 자(배우자와 직계존·비속은 제외)에게 아파트 등의 자산을 증여한 후에 그 자산을 증여받은 사람이 증여일로부터 5년 이내에 또 다른 타인에게 양도하는 경우에는 증여하는 사람이 그 자산을 타인에게 직접 양도한 것으로 본다. 단 조건이 있는데 양

도소득에 대한 세금을 부당하게 감소시키려는 목적이 있을 경우, 즉 증여자가 직접 양도했다고 보아 계산한 양도소득세가 증여받은 사람이 부담한 증여세액과 양도세액의 합보다 큰 경우에만 적용한다((A) + (B)<(C)인 경우에만 적용). 반면에 양도소득이 해당 수증자에게 실질적으로 귀속되면 적용되지 않는다.

앞서 설명한 배우자나 직계존·비속에 대한 이월과세와 비슷한 것 같지만 차이가 있다. 이 경우에는 증여자가 그 자산을 직접 양도한 것으로 보고 양도소득세를 재계산하고, 중간의 증여 과정은 취소된다. 즉 증여는 없었던 것으로 보기 때문에 세금을 내야 하는 사람은 당초 증여한 사람이 되고, 납부했던 증여세는 환급해준다. 이와는 달리 이월과세의 경우 세금을 내야 하는 사람은 증여를 받은 자이고, 납부했던 증여세를 필요경비로 공제해주므로 양자 간에는 명확한 차이가 있다.

동생 김정환 씨가 아파트를 5년 이내에 양도할 경우 세금이 어떻게 결정되는지 자세히 살펴보자.

① **김정봉 씨 아파트 취득 시기**: 20×1년 5월 15일

② **김정봉 씨 아파트 증여 시기**: 20×5년 10월 20일

③ **김정환 씨 부동산 양도 시기**: 20×9년 11월 28일

④ **당초 부동산 취득가액**: 5천만원

⑤ **증여 당시 평가액**(기준시가): 4억원

⑥ **부동산 양도가액**: 5억원

(양도 시 기타 필요경비는 없다고 가정)

동생 김정환 씨는 증여받은 후 5년 이내에 양도할 경우에 본인이 내야 할 증여세와 양도소득세를 예상해보는 것과 동시에, 형

김정봉 씨가 직접 양도할 경우에 내야 할 양도소득세도 함께 고려해야 한다.

● 동생 김정환 씨의 증여세와 양도소득세

(단위: 원)

(A) 증여세		(B) 양도소득세(증여 후 양도)	
증여재산가액	400,000,000	양도가액	500,000,000
(−) 증여재산공제	10,000,000	(−) 취득가액	400,000,000
(=) 과세표준	390,000,000	(=) 양도차익	100,000,000
(×) 세율	20%	(−) 장기보유특별공제	12,000,000
(=) 산출세액	68,000,000	(=) 양도소득금액	88,000,000
(−) 신고세액공제	2,040,000	(−) 기본공제	2,500,000
(=) 납부세액	65,960,000	(=) 과세표준	85,500,000
		(×) 세율	24%
		(=) 산출세액	15,300,000
		(+) 지방소득세	1,530,000
		(=) 총납부세액	16,830,000
(A)+(B)		81,430,000	

● 형 김정봉 씨가 직접 양도할 경우의 양도소득세

(단위: 원)

(C) 양도소득세(직접 양도)	
양도가액	500,000,000
(−) 취득가액	50,000,000
(=) 양도차익	450,000,000
(−) 장기보유특별공제	108,000,000

(=) 양도소득금액	342,000,000
(−) 기본공제	2,500,000
(=) 과세표준	339,500,000
(×) 세율	40%
(=) 산출세액	110,400,000
(+) 지방소득세	11,040,000
(=) 총납부세액	121,440,000
(C)	121,440,000

사례에서는 증여자가 직접 양도했다고 보아 계산한 양도소득세가 증여받은 사람이 부담한 증여세액과 양도세액의 합보다 더 크기 때문에 형 김정봉 씨가 직접 양도한 것으로 보아 양도소득세를 납부하여야 하고, 동생 김정환 씨가 납부한 증여세는 환급받게 될 것이다.

실제 과세관청에서는 특수관계에 있는 친인척에게 증여한 후 우회로 양도하는 경우에 객관적인 세액만을 비교하여((A) + (B) ⟨ (C)) 당초 증여한 사람에게 직접 양도소득세를 부과하려고 한다. 그러나「소득세법」에서는 양도소득세 회피 목적이 없이 증여받은 자가 양도를 하고, 증여받은 자에게 실질적으로 양도소득이 귀속되는 경우에는 증여자에게 양도소득세를 부과하지 않는다는 단서 조항을 두고 있으니 수증자에게 양도소득이 귀속되었음을 입증하면 될 것이다.

07

아버지 명의 예금으로 담보대출을 받아 사업자금으로 써도 될까?

김담보 씨의 아들은 대학 졸업 후 취업이 어렵게 되자, 사업을 하기로 마음먹었다. 오랜 시간을 들여 사전 조사를 마치고 드디어 사업을 시작하려는데, 자금이 모자라자 아버지에게 사업자금을 부탁하기로 했다. 이것저것 알아보니 부모님의 예금을 담보로 대출이 가능하다고 하는데, 이 경우 세금 문제는 없을까?

무상의 용역 제공은 증여

「상속세 및 증여세법」 제42조에서는 타인에게 시가보다 낮은 대가를 지급하거나 무상으로 재산이나 용역을 제공받는 경우, 그리고 타인으로부터 시가보다 높은 대가를 받고 재산이나 용역을 제공하여 얻은 이익이 있는 경우에는 그 이익을 증여재산가액으로 하여 이익을 얻은 자에게 증여세를 부과하고 있다. 이때 얻은 이익은 시가와 대가의 차액이다.

김담보 씨가 본인의 정기예금을 담보로 아들이 대출을 받을 수 있도록 한 것은 자신의 정기예금의 담보가치를 일정 기간 아들에게 사용하도록 하여 자녀가 금전 대출에 관한 신용상의 이익을 보게 한 것이다. 따라서 국세청에서는 다른 사람의 예금을 담보로 대출받는 것을 일종의 용역을 제공받아서 생긴 이익으로 보고 증여세를 과세한다.

이때, 증여세가 부과되는 대상이 되는 이익은 다음과 같이 산정한다.

$$\text{무상으로 사용한 재산가액} \times 4.6\%^{[30]}$$
$$(-) \text{ 실제로 지급하였거나 지급한 이자}$$

즉 무상으로 사용한 재산가액[31]인 차입금에 4.6% 이자율을 적용한 가액과 실제 부담한 이자 지급액과의 차이에 대하여 증여세를 부과하겠다는 의미이다. 다만 이렇게 계산한 증여재산가액이 1천만원 이상인 경우에만 과세하는 것으로 개정되었다.

---

30 「상속세 및 증여세법 시행령」 제31조의4제1항에 따른 적정이자율로서 당좌대출이자율을 고려해 기획재정부령이 정하는 이자율을 말한다(2016년 3월 4일 이후 증여분부터 4.6% 적용).
31 세법 개정 전에는 "무상으로 사용한 재산의 가액"이란 대출금액을 말하는지 아니면 무상으로 제공한 재산가액 전체를 의미하는지 그 여부에 대하여 해석이 달라 적용하기 어려운 면이 있었으나, 2016년 세법 개정으로 무상으로 사용한 재산가액을 "차입금"이라고 명문화하였다.

만일 김담보 씨가 10억원의 정기예금을 담보 제공하였고 아들은 5억원을 2022년 3월 5일에 대출받았다고 가정해보자. 대출이 자율은 2%이며 대출 기간은 5년이다. 이때 아들에 대한 증여재산 가액은 어떻게 산정할까?

① **1차 증여**(2022.3.5): 5억원 × (4.6% − 2%) = 1천3백만원

② **2차~5차 증여**(2023.03.05~2025.03.05): 5억원 × (4.6% − 2%)

　　= 1천3백만원(매년)

아들이 매년 2%에 해당하는 1천만원을 은행에 지급하였다면 적정이자율 4.6%에 해당하는 이자 2천3백만원과의 차이인 1천3백만원을 증여받은 것으로 보겠다는 의미이다. 새롭게 개정된 「상속세 및 증여세법」상 당좌대출이자율을 고려한 적정이자율은 4.6%이기 때문에 실제 금융기관 등에 대출이자를 4.6%보다 적게 지급하는 상황이라면 매년 계속하여 증여세 과세 문제는 발생할 것이다.

여기서 중요한 점은 세금을 한 번 내면 끝나는 것이 아니라, 대출금을 상환할 때까지 과세되며 계속하여 합산과세가 된다는 것이다. 즉 대출금을 상환할 때까지 매년 과세된다.

아버지의 예금을 담보로 자녀가 대출받는 것은 이익의 증여에 해당하여 증여세 과세대상임에는 이견이 없다. 그러나 이전까지 증여세 과세대상임에도 과세대상금액인 증여재산가액을 산정할

만한 근거가 없었고 불분명하여 과세관청에서 세금을 과세하기 어려웠고, 실제 소송에서도 과세관청이 패소[32]한 바 있다. 그러나 2016년 세법 개정을 통해서 타인의 재산을 무상으로 담보로 제공하고 금전 등을 차입한 경우에는 "차입금에 적정이자율을 곱한 금액"을 증여받은 이익으로 명문화함으로써 과세 여부에 대한 논란을 없애고 과세 근거를 법제화하였다.

---

32 대법2011두18458, 2013. 11. 14.

08

아버지 땅에 내 돈으로 건물을 짓고 임대를 주면 무슨 문제가 있을까?

김무상 씨는 아버지 김토지 씨가 소유한 시가 20억원 상당의 토지에 본인 명의로 건물을 신축하여 임대 사업을 하려고 한다. 아버지에게 토지 사용료(토지 임대료)를 지급해야 하는데 얼마를 지급해야 하는지 궁금했다. 그리고 사용료를 지급하지 않고 아버지 토지를 무상으로 사용하면 본인이 증여세를 낼 수도 있다는 이야기를 들었는데….

부동산의 무상사용은 증여

「상속세 및 증여세법」 제37조에서는 타인의 부동산을 무상으로 사용함에 따라 이익을 얻은 경우 그 이익에 상당하는 금액을 무상 사용자의 증여재산으로 하여 증여세를 내도록 하고 있다.[33]

예컨대 김무상 씨가 아버지의 토지를 무상으로 사용하면 증여 세를 내야 한다. 무상으로 사용하는 부동산에 대한 증여세 부과는

5년 단위로 이루어지며, 그 기간에 1억원 이상의 이익을 얻은 경우에만 과세된다.

　부동산을 무상사용한 김무상 씨에게 증여세가 과세되는 것과 별도로 토지 소유자인 아버지에게 소득세가 부과되며 이는 현재 이중과세로 보지 않고 있음을 유의해야 한다. 일반인이라면 실제로 받은 것도 없는데 왜 세금을 내야 하는지 의문이 들 것이다.

　아버지가 아들이 아닌 다른 사람에게 땅을 임대했다면 적정한 임대료를 받아 부가가치세와 소득세를 납부했을 것이지만, 특수관계에 있는 아들에게 공짜로 임대하였기 때문에 부가가치세와 소득세를 납부하지 않은 것이다. 즉 타인에게 임대한 경우와 형평이 맞지 않는다는 논리이다. 따라서 실제로 임대료를 받지 않았지만, 타인에게 임대한 경우와 동일하게 부가가치세와 소득세를 과세하겠다는 의미로 보면 된다.

　이를 '부당행위계산부인'이라고 하는데, 특수관계에 있는 사람에게 금전, 기타 자산 또는 용역을 무상 또는 낮은 이율로 제공한 경우에 시가에 대한 차이만큼을 과세할 수 있게 한 것이다. 아버지는 특수관계에 있는 아들에게 부동산 임대라는 용역을 무상으로 제공하였으므로 「소득세법」에서 정하는 적정임대료만큼 소득세가 과세될 수 있다.

---

33 다만 그 부동산 소유자와 함께 거주하는 주택인 경우는 무상사용으로 보지 않고, 증여세 과세대상에서 제외한다.

또한 토지 임대료에 대한 부가가치세도 있음을 잊지 말아야 한다. 과거에는 부동산 등을 무상으로 임대한 경우에 용역의 무상 제공으로 보아 부가가치세를 과세하지 않았다. 그러나 지금은 부동산을 무상으로 임대하는 경우에도 시가에 대해 부가가치세를 과세하므로 적정가액을 잘 신고해야 한다.

| 부동산 무상사용에 대한 세금 문제 |

그렇다면 두 사람이 납부해야 하는 세금을 구체적으로 살펴보자.

● 아들 김무상 씨의 경우

$$부동산\ 무상사용이익 = \sum_{n=1}^{5} \left(\frac{각\ 연도의\ 부동산\ 무상사용이익}{(1+0.1)^n} \right)$$

1) n: 평가기준일로부터 경과 연수
2) 각 연도의 부동산 무상사용이익 = 부동산가액[34] × 2%[35]
3) 간편법 = 부동산가액 × 2% × 3.7908(10%, 5년 연금현가계수)

특수관계인 사이에 토지를 무상으로 사용하는 경우에는 5년 단위로 부동산 무상사용이익에 대하여 증여세를 과세하고 있다. 이때의 증여재산가액은 5년간의 무상사용이익을 현재가치로 계산한 가액이고, 각 연도의 무상사용이익은 부동산가액의 2% 정도로 보고 있다.

따라서 아들 김무상 씨의 부동산 무상사용이익은 매년 4천만원[36]이고, 5년간 무상사용이익의 현재가치는 약 1억5천만원[37]이다. 이렇게 계산된 1억5천만원이 증여재산가액이 되고, 납부해야 하는 증여세는 약 1,000만원이다.[38]

다만 부동산 무상사용에 대한 증여세는 무상사용이 개시되는 시점에 향후 5년간의 무상사용이익 해당분을 일시에 조기 과세하는 것이므로 부동산 무상사용 기간 중 상속이 개시되거나, 해당 부동산을 증여받거나, 제3자에게 양도하거나, 더 이상 무상사용이 일어나지 않는 경우에는 5년 중 잔존 기간 해당분에 대해 경정청구를 할 수 있다. 이때 상속이 개시된 경우에는 동 무상사용이익인 증여세 과세대상분이 사전증여재산이 되어 상속재산에 합산될 것이고, 동 부동산을 증여한 경우에는 역시 증여가액에 무상사용이익 해당분을 합산해야 함을 잊지 말아야 한다.

---

34 「상속세 및 증여세법」 제4장 재산의 평가(제60조 내지 제66조)에 근거한 평가액
35 1년간 부동산 사용료를 감안하여 기획재정부령이 정하는 비율
36 20억원 × 2% = 4천만원
37 4천만원 × 3.7908 = 151,632,000원
38 {(151,632,000 − 50,000,000) × 20% − 10,000,000} × (1 − 3%) = 10,016,608원

이제 아버지 김토지 씨에게 어떤 방식으로 소득세와 부가가치세가 과세되는지 알아보자.

● 아버지 김토지 씨의 경우

$$\text{「소득세법」상 적정임대료}^{39} =$$
$$(\text{해당 자산의 시가} \times 50\% - \text{전세금 또는 보증금}) \times \text{정기예금이자율(연 1.2\%)}$$

특수관계에 있는 사람에게 부동산 임대 용역을 무상으로 제공한 경우에 적정임대료를 계산하여 소득세를 과세하고 있다.

아들에게 토지를 무상으로 임대한 아버지 김토지 씨의 경우에 위의 계산식에 따라 계산한 적정임대료는 시가 20억원의 50%에 대하여 1.2%를 곱한 1천2백만원이다(무상으로 사용하도록 하였으므로 보증금은 없다고 봄). 따라서 아버지 김토지 씨는 이 금액을 매년 종합소득에 합산하여 종합소득세를 납부해야 한다.

또한 적정임대료로 계산된 1천2백만원에 대한 부가가치세도 납부해야 하는데, 부가가치세는 임대료의 10%에 해당하는 금액이다. 해당 금액이 부가가치세가 별도라는 구체적인 이야기가 없는 경우에는 해당 금액에 부가가치세가 포함되었다고 보고 계산하기 때문에 1천2백만원의 10/110인 1백9만원 정도를 부가가치세로

---

39 특수관계에 있는 자에게 제공한 부동산 임대 용역에 대하여 「소득세법」 제41조의 규정에 의해 부당행위계산으로서 소득금액을 계산하는 경우에는 「법인세법 시행령」 제89조제4항의 규정을 준용한다.

납부하여야 한다.

그렇다면 이와 같은 세금을 내지 않기 위해서는 어떤 대책을 마련해야 할까?

첫째, 최저임대료를 산정하여 임대차계약을 맺는다.

앞에서 언급한 「소득세법」 제41조의 부당행위계산부인 규정은 시가와 거래가액의 차액이 5%에 상당하는 금액이거나 시가와 거래가액의 차이가 3억원 이상인 경우에 적용된다. 따라서 시가와 임대료의 차액이 5%가 넘지 않도록 연 임대료를 책정하여 임대차계약을 맺도록 한다.

둘째, 부동산 평가액에 따라 증여세를 안 낼 수 있다.

부동산 무상사용이익에 대한 증여세는 부동산 평가액을 기준으로 앞에서 설명한 산식에 따라 계산하여 과세된다. 계산된 무상사용이익이 5년간 1억원이 넘을 경우에 증여세를 과세하도록 되어 있기 때문에, 반대로 생각하면 무상사용이익이 5년 동안 1억원 미만이라면 증여세를 내지 않아도 된다.

그렇다면 무상사용이익이 1억원 미만이 되는 부동산 평가액을 계산하여보자. 무상사용이익을 1억원으로 가정하고 역산하여 부동산 평가액이 약 13억2천만원[40] 미만인 경우에는 부동산을 무상으로 사용하더라도 그에 따르는 증여세는 과세되지 않는다.

셋째, 공동사업자으로서 부동산임대업을 영위한다.

---

40 100,000,000 ÷ 3.7908 ÷ 2% = 1,318,982,800

토지 소유자인 아버지, 건물 소유자인 아들이 함께 토지와 건물에 대한 사용권(지상권)을 출자하여 「소득세법」상 공동사업으로 영위하는 경우에는 무상사용에 대한 이익으로 볼 수 없어 증여세가 과세되지 않고 부당행위계산부인 규정에 의한 소득세 또한 과세되지 않는다.[41]

여기서 주의할 점은 토지, 건물 등을 현물출자하면 양도소득세가 과세되나, 토지와 건물에 대한 사용권만을 출자한다면 양도로 보지 않으므로 양도소득세가 과세되지 않는다는 점이다. 따라서 공동 임대사업자로 사업자등록을 하게 되면 무상사용에 따른 증여세와 소득세 문제를 모두 해결할 수 있다.

이 방법은 공동사업자로 사업자등록을 하게 되면 임대사업에 대한 부가가치세와 각 공동사업자의 종합소득세 신고를 당연히 해야 하므로 세금을 안 내거나 절세하기 위한 방법이라기보다는 토지와 건물을 각각 소유한 경우 무신고 등으로 인해 증여세 등을 추징당할 수 있으므로 고려해볼 만한 방법으로 소개하였다.

지금까지 알아본 바와 같이 토지와 건물 소유주가 다른 경우 납세자가 생각지도 못한 복잡한 세금 문제가 발생할 수 있다. 실제로 국세청에서는 특수관계인 간에 명의를 달리해 토지와 건물을 소유하는 경우 이를 별도로 관리하고 있다. 또한 납세자가 적극적으로 자진 신고를 하지 않는 실정이라 평상시에는 과세되지

---

41 재산—3903, 2008. 11. 21.

않는다 하더라도 상속세 조사, 자금출처 조사 등 세무조사를 받을 경우 과거 연도까지 소급 검토하여 과세하고 있음을 유의해야 한다. 통상 이러한 경우는 국세청 감사 체크리스트에도 들어 있기 때문에 실제 조사가 이루어지면 이를 피하기는 어려운 현실임을 기억하자.

09

주식을 다른 사람 명의로 해놓으면 문제가 될까?

20년째 중소기업을 경영하는 최신탁 씨는 설립 당시 자본금 5천만원의 회사를 수천억원의 자산가치가 있는 회사로 키웠다. 주식도 액면가 500원짜리가 현재는 주당 10만원에 육박한다. 설립 당시에 위험관리 차원에서 주변 지인들의 명의를 빌려 명의신탁을 하여 주주 구성을 하였고 실제 출자 시에는 최신탁 씨가 납입했다. 그러나 회사 가치가 높아지자 당초 명의를 빌려준 박명의 씨가 최신탁 씨에게 알리지 않고 본인 명의로 되어 있는 수십억원 가치의 주식을 모두 매각해버리는 문제가 생겼다. 이 사실을 뒤늦게 알게 된 최신탁 씨는 매각자금의 환수를 위해 소송을 제기했다. 그런데 소송 과정에서 최초 명의신탁을 한 사실을 인정해야 하기 때문에 상당한 거액의 세금 문제가 발생할 것이라는 말을 들었는데….

주식의 명의신탁

명의신탁이란 실질소유자가 아닌 형식적 명의자를 앞세워 재산을 감추는 것을 말한다. 왜 최신탁 씨는 최초 설립 당시 주식을 명의신탁했을까?

현재는 「상법」 개정으로 1인만으로도 법인 설립이 가능하지만, 2001년 7월 이전까지는 법인을 설립하려면 발기인이 3인 이상(1996년 9월 30일 이전은 7인)이라는 요건을 충족해야 했기 때문에 부득이하게 회사 임원이나 가족 등의 이름을 빌리는 경우가 많았다. 또한 과점주주가 되었을 때 세제상 불이익 등을 회피하기 위하여, 회사 사정상 특정인의 입지 강화 등의 목적으로 주식 명의를 신탁

하는 경우도 종종 있어왔다.

주식의 명의신탁 증여의제

명의신탁은 등기·등록 등에 의하여 실질소유자와 공부상 소유자를 다르게 표시함으로써 조세회피 수단으로 사용될 수 있다. 등기·등록 등을 하는 재산으로는 부동산과 주식이 대표적인데 부동산의 명의신탁은 「부동산 실권리자명의 등기에 관한 법률」(약칭 「부동산실명법」)에 의해 과징금을 부과[42]함으로써 제재를 가하고 있다. 반면에, 주식의 명의신탁은 법률로써 제재를 가하고 있지 않아, 본인의 재산을 감추고 세금을 회피하려는 탈세의 수단이 되고 있다. 그래서 주식의 명의신탁에 대해서는 증여세를 과세하는 방법으로 제재하려는 측면이 있다.

주식의 실질소유자와 명의자가 다른 경우 그 명의자로 등기 등을 한 날에 실질 소유자가 명의자에게 증여한 것으로 본다. 이 경우에는 실제소유자가 해당 재산에 대하여 증여세를 납부할 의무가 있다. 실제 소유자가 증여세를 납부해야 할 의무가 발생하기 위한 요건에는 우선 첫 번째로 권리의 이전이나 그 행사에 등기 등이 필요한 재산이어야 하며 두 번째로 실질소유자와 명의자

---

42 「부동산 실권리자명의 등기에 관한 법률」(일명 「부동산실명법」)에 따라 명의신탁 등 「부동산실명법」을 위반한 사람에게는 최고 5년의 징역 또는 2억원의 벌금이 부과되며, 이와 별도로 지방자치단체에서 부동산가액의 30% 범위 안에서 과징금 등을 부과한다.

가 다른 경우일 것, 세 번째로 조세회피목적의 명의신탁이어야 한다. 과세관청에서는 타인 명의로 재산의 등기 등을 한 경우 및 실제 소유자 명의로 명의개서를 하지 않은 경우에는 조세회피 목적이 있는 것으로 추정하여, 납세의무자에게 입증 책임이 전가된다. 다만 양도자가 양도소득 과세표준신고 또는 증권거래세법에 따른 신고와 함께 소유권 변경 내용을 신고하거나, 상속인이 상속세 과세표준신고에 해당 재산을 포함하여 신고한 경우에는 조세회피 목적이 있는 것으로 추정하지 않는다.

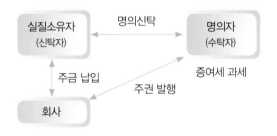

이와 관련한 대법원 판례(2004두11220, 2006. 09. 22.)에서 "입증 책임을 부담하는 명의자로서는 조세회피목적이 없었다고 인정될 정도로 조세회피와 상관없는 뚜렷한 목적이 있었고, 명의신탁 당시에나 장래에 있어 회피될 조세가 없었다는 점을 객관적이고 납득할 만한 증거 자료에 의하여 통상인이라면 의심을 가지지 않을 정도로 입증하여야 한다"라고 판결한 만큼 쉬운 일은 아니다.

실제로 조세회피목적은 회피 사실의 여부 이전에 양도소득세 및 증여세 등을 회피할 개연성만 있으면 성립하는 것으로 보고 있으며, 이익잉여금이 증가하고 있다면 장래에 주주에게 배당될 가능성이 높다고 판단한다. 또한 장래 과점주주의 제2차 납세의무, 장래 부동산 등을 취득할 경우 과점주주의 간주취득세 등 장래 발생할 수 있는 조세를 회피할 가능성이 있다고 판단한다.

이처럼 주식 명의신탁의 경우 실질과 다르게 증여로 보아 증여세가 부과된다는 점과 조세회피목적이 없음을 입증하는 것이 힘들다는 점에 대해 충분한 검토가 있어야 하고, 주식 반환 시 추가적으로 발생할 수 있는 세금 문제 등을 고려하여 명의신탁 여부를 결정해야 한다.[43]

---

43 명의신탁 증여의제 계산 시 증여세 과세표준(배우자공제 6억원 등)은 증여재산공제 없이 '명의신탁재산 − 감정평가 수수료'임에 유의하자.

과점주주[44]의 납세의무

과점주주가 된다면 세무상으로 다음과 같은 점을 고려해야 한다.

① 출자자의 제2차 납세의무(「국세기본법」 제39조)

법인의 체납세액이 발생하는 경우 법인의 재산 처분으로 충당해도 부족한 세액이 있는 경우에는 부족 세액에 대하여 과점주주는 제2차 납세의무를 진다.

② 과점주주의 간주취득세(「지방세법」 제7조제5항)

법인의 주식 또는 지분을 취득함으로써 과점주주가 되었을 경우(회사 설립 시는 제외)에 그 과점주주는 해당 법인의 부동산을 취득한 것으로 보아 취득세를 부과한다.

명의신탁 주식 실제소유자 확인제도

2014년 6월 국세청에서는 '명의신탁 주식 실제소유자 확인제도'를 마련하고 시행 중에 있다. 이는 2001년 7월 23일 이전 「상법」 규정에 따라 발기인 3인 이상일 경우에만 법인 설립이 허용되어 부득이하게 친인척, 지인 등 다른 사람을 주주로 등재하는 명의신탁 사례가 많았다는 점, 명의신탁한 주식을 실제소유자에게 환원하는 경우 관련 증빙을 제대로 갖추지 못해 이를 입증하는 데 어려움과 많은 불편을 겪고 있다는 점에 착안하여 마련한 제도이다.

---

44 주주 또는 유한책임사원과 친족 관계 등 특수관계인의 소유 주식 합계 또는 출자액 합계가 50%를 초과하면서 그에 관한 권리를 실질적으로 행사하는 자.

따라서 일정 요건을 갖춘 경우 세무조사 등 종전의 복잡하고 까다로운 확인 절차 없이 통일된 기준에 따라 납세자가 제출한 증빙서류와 국세청 내부 자료 등을 활용하여 간소화된 절차에 따라 실제소유자를 확인해줌으로써 납세자의 입증 부담을 덜어주고 원활한 가업승계와 안정적인 기업 경영 및 성장을 지원하고 있다.

신청자 및 관할세무서
실제소유자가 실제소유자 주소지 관할세무서장에 신청함

확인신청 대상자 요건
① 2001년 7월 23일 이전에 설립, 실명 전환일 현재 「조세특례제한법」상 중소기업일 것
② 실제소유자, 명의자 모두 법인 설립 당시 발기인일 것
③ 실명 전환하는 주식가액의 합계액이 30억원 미만일 것

확인처리 결과에 따른 납세의무
① 실제소유자로 인정된 경우
   당초 명의신탁에 따른 증여세, 배당에 따른 종합소득세 등이 발생함
② 실제소유자로 불인정된 경우
   – 유상 거래인 경우 양도소득세 및 증권거래세 등
   – 무상 거래인 경우 증여세 등

10

창업! 증여받은 자금을 활용해보자

자영업을 하는 65세의 김자영 씨는 수십억원의 자금을 가지고 있다. 직장에 다니던 아들 김창업 씨는 커피 전문점 사업을 시작하기 위하여 아버지와 상의하여 사업 계획을 세운 뒤에, 아버지에게 사업자금 지원을 요청하였다. 초기 사업자금은 권리금, 임대보증금, 설비 등으로 20억원 정도가 소요될 것으로 예상되었다. 현금을 무턱대고 지원한다면 김창업 씨가 과도한 증여세를 내야 한다고 들었기 때문에, 방법을 찾아보던 중 창업자금에 대한 증여세 특례제도가 있다는 이야기를 듣게 되는데….

창업자금에 대한 특례 규정

신규로 사업을 시작하려면 사업장을 관할하는 세무서에 사업자등록을 한다. 이때 사업자등록 신청서에 사업자금 중 자기자

금과 타인자금이 얼마인지 따로 기재해야 하며, 해당 금액이 거
액인 경우에는 세무서로부터 자금 원천에 관한 소명 요구를 받을
수 있다.

김창업 씨가 20억원을 사업자금으로 지원받고 최초 사업자등록
을 할 때, 별 고민 없이 20억원의 자기자금 또는 타인자금을 기재
하고 제출한다면 세무서는 반드시 해당 자금의 출처를 검증하려
고 할 것이다.

본인의 소득신고 내역보다 많은 금액이라면 자금의 원천에 대
한 소명을 요구할 것이며, 만일 소명하지 못한다면 증여세 과세
위험이 있다. 그렇게 된다면 김창업 씨는 사업을 시작하기도 전에
무거운 세금부터 내야 하는 일을 당하게 된다.

이는 법인을 설립하는 경우도 마찬가지이다. 법인을 최초 설립하는 경우 주주로서 최초 자본금을 납입해야 하는데, 이 설립 자본금 납입액의 원천이 무엇인지 소명해야 하는 경우가 있다.

| 개인사업자 사업자등록신청서 일부 |

2. 사업장 현황

업종	주업태		주종목		주업종 코드	개업일	종업원 수
	부업태		부종목		부업종 코드		

사이버몰 명칭			사이버몰 도메인		

사업장 구분	자가 면적	타가 면적	사업장을 빌려준 사람 (임대인)			임대차 명세		
			성명 (법인명)	사업자 등록번호	주민(법인) 등록번호	임대차 계약기간	(전세) 보증금	월세
	㎡	㎡				~ ˙ ˙ ˙ / ˙ ˙ ˙	원	원

허가 등 사업 여부	[ ]신고 [ ]등록 [ ]허가 [ ]해당 없음		주류면허	면허번호	면허신청
					[ ]여 [ ]부

개별 소비세 해당 여부	[ ]제조 [ ]판매 [ ]입장 [ ]유흥

사업자금 명세 (전세보증금 포함)	자기자금	원	타인자금	원

사업자단위과세 적용 신고 여부	[ ]여 [ ]부	간이과세 적용 신고 여부	[ ]여 [ ]부

만일 김창업 씨가 이런 사실을 미리 알고 사업자금으로 증여받은 금액에 대한 증여세를 자진 신고한다면 얼마를 납부해야 할까?

10년 이내에 아버지로부터 증여받은 사실이 없다고 가정한다면 20억원에 대한 증여세는 약 5억8천9백만원이다.

$$\text{과세표준} = \text{증여재산가액} - \text{증여재산공제}$$
$$= 20억원 - 5천만원 = 19억5천만원$$
$$\text{납부세액} = \text{과세표준} \times \text{세율} - \text{신고세액공제}$$
$$= (19억5천만원 \times 40\% - 1억6천만원) \times (1 - 3\%)$$
$$= 6억1백4십만원$$

그렇다면 김창업 씨는 20억원을 증여받고 창업을 시작하는 순간, 증여세 6억1백4십만 원을 세금으로 납부하고, 나머지 자금 약 13억 9천만원으로 사업을 해야 하는 셈이다. 초기 자금이야말로 중요한 것인데 이런 과도한 세금은 처음부터 사업 진행을 가로막는 큰 장애 요인이 될 것이다. 세금을 제외한 실제 자금으로 20억원이 필요하다면 증여세 납부액까지도 추가로 증여해야 하기 때문에 증여자금이 더 많이 필요할 것이고, 이에 따라 세금 부담 역시 더 커진다.

초기 사업자들의 이런 어려움을 감안하여 부모로부터 창업자금으로 지원받는 금액 중 법정 범위 내 금액에 대해서는 저율로 과세하는 특례제도가 있다. 바로 '창업자금 증여세 과세특례제도'이다.

창업자금 증여세 과세특례제도란 60세 이상의 부모 등이 18세 이상의 거주자인 자녀에게 중소기업 창업자금을 증여하는 경우에 증여 시점에서는 5억원을 공제한 후 10%의 낮은 세율로 증여세를 일단 과세(30억원 한도, 단 창업을 통해 10인 이상을 신규 고용하는 경우에는 50억원 한도)하고, 상속 시 상속세의 기본세율로 상속세를 정산하는 제도이다.

이러한 특례를 적용받을 수 있는 요건은 다음과 같다.

	구분	요건
1	증여자	60세 이상의 부모
2	수증자	18세 이상인 거주자
3	증여재산 범위	토지 또는 건물 등 양도소득세 과세대상 자산을 제외한 재산. 예를 들어 현금, 상장주식 중 소액주주분, 채권 등(30억원 한도)
4	창업자금 범위	창업에 직접 사용되는 자금 ① 사업용 자산의 취득자금 ② 사업장의 임차보증금 및 임차료 지급액
5	중소기업[45]일 것	「조세특례제한법」 제6조제3항에 열거된 업종을 영위할 것 ① 도소매업, 여객운송업, 부동산임대업 등은 제외 ② 유흥주점 등 「개별소비세법」상 과세유흥장소 제외 ③ 농업 등 영농상속공제 적용 대상 업종 제외
6	창업 기한	증여받은 날부터 2년 이내에 창업을 하여야 함
7	창업 범위	다음의 경우는 창업으로 보지 않음 ① 합병 등을 통해 종전 사업을 승계하는 경우 ② 법인으로 전환하는 경우 ③ 폐업 후 동종의 사업을 다시 개시하는 경우 ④ 다른 업종을 추가하는 경우 (사업 확장의 경우는 창업으로 봄)
8	사용 기한	증여받은 날부터 4년이 되는 날까지 해당 목적에 사용하여야 함
9	신청 기한	증여세 신고기한까지 특례 신청을 하여야 함
10	제출 서류	창업일이 속하는 달의 다음 달 말일까지 '창업자금 사용명세'를 제출하여야 함

---

45 「조세특례제한법」상 중소기업의 범위는 동법 제5조제1항, 「조세특례제한법 시행령」 제2조제1항에서 규정하고 있다. 범위가 다름에 주의해야 한다.

단, 특례를 신청하여 세금을 납부한 후에 2년 이내에 창업하지 않거나, 중소기업 이외의 업종을 경영하거나, 증여받은 창업자금을 해당 목적에 사용하지 않거나, 4년이 되는 날까지 증여받은 창업자금을 모두 사용하지 않은 경우, 10년 이내에 폐업하는 경우 등에는 자금에 대한 이자상당액(1 일 2.5/10,000)을 가산하여 증여세를 추징한다.

김창업 씨의 사례로 돌아가보자. 만일 김 씨가 창업자금 특례를 받을 수 있다면 특례를 신청하여 내야 하는 세금은 1억5천만원에 불과하다.

과세표준 = 증여재산 − 증여재산공제 = 20억원 − 5억원 = 15억원
납부세액 = 과세표준 × 세율 = (15억원 × 10%) = 1억5천만원

※ 특례를 적용받은 경우에는 신고세액공제 5%는 적용하지 않는다.

(단위: 원)

	일반증여	창업자금 증여특례
증여재산가액	2,000,000,000	2,000,000,000
(−) 증여재산공제	50,000,000	500,000,000
(=) 과세표준	1,950,000,000	1,500,000,000
(×) 세율	40%	10%
(=) 산출세액	620,000,000	150,000,000
(+) 세대생략 할증	−	−
(−) 신고세액공제	18,600,000	−
(=) 납부세액	601,400,000	150,000,000
차이	451,400,000	

결과적으로 창업 단계에서 약 4억3천9백만원의 세금을 절세할 수 있기 때문에 김창업 씨는 특례를 신청하기로 하였다.

김 씨는 기존에 일식당 자리를 인수하여 신규로 커피 전문점을 창업할 예정이다. 일단 커피 전문점은 음식점업이므로 「조세특례 제한법」 제6조제3항에 열거된 업종으로서 중소기업에 해당한다. 그리고 타인의 사업을 승계하거나 매수하여 동종 사업을 하는 경우 창업으로 보지 않는다. 일식당과 커피 전문점은 같은 음식업종이지만 세분류상 동일한 업종으로 보지 않기 때문에[46] 업종에는 문제가 없었다.

이때 권리금이나 전세보증금, 각종 설비와 인테리어 비용이 소요될 예정인데, 권리금이나 전세보증금은 차후 폐업하거나 사업장을 파는 경우 다시 회수할 수 있는 금액이다.

김 씨는 모든 사업자금을 초기에 투입하기로 하였기 때문에 2년 내 창업하고 4년 내 모두 사용하는 것은 문제될 것이 없었으므로 모든 절차를 무사히 진행하였고 증여세 신고기한까지 특례를 신청하여 신고하고 세금도 잘 납부하였다.

다만 신고 과정에서 알게 된 유의 사항은 반드시 10년간은 사업을 유지해야 한다는 점과 중도에 폐업하거나 중소기업이 아닌 업종을 영위하는 경우에 일반증여로 보아 세금을 추징당할 수 있

---

46 통계청장이 작성·고시하는 한국표준산업분류상의 세분류가 동일한 업종에 해당하는 경우에만 특례를 적용하지 아니한다.

다는 점이었다. 그러나 여기에도 예외가 있어서 사업의 어려움으로 부채가 자산보다 많아 폐업하거나 사업 전환을 위하여 1회에 한하여 2년 이내의 기간 동안 휴업이나 폐업은 가능하다고 하였다. 그래서 반드시 커피 전문점은 아니더라도 차후에 1회에 한하여 중소기업 업종으로 새로 창업할 수 있다는 점도 알게 되었다.

- **창업자금에 대한 증여세 추징 배제 사유**
  ① 수증인이 창업 전에 사망하거나, 창업 후 창업 목적에 사용하기 전 사망하거나, 창업 완료 후 사망한 경우로서 상속인이 당초 지위를 승계하여 창업하는 경우
  ② 부채가 자산을 초과하여 폐업하는 경우
  ③ 최초 창업 이후 영업상 필요 또는 사업 전환을 위하여 1회에 한하여 2년(폐업의 경우에는 폐업 후 다시 개업할 때까지 2년) 이내의 기간 동안 휴업하거나 폐업하는 경우

만약 김창업 씨가 아버지로부터 증여받은 창업자금 외에 다른 부동산을 10년 이내에 증여받았다면 합산이 될까? 정답은 '합산되지 않는다'이다. 일반적으로 10년 이내에 동일인으로부터 여러 건의 증여가 있다면 합산하여 신고하고, 증여가 있은 후 10년 이내에 상속이 발생한다면 상속재산에 합산하도록 되어 있다. 그러나 창업자금의 증여는 일반증여와 합산하지 않도록 하는 대신, 10년의 기간 경과와 관계없이 상속세에 무조건 합산하도록 하고 있

다. 결국 창업자금 증여 단계에서 특례 적용을 받아 저율로 납부하여 혜택 받은 세금을 차후 상속세 계산 시 정산하도록 한다는 의미이다.

김창업 씨는 현재 커피 전문점을 열심히 운영하고 있으나 처음 해보는 사업에 많은 어려움을 느끼고 있어 현재의 사업장을 매각하고 업종을 전환할지 고민 중이다. 현재 사업장을 매각하면 15억원 정도 회수가 가능할 것으로 보이나 나머지 세금을 제외한 4억원가량의 손해액에 대하여 입증만 가능하다면 세금 추징의 원인이 되지는 않는다고 한다. 또한 잔여 매각자금으로 하나가 아닌 두 개 사업장을 창업하는 것도 중소기업 업종으로 창업한다면 전혀 문제되지 않는다고 하기 때문에 1회에 한하여 사업 전환을 할 수 있는 요건을 활용하려고 준비 중이다.

11

가업을 물려주고 싶은데
세금 혜택이 있을까?

65세 김가업 씨는 20년 동안 중소기업을 운영했다. 김 씨는 장성한 아들 김특례 씨와 김승계 씨에게, 운영하던 중소기업을 물려주기로 결심하고 승계 절차를 알아보았다. 주식을 증여하기로 하였는데, 주식 평가액을 보니 30억원가량이 되어 엄청난 증여세 때문에 걱정이 크다. 그러던 중 중소기업의 경우 가업을 승계하면 저율로 과세되는 특례제도가 있다는 이야기를 듣는데….

가업승계에 대한 특례제도

회사의 경영권을 승계하려면 그 회사의 주식을 매매하거나 증여하면 된다. 매매하면 중소기업 주식의 양도소득세율은 10%[47],

---

47 단, 중소기업이라도 대주주는 2016년부터 20%이다.

일반기업의 경우는 20%에 불과하다. 10%에서 50%까지 무거운 세금을 내야 하는 증여세에 비하면 매매에 대한 세금이 적다고 할 수 있다.

그러나 부모와 자식 간의 매매는 증여로 추정한다는 점을 앞서 설명하였다. 부모와 자식 간에 아무리 시가에 따라 거래하고 확실하게 거래 대금을 주고받는다고 해도, 국세청은 이 거래의 진정성을 의심하고 증여로 추정할 수 있다.

그렇다면 증여를 통해 승계하는 것이 더 확실한 방법이 된다. 먼저 주식은 액면가가 아닌 시가[48]로 평가하여야 한다. 30억원의 평가액이 나왔다면 증여세는 얼마를 부담해야 할까?

30억원에 대한 증여세는 9억6천9백만원이다.

> 과세표준 = 증여재산 − 증여재산공제
> = 30억원 − 5천만원 = 29억5천만원
> 납부세액 = 과세표준 × 세율 − 신고세액공제
> = (29억5천만원 × 40% − 1억6천만원) × (1 − 3%)
> = 9억8천9백4십만원

김 씨의 아들은 9억6천9백만원을 납부할 수 있을까? 결코 쉽지

---

48 상장주식의 경우 평가기준일 전후 2개월 평균, 비상장주식의 경우 「상속세 및 증여세법」 상 평가 방법에 의한다.

않을 것이다. 더욱이 현금으로 증여받은 것이 아니라 주식으로 증여받았기 때문에 다른 사정이 있지 않는 한 그렇게 많은 현금을 보유하고 있을 리가 없다. 만일 증여자가 증여받은 사람의 세금을 대납하면 재차증여에 해당하여 추가로 세금을 내야 한다. 이런 점은 중소기업 경영의 안정성을 해치고 원활한 승계를 방해하는 장애 요인이 될 수 있다.

따라서 이런 어려움을 구제하기 위해 '가업승계에 대한 증여세 과세특례'제도를 두고 있다.

'가업승계에 대한 증여세 과세특례'제도란 60세 이상의 부모 등이 18세 이상의 거주자인 자녀(또는 배우자)에게 가업의 승계를 목적으로 주식 또는 출자지분을 증여하는 경우에는 증여 시점에서는 5억원을 공제한 후에 30억원 이하는 10%, 30억원을 초과하는 경우는 20%의 낮은 세율로 일단 증여세를 과세하고, 상속(부모 사망) 시 상속세 기본세율(10%~50%)로 상속세를 정산하는 제도를 말한다. 단, 특례를 적용할 수 있는 증여세 과세가액의 한도는 100억원이다.

증여세 산출세액
= {(증여세 과세가액 − 35억원) × 20%} + {(35억원 − 5억원) × 10%}

※ 증여세 과세가액은 100억원 한도

이 특례를 적용받을 수 있는 요건은 다음과 같다.

	구분	요건
1	증여자	① 60세 이상의 부모 ② 10년 이상 최대주주로서 가업을 경영해야 함 　(증여자와 그와의 특수관계인 주식 수 합이 50% 이상이어야 함)
2	수증자	18세 이상인 거주자
3	가업재산 범위	주식 또는 출자지분[49] 특례 적용 가업자산 상당액[50] = 주식 등 가액 × (1 − 법인의 총자산가액 중 사업무관자산 　이 차지하는 비율)
4	중소기업일 것	① 「조세특례제한법」 제5조제1항(「조세특례제한법 시행령」 제2 조제1항)에 열거된 업종을 영위할 것(작물재배업, 축산업, 어 업을 영위하는 기업은 제외) ② 중견기업도 과세특례 대상임(단, 직전 사업연도 매출액 3천억 원 이상은 제외)
5	승계의 기한	① 수증자 또는 배우자가 증여세 신고기한까지 가업에 종사 ② 증여일로부터 5년 이내에 대표이사에 취임하여야 함
6	신청 기한	증여세 신고기한까지 특례 신청을 하여야 함
7	사후 관리	다음 사유 발생 시 증여세 부과(이자상당액 1일 2.5/10,000 가산) ① 5년 이내 대표이사에 취임하지 않거나, 7년까지 대표이 사직을 유지하지 않는 경우 ② 주된 업종의 변경, 1년 이상 휴업 또는 폐업한 경우 ③ 증여받은 주식 등의 지분이 줄어드는 경우 또는 특수관 계인의 주식 처분 등으로 지분율이 낮아져 최대주주 등 에 해당되지 아니한 경우

---

49 ① '가업승계 증여세 과세특례'를 적용받는 대상은 '주식 또는 출자지분'이므로 법인기업
　의 경우만 적용 대상이다(개인기업 형태로 영위하는 경우 특례 대상이 아님).
　② 개인기업을 법인으로 전환한 경우 가업을 영위하는 기간에 포함하여 적용 가능하다.
50 업무무관자산, 대여금 과다 보유 현금 등 사업무관자산으로 열거한 자산을 제외한 비율
　에 해당하는 주식 등의 가액이 특례 대상임에 유의한다(따라서 사업무관자산이 있는 경우
　'특례 적용 증여신고서', '일반 증여신고서' 두 가지 모두 작성함).

30억원을 증여받을 경우에 가업승계 증여세 과세특례를 적용받지 않고 일반증여로 신고하는 경우와 비교해서 가업승계 특례를 적용받으면 7억1천9백만원을 절세할 수 있다.

(단위: 원)

	일반증여	가업승계 증여 특례
증여재산가액	3,000,000,000	3,000,000,000
(−) 증여재산공제	50,000,000	500,000,000
(=) 과세표준	2,950,000,000	2,500,000,000
(×) 세율	40%	10%
(=) 산출세액	1,020,000,000	250,000,000
(+) 세대생략 할증	−	−
(−) 신고세액공제	30,600,000	−
(=) 납부세액	989,400,000	250,000,000
차이	739,400,000	

그렇다면 특례를 적용받을 수 있는 요건을 검토해보자.

김가업 씨는 65세로서 60세 이상이고, 이미 20년 이상을 대표이사에 취임하여 중소기업을 경영해왔으며, 지분율은 배우자와 더불어 최대주주를 유지하였기 때문에 문제가 없다. 특례 요건에 부합하기 위하여 한 달 후에 큰아들인 김특례 씨를 경영지원부에서 직원으로 근무하게 하였고, 5년 이내에 대표이사로 취임하게 할 계획이다. 그 후 증여세 신고기한 내에 가업승계 특례를 신청하였고 김특례 씨 본인 자금으로 증여세를 납부하도록 하였다.

그러나 김가업 씨는 아직도 걱정이 태산 같다. 앞으로 7년 동안 김특례 씨가 가업에 종사하지 않는 일이 없어야 하며, 지분도 감소시키지 말아야 한다. 사업이 기울어 휴·폐업을 하는 경우가 없도록 조심해야 한다. 이런 경우 이자를 포함하여 증여세를 추징당할 수 있기 때문이다.

또한 가업승계 증여세 과세특례제도는 창업으로 인한 증여세 과세특례제도와 마찬가지로 증여 시점에 일단 저율로 과세한 후 추후 상속이 일어난 시점에 10년 내의 증여 여부와 관계없이 상속재산에 포함하여 재정산하도록 하고 있다. 만에 하나, 아들인 김특례 씨가 사업 운영을 잘못하여 자칫 부도라도 난다면 주식 가치가 '0원'이 된다고 하더라도 가업승계 증여세 과세특례를 받았던 증여재산이 상속재산에 합산되어 상속세 부담이 늘어나는 어이없는 상황이 발생할 수도 있기 때문에 마음을 놓을 수가 없다.

김특례 씨는 전략적으로 회사를 키우기 위해서 타 회사와의 합병도 고려하고 있다. 합병 후에 최대주주 자격만 유지한다면 증여세 추징 문제는 없을 것이다. 그럼에도 회사의 조직 변경 등 중요한 정책 결정을 하는 경우에는 반드시 특례 요건을 살펴, 공연히 세금을 추징당하는 일이 없도록 해야 한다는 사실은 늘 명심하고 있다.

● **가업승계에 대한 증여세 추징 배제 사유**

① 수증자가 사망한 경우로서 상속인이 상속세 과세표준 신고기한까지

지위를 승계하여 가업에 종사하는 경우

② 증여받은 주식 등을 국가 또는 지방자치단체에 증여하는 경우

③ 수증자가 병역의무의 이행, 질병의 요양, 취학상 형편 등 가업에 직접 종사할 수 없는 경우

④ 수증자가 합병·분할 등 조직 변경을 사유로 주식 등을 처분하는 경우로서 수증자가 최대주주 등에 해당하는 경우

⑤ 주식상장의 상장 요건을 갖추기 위한 지분 감소

⑥ 해당 법인의 시설투자·사업 규모 확장 등에 따른 유상증자로서 수증자와 특수관계에 있는 자 외의 자에게 신주를 배정하기 위하여 실권하는 경우로서 수증자가 최대주주 등에 해당하는 경우

아버지가 받을 배당금을 자녀가 받으면 증여세가 과세될까, 소득세가 과세될까?

나배당 씨는 조그만 제약회사 대표인데, 최근 연구하던 신약 개발이 성공하여 국내뿐 아니라 해외에서도 크게 각광을 받게 되었다. 이는 자연스럽게 매출과 당기순이익의 성장으로 이어졌고, 올해는 100억원의 배당도 할 계획이다. 회사 설립 당시 가족이 주주가 되었기 때문에 이 회사의 주주는 나배당 씨 본인(45%)과 배우자(45%), 아들(5%), 딸(5%)로 구성되어 있다.

당초 나배당 씨는 주주 각자의 지분율대로 본인에게 45억원, 배우자에게 45억원, 아들과 딸에게는 각각 5억원씩 배당하려고 계획하였다가, 주변 지인들 이야기가 본인과 배우자는 배당을 받지 않고, 자녀들에게만 100억원을 배당하여도 증여가 아니기 때문에 절세가 가능하다는 말을 듣고 고민하는데….

법인에 이익이 발생하면 그 이익을 주주들에게 현금으로 배당할 수 있고, 주주들은 대주주이든 소액주주이든 본인의 주식 소유 지분율대로 일정한 배당을 받을 수 있다. 주주들이 받은 배당금은 「소득세법」상 배당소득으로 구분되어 소득세를 납부하여야 함은 물론이다.

그러나 이 사례와 같이 아버지와 어머니는 배당을 받지 않기로 하고 자녀들에게만 배당을 하는 경우[51]에 각자의 배당소득에 대해 소득세만 납부하면 정말 문제가 없을까? 아버지와 어머니가 받아야 하는 배당금 90억원을 자녀들에게 증여한 것으로 볼 수 있어 증여세 과세대상이 아닐까 하는 생각이 드는데 증여가 아니기 때문에 절세가 가능하다니 의문이 생길 것이다. 최근까지도 과세관청에서조차 이와 같은 사안에 관하여 증여세 과세대상인지 그 해석이 달랐던 것도 사실이다.

2011년 10월 31일 이전까지는 "각 주주들의 지분율과 다르게 일부 주주에게만 배당금을 지급하기로 결의한 경우에는 균등한 조건에 의하여 지급받을 배당금을 초과하는 금액은 「소득세법」상 배당소득으로 보아 소득세를 과세하는 것과 상관없이 증여받은 재산에 해당하므로 증여세가 과세된다"라고 해석[52]하여 결국 지분율 초과분에 대한 배당금에는 소득세와 증여세가 이중과세가

---

51 「상법」 제464조는 이익배당 역시 '주주평등의 원칙'에 따라 각 주주가 가진 주식 수에 비례하여 지급하여야 한다고 규정하고 있다. 그렇지만 판례에서는 주주총회 결의로 차등배당을 결의할 수는 없지만, 대주주가 스스로 본인이 받을 배당금을 포기하는 것은 가능하다고 보았다. 즉 대주주에게는 불리하고 일반주주에게는 유리한 차등배당은 허용하고 있다.

52 서면4팀—2428, 2005. 12. 05., 재산—505, 2009. 10. 20. 외 다수.

되었으며, 이에 대한 이중과세 조정은 없었다.

그러나 2011년 10월 31일 이후부터는 기획재정부와 국세청에서 앞의 해석을 변경하여 "법인이 현금 배당을 지급함에 있어 각 주주들이 소유하고 있는 주식의 수에 따라 배당금을 지급하지 않은 경우로서 균등한 조건에 의하여 지급받을 배당금을 초과하는 금액을 「소득세법」상 배당소득으로 보아 소득세가 과세되는 경우에는 증여세를 과세하지 않는다"라고 해석[53]하여왔다. 이에 법인의 주주 구성이 부모와 자녀들 등 개인주주로만 구성된 경우, 부모는 배당을 받지 않고 자녀들에게만 배당해도 배당소득에 대한 소득세만 부담하고 별도의 증여세 부담이 없었다. 이를 이용하여 자녀들에게 주식을 증여하고 자녀들에게 초과배당(차등배당)을 통하여 재산을 이전하는 하나의 절세수단이 되어왔던 것이다.

이에 2014년 세법 개정 당시부터 「상속세 및 증여세법」을 개정하여 특수관계인이 받아야 할 배당을 포기하거나 과소배당을 받음으로써 그 자녀 등이 자기 지분을 초과하여 배당을 받는 것은 증여를 받는 것과 동일하므로 증여세를 과세하려는 움직임이 있었으나, 개정안이 통과되지 못하다가 2016년에 와서야 개정되어 「상속세 및 증여세법」에 반영되었다.

---

53 동일한 소득에 대해 소득세와 증여세를 부과하는 것은 이중과세의 문제가 있어, 구 「상속세 및 증여세법」 제2조제2항에서는 "제1항에 규정된 증여재산에 대하여 수증자에게 「소득세법」에 따른 소득세 및 「법인세법」에 따른 법인세가 부과되는 경우에는 증여세를 부과하지 않는다"라고 규정했다. 따라서, 이 규정을 근거로 초과배당을 받은 자에게 소득세가 부과되었기 때문에 증여세는 과세하지 않는 것으로 판단하고 유권해석을 변경한 것이다.

따라서 개정된 「상속세 및 증여세법」[54]에서는 최대주주(특수관계인 포함)가 본인이 받을 배당금의 전부 또는 일부를 포기하거나 본인이 보유한 주식 등에 비례하여 균등하지 아니한 조건으로 배당 등을 받음에 따라 그 특수관계인 본인이 소유한 주식 등에 비하여 높은 금액의 배당금을 받은 경우 초과배당금액을 증여재산가액으로 보도록 하였다. 다만 초과배당금액에 대해 증여세를 부과할 때 해당 초과배당금액에 대한 소득세 상당액을 증여세에서 차감하여 이중과세를 조정하였다.

그러나 이러한 이중과세 조정방식이 오히려 일정금액 범위 내 초과배당시 증여세 부담을 회피하는 수단으로 악용되었고, 이를 방지하고자 2021년 개정을 통하여 증여세 산정방식을 변경하였다.

2021년 개정된 세법에서는 초과배당금액에 대해 배당소득으로 보아 소득세를 과세하며, 초과배당금액에서 소득세로 기납부한 세액을 공제한 금액을 증여재산가액으로 보아 증여세를 과세한다. 즉, 배당소득에 대해 소득세와 증여세 모두 과세되며, 이중과세 조정을 위해 개정 전에는 기납부한 배당소득세액을 세액공제하였다면, 개정 후에는 증여세 과표 계산시 공제되는 것이다.

이 사례의 나배당씨는 2021년 개정된 세법에 따라 초과배당을 하는 경우 초과배당금액에 대하여 소득세 및 증여세가 둘다 과세되므로 초과배당을 통한 절세 효과는 더 이상 누릴 수 없게 되었다.

---

54 「상속세 및 증여세법」 제41조의2(초과배당에 따른 이익의 증여)

13

계열사 일감 몰아주기,
무엇이 문제일까?

일부 기업들이 특수관계에 있는 계열사에 일감 몰아주기를 하면서 그 계열사의 주주인 자녀 등에게 이익을 주는 것이 사회적으로 문제가 되어왔다. 이는 추가적인 세금 부담 없이 재산을 이전하는 변칙적 증여 사례로 볼 수 있다. 이런 변칙적 이익이 있다면 증여세를 부과할 필요가 있기 때문에 「상속세 및 증여세법」으로 이를 규제하고 있으니 주의가 필요하다.

특수관계에 있는 법인 등으로부터 일감을 받는 자회사, 계열사 등 수혜법인이 매 사업연도를 기준으로 특수관계에 있는 법인과의 거래비율이 일정비율을 초과하면 해당 수혜법인의 지배주주와 그 지배주주의 친족에게 일감 몰아주기를 통해 발생한 이익을 증여받은 것으로 의제하여 증여세를 과세한다. 이는 법인의 영업이익이 배당이나 주가 상승을 통해서 주주의 이익으로 전환되기 때문에, 수혜법인의 영업이익 중 일감 몰아주기로 인한 이익에 해당되는 분은 수혜법인의 지배주주 등이 증여받은 것으로 보아 과세하려는 취지이다.

수혜법인의 사업연도 매출액 중에서 특수관계에 있는 법인과 거래한 비율이 30%(중소기업[55] 50%, 중견기업[56] 40%)가 넘을 경우에는 수혜법인의 지배주주와 그 지배주주의 친족이 다음의 이익을 각각 증여받은 것으로 본다.

① 수혜법인이 중소·중견기업이 아닌 경우

세후영업이익 × (특수관계법인 거래비율 − 5%) × (주식보유비율 − 0%)

② 수혜법인이 중견기업인 경우

세후영업이익 × (특수관계법인거래비율 − 20%) × (주식보유비율 − 5%)

③ 수혜법인이 중소기업인 경우

세후영업이익 × (특수관계법인거래비율 − 50%) × (주식보유비율 − 10%)

다만 증여이익을 계산할 때 지배주주 등이 수혜법인에 직접적으로 출자하는 동시에 다른 법인을 통하여 수혜법인에 간접적으로 출자하는 경우에도 위 계산식에 따라 각각 계산한 금액을 합산

---

55 중소기업은 「조세특례제한법」 제5조제1항에 따른 중소기업을 말한다.
56 중견기업은 「조세특례제한법 시행령」 제9조제4항에 따른 기업을 말한다.

한다. 특수관계법인이 둘 이상인 경우에는 각각의 매출액을 모두 합하여 계산해야 한다. 그러나 다음의 매출액은 과세에서 제외하도록 하고 있다.

① 중소기업인 수혜법인이 중소기업인 특수관계법인과 거래한 매출액

② 수혜법인이 본인의 주식보유비율이 50% 이상인 특수관계법인과 거래한 매출액

③ 수혜법인이 본인의 주식보유비율이 50% 미만인 특수관계법인과 거래한 매출액에 그 특수관계법인에 대한 수혜법인의 주식보유비율을 곱한 금액

④ 수혜법인이 지주회사인 경우로서 수혜법인의 자회사 및 손자회사와 거래한 매출액

⑤ 수혜법인이 제품·상품의 수출을 목적으로 특수관계법인(수혜법인이 중소기업 또는 중견기업에 해당하지 아니하는 경우에는 국외에 소재하는 특수관계법인으로 한정한다)과 거래한 매출액

⑥ 수혜법인이 다른 법률에 따라 의무적으로 특수관계법인과 거래한 매출액

⑦ 한국표준산업분류에 따른 스포츠 클럽 운영업 중 프로스포츠 구단 운영을 주된 사업으로 하는 수혜법인이 특수관계법인과 거래한 광고 매출액

증여의제이익의 계산은 수혜법인의 사업연도별로 한다. 그러므로 매년 특수관계법인 사이에 거래비율이 40%를 초과하면 수혜법인의 해당 사업연도 종료일을 증여 시기로 하여 매년 수혜법인

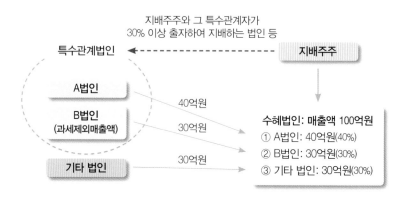

※ 특수관계법인거래비율 $= \dfrac{\text{특수관계법인들에 대한 매출액 합계} - \text{과세제외매출액}}{\text{수혜법인의 사업연도 매출액} - \text{과세제외매출액}} \times 100$

$= \dfrac{70억원 - 30억원}{100억원 - 30억원} \times 100 ≒ 57\%$

의 지배주주와 그 친족에게 증여세가 과세된다.

　증여세 신고기한은 수혜법인의 법인세 과세표준 신고기한이 속하는 달의 말일부터 3개월이 되는 날로 한다. 따라서 사업연도가 1월 1일~12월 31일인 경우에는 3월 31일이 법인세 과세표준 신고기한이므로 6월 30일까지 지배주주 등의 증여세를 자진 신고납부 해야 한다.

14

아버지 회사에서 매점을 운영하면 증여세를 내야 할까?

김매점 씨는 형제들이 아버지가 운영하는 중견기업의 임원으로 일하고 있지만 막내인 그는 골치 아프고 스트레스가 심한 회사 일은 도통 관심이 없다. 보다 못한 아버지가 회사 내 직원들을 상대로 매점이라도 운영해보라고 하여 준비 중이다. 김매점 씨는 세무사와 매점 운영에 대한 법인 설립 개업 상담을 하던 중 계열사 일감 떼어주기로 보아 매년 증여세를 물릴 수도 있다는 말을 듣고 당황하는데….

만일 대기업 소유의 극장에서 그 대기업 소유주의 자녀가 팝콘이나 음료를 파는 가게를 운영해서 많은 이익을 얻었다면 과연 문제는 없을까?

이 경우는 직접적으로 특수관계사 간에 거래하는 것은 아니다. 따라서 앞서 설명한 일감 몰아주기의 증여세에는 해당하지 않는다. 그러나 특정한 관계사에 우선적인 사업권을 주어서 그 관계사가 많은 이익을 얻는다면, 변칙적인 방법을 통한 부의 이전이 아니냐는 논란이 발생할 수 있다.

즉 공정한 경쟁을 통한 것이 아니라 특수관계법인이 독점적 지위를 이용하여 사업 기회를 특수관계법인에게만 제공한다면 변칙 증여 문제도 있으며 형평성에도 어긋날 수 있는 것이다.

이런 논란에 대하여 국세청이 드디어 칼을 빼들었다. 특수관계법인[57]으로부터 사업 기회를 제공받은 수혜법인 지배주주의 재산 가치가 증가하면 그만큼 증여세를 부과하겠다는 것이다.

즉 특수관계법인이 운영하는 사업체를 통하여 사업 기회를 제공받아 이익을 획득하면 사업 이윤에 대한 기존 법인세뿐 아니라 그 법인의 지배주주 등에게 증여세를 부과하겠다는 취지이다.

과세대상은 수혜법인의 지배주주와 그 친족이 얻은 영업이익 상당액이다. 좀 더 자세히 살펴보자.

① **수혜법인**: 지배주주와 그 친족의 주식보유비율(간접보유비율 포함)이 30% 이상인 법인

② **증여의제이익**: 수혜법인의 영업이익에 지배주주 등의 지분율을 곱하여 계산한 금액. 단, 법인세 이중과세는 조정함

---

57 「조세특례제한법」 제5조제1항의 중소기업인 경우와 수혜법인이 50% 이상 출자한 자회사인 경우는 제외한다.

③ **사업 기회 제공 방법:** 시혜 법인이 직접 수행하거나 다른 법인이 수행하고 있던 사업 기회를 임대차계약, 입점 계약, 대리점·프랜차이즈 계약 및 그와 유사한 방식으로 제공

과세 방식은 일단 매년 증여의제이익을 일시 과세하되 3년 후 실제 손익을 다시 산정해서 증여세를 재계산한다. 증여를 받은 시기는 사업 기회를 제공받은 날이 속하는 사업연도의 말로 본다. 따라서 증여세 신고기한은 수혜법인의 법인세 과세표준의 신고기한이 속하는 달의 말일부터 3개월이 되는 날로 한다. 따라서 사업 연도가 1월 1일~12월 31일인 경우에는 3월 31일이 법인세 과세 표준 신고기한이므로 6월 30일까지 지배주주 등의 증여세를 자진 신고납부를 해야 한다.

김매점 씨는 증여세를 내지 않으려면 어떻게 해야 하는지 세무사와 상의하였다. 세무사는 수혜법인의 영업이익에 대하여만 과세하기 때문에 법인사업자가 아닌 개인사업자로 운영하는 방법, 특수관계자를 포함한 지분율을 30% 미만으로 유지하는 방법을 제시하고 영업손실이 발생하면 증여세 문제는 없을 것이라는 의견을 냈다.

그리고 세무사는 이 규정이 2016년 신설되었기 때문에 김매점 씨의 경우가 증여세 과세대상에 해당하는지 추이를 살펴볼 필요가 있다는 말도 덧붙였다.

이제 김매점 씨는 사업 개시 전 예상할 수 있는 연도별 영업이익을 추정하고, 납부할 가능성이 있는 증여세도 예상해보기로 하였다. 발생할 영업이익이 많으면 금액에 따라 무려 40% 내지 최고 50%의 증여세를 추가로 부담해야 하기 때문에 정상적으로 사업을 진행할 경우 실익이 있는지 심히 고민 중이다.

15

비상장주식을 증여할 때
고려할 점은 무엇일까?

방주식 사장은 비상장 법인의 경영자이다. 자녀에게 회사를 물려주기 위해 본인의 주식을 증여할 생각이다. 비상장 법인이기 때문에 본인 주식의 가치가 얼마이고, 또 언제 증여하는 것이 좋을지 궁금한데….

비상장주식의 시가 평가

거래소 시장에서 거래되는 상장주식에는 시가가 있다. 그리고 상속과 증여의 경우에는 상속이나 증여를 하는 특정일, 즉 평가기준일 전후 2개월(총 4개월) 동안의 한국증권선물거래소 최종 시세가액 평균액으로 평가한다.

그렇다면 비상장주식의 경우는 어떨까? 일부 코넥스시장[58]을 제외하고는 일반적으로 잘 거래하지 않기 때문에 시가라는 것이 존재하기 힘들다. 따라서 세금을 부과하기 위한 기준가액을 산정

하기 위해서는 「상속세 및 증여세법」에 정해진 대로 평가할 수밖에 없다.

비상장주식의 가치 평가에서는 회사의 재무상태가 기본이 된다. 따라서 회사의 이익이 누적되어 재무상태가 건전하면 비상장주식의 평가액은 높게 나온다. 그러면 세금도 많아질 수 있다. 반대로 결손이 누적되어 재무상태가 좋지 않다면 평가액은 낮게 나올 것이다. 결국 재무상태에 따라서 증여 시기를 결정하는 것이 절세효과를 보는 방법이다.

---

58 코스피, 코스닥에 이은 제3 자본시장. 코스닥시장 상장 요건을 충족시키지 못하는 벤처기업과 중소기업 주식을 거래할 수 있도록 개설한 중소기업 등 전용 주식시장이라고 할 수 있다.

비상장주식의 평가는 회사의 재무와 손익 상황을 반영한다

보통, 회사의 주가는 외부 투자자들이 회사의 미래 성장성과 현재 자산 상태를 판단하여 투자하려는 금액을 반영한다. 「상속세 및 증여세법」상 평가 방법도 자세히 뜯어보면 나름대로 회사의 가치를 반영하기 위하여 노력하고 있다.

회사의 손익 상황을 반영한 순손익가치와 재무상황을 반영한 순자산가치를 각각 3과 2의 비율로 가중평균한 가액으로 평가한다(단, 부동산 과다 법인[59]의 경우 2와 3의 비율로 가중평균한 가액으로 하며, 3년 연속 결손법인의 경우에는 순자산가치만으로 평가한다).

2017년 개정세법에서는 위와 같은 가중평균 방식을 보완하여 1주당 평가액이 순자산가치의 80%이상은 평가되도록 개정하였다.

> 1주당 평가액 = Max(①, ②)
> ① 1주당 가중평균액 = {1주당 순손익가치 × 3(2) + 1주당 순자산가치
> × 2(3)} × 1/5
> ② 1주당 순자산가치의 80%[60]

이와 같이 순손익가치와 순자산가치의 금액이 얼마로 결정되느냐에 따라 1주당 평가액이 결정되며 이에 따라 세금도 결정된다

---

59 부동산 과다 보유 법인은 자산총액 중 부동산 등의 자산가액과 해당 법인이 보유한 부동산 과다 법인 주식가액을 합산한 비율이 50% 이상인 경우를 말한다.
60 2017.04.01~2018.03.31까지 상속이 개시되거나 증여받는 분까지는 70%로 평가함

고 보면 된다. 각각의 중요한 의미를 살펴보자.

순손익가치는 회사의 성장성을 반영한다

순손익가치란 평가기준일 전 3년간의 손익을 반영한 가중평균 액이다. 여기서 순손익가치는 과거 3년간의 회사 손익계산서와 법인세 과세소득 자료를 기초로 하여 산정한다. 미래의 성장성에 대한 평가를 과거 회사의 손익 자료를 토대로 하여 주식 가치에 반영하겠다는 의미이다.

평가기준일로부터 직전 3개년 동안의 손익 자료를 반영하게 되는데 만일 평가기준일이 연말이라면 그해의 손익 자료를 반영하도록 한다. 따라서 회사의 이익상황이 작년보다 올해 더 좋다면 가급적 올해의 이익을 반영하지 않도록 평가기준일을 기중으로 잡는 것이 좋고, 반대의 경우라면 올해의 이익상황을 반영하도록 평가기준일을 당기 말로 잡는 것이 좋다.

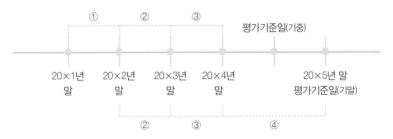

※ 20×5년 기중 평가기준일의 순손익가치 산정 대상 연도 = ① + ② + ③
※ 20×5년 기말 평가기준일의 순손익가치 산정 대상 연도 = ② + ③ + ④

순자산가치를 결정하는 항목들

순자산가치는 평가기준일 현재의 자산, 부채를 반영한 순자산과 회사의 미래 성장성을 평가한 영업권가액으로 구성한다. 회사의 실질적 재산은 재무상태표의 자산에서 부채를 뺀 순자산, 즉 자본액이다. 회사의 재무제표에서 재무상태표 금액은 보통 자산의 취득원가를 반영하므로 평가기준일 현재의 실질가치를 적정하게 반영하고 있지 않다. 따라서 이 자본액에 회사 자산의 실질가치를 반영하도록 시가로 평가하여 그 차액을 더한다. 그리고 평가기준일 현재 회사 장부상에 기록되지 않은, 지급해야 할 세금과 퇴직금, 배당금 등을 공제한다. 여기에 과거 3년 동안의 손익을 바탕으로 미래 5년 동안의 회사 성장성을 평가한 영업권을 더하게 된다.

결국 항목 금액을 결정하는 기준 시점을 어떻게 잡아 산정해야 절세할 수 있을지가 중요한 핵심인 것이다.

| 순자산가액의 주요 결정 항목들 |

순자산	재무상태표상의 자산 (−) 부채
(+) 평가차액	자산의 시가 (−) 재무상태표상 가액
(+) 법인세 유보금액	「법인세법」상 자산으로 산입한 금액
(−) 법인세 등	장부에 반영하지 않은 평가기준일까지 발생한 세금
(−) 퇴직금	장부에 반영하지 않은 퇴직금 의무 지급액
(−) 배당금, 상여금	장부에 반영하지 않은 배당금과 상여금 지급 예정액
(+) 영업권	과거 3년간 손익을 바탕으로 미래 5년간의 회사 성장성 평가
(=) 순자산가액	

유리한 재무상태표를 선택한다

자산과 부채는 회사 재무상태표의 금액을 기준으로 한다. 그렇다면 어느 시점의 재무상태표를 써야 할 것인가? 일반적으로 한 회계기간의 재무상태표는 회계기간의 기말 시점 이후에나 나온다. 만일 평가기준일이 기말이라면 기말시점에 정상적으로 나온 재무상태표로 자산과 부채를 산정하면 된다.

그러나 평가기준일이 기초도 기말도 아닌 기중이라면 원칙적으로는 가결산을 통하여 기중의 재무상태표를 만들어야 한다. 상황에 따라 차후 국세청에서 기중의 가결산 재무제표를 요구할 수도 있다. 그러나 회사 규모나 기타 여러 사정으로 인하여 기중의 가결산 재무제표를 만들 수 없는 경우에는 어쩔 수 없이 전기의 재무제표를 사용할 수밖에 없다. 국세행정 실무상 평가기준일이 기중이라면 굳이 가결산에 의한 것이 아니더라도 전기의 재무제표에 의하여 순자산가액을 평가한 것을 부인하지 않는다.

한 가지 명심할 것은 회사 상황에 비추어 기술적으로 평가 시기

를 조정할 수 있다는 점이다. 만일 회사의 예상 실적이 올해에 많이 증가하고 있다면 현재까지 또는 전년도의 실적만을 반영한 재무상태표에 따르면 된다. 그러면 비상장주식을 좀 더 저평가할 수 있고 당연히 세금도 적게 나올 것이다. 반대로 회사 실적이 저조하다면 가급적 올해 상황을 반영한 재무상태표에 따라 저평가할 수 있도록 하면 된다.

만일 회사의 올해 이익이 작년, 재작년에 비하여 급격하게 증가하는 상황이라면, 세금 문제와 관련해 납세자는 가급적 올해의 이익상황은 반영하고 싶지 않을 것이다. 만일 기중에 증여하되 전기의 재무상태표에 의한 평가액으로 신고하면 국세청은 아무 의심 없이 그대로 인정하려고 할까?

국세청은 회사의 전기 실적 추세를 검토하여 가결산의 필요 여부를 판단한다. 만일 증여신고 이후에 기말 재무제표를 통하여 그해의 총이익이 많이 증가한 사실을 알 수 있다면 기중에 반영해야 할 이익을 주식평가액에 포함시키기 위하여 납세자에게 가결산 자료를 요구할 공산이 크다. 따라서 회사의 실적 추세를 보면서 기중 가결산 여부를 판단하는 것이 중요하다.

자산을 시가로 평가하므로 부동산 공시일 이전에 증여한다

순자산가액 항목 중 평가차액이란 것이 있다. 예를 들어 회사의 자산 중에 토지가 있다고 하자. 회사의 재무상태표에 명시된 토지가액은 토지를 최초로 취득했을 때의 금액이다. 현재 시점의 적정시가를 반영하지 않고 당초 취득가를 반영하고 있다. 따라서 토지가액을 현재의 시가, 즉 개별공시지가와 같은 기준시가로 평가하여 그 평가액과 장부가액의 차액(평가차액)을 순자산가액에 반영하겠다는 의미이다. 결국 자산의 적정시가를 주식가액에 반영한다.

회사 자산 중에 부동산이 있다면 그것에 대한 평가차액이 큰 액수로 반영되는 경우가 흔하다. 그중 건물보다는 토지가 거액이므로 토지의 평가차액이 크다. 토지의 평가차액을 결정하는 기준가액은 개별공시지가이다. 개별공시지가의 공시기준일은 매년 5월 말이므로 개별공시지가가 작년보다 올해 더 상승하고 있다면 평가기준일을 5월 말 이전으로 잡아야 평가차액이 상대적으로 작을 것이다.

배당금, 상여금, 퇴직금은 미리 지급한다

순자산가액 항목을 보면 평가기준일 현재 배당금이나 상여금, 퇴직금 등을 공제해주도록 하고 있다. 이는 현재 장부에 올라 있는 금액이 아니라 올라가 있지 않은 금액을 가리킨다.

기중에 증여하기 위하여 가결산을 통한 재무제표를 만들었다고 가정해보자. 가결산 재무제표이기 때문에 현재 시점에 지급해야 할 법인세나 확정배당금, 상여금, 퇴직금 같은 항목들이 반영되지 않았을 수도 있다. 장부상으로는 아직 반영하지 못하였지만 회사가 미래에 반드시 지급해야 하는 확정적인 부채 항목들이 있다면 이는 주식 가치에 반영하지 말라는 의미이다.

거꾸로 생각해보면 퇴직금이나 배당금, 상여금 등의 항목들은 회사가 구성원들을 위하여 지급하기 때문에 영구적으로 사외로 유출하는 것들이다. 사외 유출한 금액은 회사 자산과 자본을 감소시킨다. 순자산가액이 낮아지는 요인이 되는 것이다.

따라서 주식 증여를 계획하고 있고 그 시기를 결정하려고 할 때, 지급이 예정되어 있거나 지급 가능한 건들은 회사의 자금 사정 등을 고려하여 가급적 주식 증여 이전에 모두 지급하는 것이 좋다. 그래야만 순자산가액을 낮추어 결과적으로 세금을 낮출 수 있다.

물론 퇴직금이나 배당금, 상여금 등은 임직원이나 주주가 지급받게 되면 소득세 등을 내야 하고, 특히 퇴직금은 예외적인 경우를 제외하고 중간정산이 안 되기 때문에 잘 결정해야 한다.

방주식 사장의 사례로 다시 정리해보자. 방 사장의 회사는 최근 3년간 실적이 좋아지는 상황이다. 올해보다도 내년에 더 많은 실적과 영업이익이 예상된다. 회사 공장 부지도 많고 토지의 개별공시지가도 많이 오른 상태이다. 결과적으로 회사의 주식 가치는 회사의 재무상태에 따라 정해지기 때문에 내년보다는 올해 증여하는 것이 절세효과가 있을 것으로 보인다. 따라서 기중의 가결산을 통한 재무제표로 평가하되 증여 시기는 올해의 개별공시지가가 공시되기 이전인 5월 말 이전으로 결정하였다.

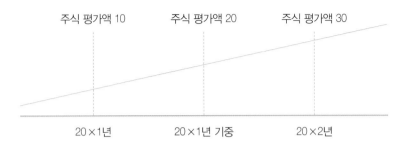

| 회사 실적에 따른 주식 평가액의 변동 예시 |

주식 평가액 10 　　　주식 평가액 20 　　　주식 평가액 30

20×1년 　　　20×1년 기중 　　　20×2년

　회사 이익이 많이 누적된 상태에서 회사를 승계하면 그만큼 증여세를 많이 내야 한다. 따라서 회사 실적이 많이 오르기 이전이나 실적이 좋지 않을 때를 증여 시기로 잡는 것이 좋다.

　일반적으로 비상장 법인은 가족 구성원들이 주주로 구성된 경우가 흔하다. 이런 경우에 「상속세 및 증여세법」에서는 할증평가라는 일종의 페널티 제도를 두고 있다. 비상장 법인의 최대주주 등이 보유한 주식을 평가할 때는 경영권 등을 고려하여 평가금액을 더 올려야 한다는 논리이다. 최대주주 등이 거래하는 주식은 세금을 더 걷겠다는 의미도 된다. 그러나 중소기업의 경우에는 지원의 필요성 때문에 중소기업 주식을 매매, 상속·증여 받는 부분에 대해서는 할증평가를 하지 않는다.

　사실 이러한 「상속세 및 증여세법」상 평가 방법은 회사의 주식 가치를 완벽하게 반영한다고 볼 수는 없다. 실무에서 필자가 회사 경영자에게 「상속세 및 증여세법」대로 평가한 주식가액을 제시하였을 때 실제 회사의 사정에 맞지 않는 금액이라는 의구심을 사는 경우가 비일비재하다. 현재 평가 방법이 적절한지, 비상장주식 평가 방식의 모순점에 대하여 세무업계나 학자들 사이에 끊임없이 논란이 되고 있으며 국세청도 그 한계에 대하여 충분히 인식하고 있는 실정이다.

이러한 문제점과 한계를 보완하기 위하여 순손익가치의 산정을 동종 업종의 1주당 추정이익으로 한다든지, 국세청의 평가심의위원회를 통하여 평가하는 등의 여러 가지 제도가 있기는 하다. 활용할 만한 방법이지만 그 절차나 요건이 복잡하고 엄격해서 실무상으로 아직 보편화되지 않은 편이다.

회사 경영자의 주식 증여, 처분, 승계 등에 관한 의사결정은 회사의 미래를 좌우할 수 있는 매우 중요한 작업이다. 따라서 회사 승계 등을 목적으로 비상장주식을 증여하거나 처분할 계획이 있다면 회사의 경영 성과에 따른 재무상태와 재무제표의 구성에 대하여 꾸준히 관심을 가지고 접근해야 한다. 물론 전문가의 도움도 필요할 것이다.

중소기업에 대한 최대주주 할증평가 배제

주식에 대한 할증평가란 최대주주가 가진 경영권 프리미엄에 할증액을 적용하여 주식 평가에 반영하겠다는 의미이다. 그러나 중소기업의 경우에는 영구적으로 배제하여 중소기업에 대하여 조세 지원을 하고 있다.

할증대상
주식 발행회사의 상장여부를 불분하고 최대주주[61] 및 그의 특수관계인에 해당하는 주주(이하 최대주주라 함)의 주식에 대해서는 평가한 가액에 20%를 가산한다.

최대주주 등 비율	할증비율	
	일반기업	중소기업
50% 이하	20%	10%
50% 초과	30%	15%

할증평가 적용 특례
최대주주 등이 보유하는 주식 등이 중소기업[62] 등의 주식에 해당되는 경우에는 영구적으로 상속, 증여받는 부분에 대해 할증평가를 하지 않는다.

---

61 '최대주주'란 주주 등 1인과 그 특수관계인의 보유 주식을 합하여 그 보유 주식 등의 합계가 가장 많은 경우에 해당하는 주주 등 1인과 그 특수관계인을 말한다.
62 중소기업 주식에 대한 특례 조항으로 「조세특례제한법」 제101조에서 규정하고 있으나, 이때의 중소기업은 「중소기업기본법」 제2조에 따른 중소기업이다. 「조세특례제한법」상 중소기업이 아님에 유의하자.

할증평가를 하지 않는 중소기업

① 평가기준일 전후 6개월(증여재산의 경우에는 3개월) 이내의 기간 중 최대주주 등이 보유하는 주식 등이 전부 매각된 경우

② 합병, 증자·감자, 현물출자에 따른 이익 및 전환사채 등 주식 전환 등에 따른 규정에 의한 이익을 계산하는 경우

③ 평가대상인 주식 등을 발행한 법인이 다른 법인(1차 출자법인)이 발행한 주식 등을 보유하고 있고, 1차 출자법인이 또 다른 법인(또 다른 법인이 1차 출자법인 외의 법인에 출자한 경우의 법인을 포함하며, 2차 출자법인)이 발행한 주식 등을 보유함으로써 1차 출자법인 및 2차 출자법인의 주식 등을 평가하는 경우

④ 평가기준일로부터 소급하여 3년 이내에 사업을 개시한 법인으로서 사업 개시일이 속하는 사업연도부터 평가기준일이 속하는 사업연도의 직전 사업연도까지 각 사업연도의 기업회계 기준에 의한 영업이익이 모두 영 이하인 경우

⑤ 상속세 과세표준 신고기한 또는 증여세 과세표준 신고기한 이내에 평가대상 주식 등을 발행한 법인의 청산이 확정된 경우

⑥ 최대주주 등이 보유하고 있는 주식 등을 최대주주 등 외의 자가 증여세 합산과세 기간(10년) 이내에 상속 또는 증여받은 경우로서 상속 또는 증여로 인하여 최대주주 등에 해당되지 아니하는 경우

⑦ 3년 이내의 사업연도부터 계속하여 결손금이 있는 법인의 주식

16

상속재산 분할은 신중하게!
나중에 마음 바뀌면 세금 또 내야…

허분할 씨와 허협의 씨는 형제간이다. 어머니가 돌아가시고 나서 6:4의 비율로 재산을 분할하기로 협의분할 계약서를 작성하였다. 이에 부동산에 대한 상속등기도 마쳤다. 그 뒤 허협의 씨는 허분할 씨가 과거에 아버지로부터 현금을 증여받은 사실을 알게 되었고, 추가로 재산을 분할할 것을 요청하였다. 그러나 협의분할과 부동산등기가 완료된 상태에서 재협의를 거쳐 상속 지분이 바뀌게 되면, 이를 증여로 보고 증여세를 내야 한다고 들었는데….

상속재산에 대한 협의분할 또는 법정분할 후에 재분할을 한다면 과연 증여세를 부담하게 될까?

원칙적으로 상속재산에 대하여 상속등기가 된 후, 그 상속받은 재산에 대하여 공동상속인 간에 재협의하여 특정 상속인이 당초

상속분보다 더 추가로 재산을 취득한 경우에는 상속재산이 감소한 사람이 상속재산이 늘어난 사람에게 재산을 증여한 것으로 본다.

결국 분할 이후에 추가 협의를 통하여 재산을 더 받은 사람은 다른 상속인들로부터 증여를 받은 것으로 보아 증여세를 납부해야 한다.

그러나 상속세 신고기한 내에 재분할하는 경우에는 증여세 납세의무가 없다. 「상속세 및 증여세법」에서는 상속재산의 재분할에 대하여 신고기한 내에 재산을 초과 취득한 경우에는 증여세를 내지 않도록 하고 있다. 다만, 신고기한 전이라도 부동산 상속등기를 바꾸는 경우라면 추가되는 취득세는 각오해야 한다.

그러나 신고기한 이후에 재분할하더라도 다음과 같이 정당한 사유로 인하여 상속지분이 변경된 경우에는 증여세를 과세하지 않는다.

① 상속회복청구의 소에 의한 법원의 확정판결에 의하여 상속인 및 상속재산에 변동이 있는 경우
② 채권자대위권[63]의 행사에 의하여 공동상속인들의 법정상속분대로 등기 등이 된 상속재산을 상속인 사이의 협의분할에 의하여 재분할하는 경우
③ 상속세 과세표준 신고기한 내에 상속세를 물납하기 위하여 법정상속분으로 등기·등록 및 명의개서 등을 하여 물납을 신청하였다가 허가를 받지 못하거나 물납재산의 변경 명령을 받아 당초의 물납재산을 상속인 간의 협의분할에 의하여 재분할하는 경우

만일 미성년자가 상속을 받을 경우에는 「민법」에 따라 특별대리인 선임이 필요하다. 그런데 특별대리인 선임 없이 법정상속분대로 일단 분할하고 나서 미성년자가 성인이 된 후 재분할을 하려 할 때 증여세 문제는 없는지 사례(재산—54, 2012. 02. 10.)를 통해 살펴보자.

2005년에 남편이 사망하였고, 상속된 주택 한 채를 상속등기 하였는데, 그 당시 둘째 아이가 미성년자였고 특별대리인으로 내

---

63 채권자가 자기의 채권을 보전하기 위하여 자기 채무자에게 속하는 권리를 대신 행사할 수 있는 권리.

세울 사람이 마땅히 없어 법정지분에 따라 공동명의로 상속등기를 하였다. 그 후 둘째 아이가 스무 살이 되어 상속재산의 협의분할을 통해 어머니 단독명의로 상속 경정등기를 하고자 한다. 당초 상속등기 시에도 어머니 단독명의로 하고자 했으나 부득이하게 등기하지 못한 것을 지금에 와서야 하려는 것이다. 이때 어머니가 추가로 더 취득하는 지분에 대해서 증여세가 과세될까?

법정상속분에 의해 상속등기를 하였다가 미성년자인 상속인이 성년이 된 직후에 협의분할에 의한 소유권 경정등기를 하는 경우에도, 그 상속재산에 대하여 공동상속인이 협의하여 분할한 결과 어머니가 당초 상속분을 초과하여 취득한 재산은 아들로부터 증여받은 것으로 본다.

상속재산의 분할로 인한 갈등이 발생하는 경우가 종종 있는데 상속등기 후 재분할하는 경우에는 시기, 경우에 따라 증여세 과세 여부가 달라지기 때문에 조심해야 한다.

17

재산 취득자금은 어떻게 마련할까?
– 재산 취득자금의 증여추정

    증여세와 상속세는 자진 신고에 의하여 확정되는 세금이 아니라, 신고한 내용을 바탕으로 정부가 결정하는 방식의 세금이다. 증여세 신고서를 세무서에 접수하면 해당 신고 내역이 적정한지 반드시 검증하게 된다. 그러나 증여세는 상속세와는 달리 증여세 신고를 한 후에 특별한 경우가 아니라면 별도의 세무조사 통지서를 받지 않는다. 단순하게 신고의 적정 여부를 검토하고 부족한 세액이 있으면 과세예고통지나 고지서를 납세자에게 발송하는 방식이다.

    증여와 관련하여 국세청으로부터 세무조사 통지서를 받았다는 것은 증여를 했음에도 증여세를 자진 신고하지 않은 경우일 것이다. 일반적으로 국세청에서는 재산 취득에 대한 자금출처 조사를 통하여 증여세 관련 세무조사를 하게 된다.

부모 입장에서는 자립 능력이 아직 없는 자녀를 위하여 생활자금을 지원하거나 신혼살림을 위한 주택을 사주는 일이 비일비재하다. 그러나 이와 같은 일이 세금 문제와 직접 연결될 수 있다는 사실은 잘 인식하지 못하는 경우가 많다. 설령 세금 문제를 안다 하더라도 요행을 바라고 증여 사실이 적발되지 않고 무사히 잘 넘어가기를 기대하는 마음이 클 것이다.

사회 통념의 범위 내에서 인용할 수 있는 경우를 제외하고, 재산을 취득함에 있어 그 취득한 자금의 원천을 조사하여 타인으로부터 증여받은 것이 있는지 밝혀서 세금을 물리려고 하는 것은 국세청의 주요한 세원 포착 업무이다. 따라서 국세청의 자금출처 세무조사의 흐름을 잘 알아둔다면 취득자금에 대한 자금출처를 대비하는 데 도움이 될 것이다.

자금출처 조사란 재산을 취득하거나 채무 상환 또는 개업자금과 이와 유사한 자금의 원천이 직업이나 나이, 소득, 재산 상태 등으로 보아 본인의 자금 능력에서 비롯된 것이라고 인정하기 어려운 경우, 그 자금출처를 밝혀 증여세 등의 탈루 여부를 확인하기 위하여 행하는 세무조사를 말한다.

이때 직업 유무와 종류, 부녀자 또는 미성년자인지 여부, 재산 보유 정도 등을 종합적으로 판단하여 대상자를 선정한다. 그런데 만일 조사 대상자가 배우자나 부모 또는 자녀로부터 취득자금을 증여받은 혐의가 있는 경우에는 그 배우자 또는 부모, 자녀를 조사 대상자로 동시에 선정할 수 있기 때문에 주의가 필요하다.

일반적으로 세무조사를 바로 착수하는 경우도 있지만 대개 '자금출처 해명 안내문'을 먼저 보내서 취득 과정에 대한 해명을 요구하게 된다. 이때 해명이나 소명에서는 구체적이고 객관적인 금융자료 등을 제시해야 한다. 국세청에서는 해명 안내문을 보낼 때 통상 4년 정도의 자금 흐름을 서면 분석하여 자금 운영과 자금 원천에 대해 소명을 요청한다. 즉 기준연도 말 대상자의 금융자산, 부동산, 신용카드 사용 내역, 대출 상환 내역 등을 분석하고 직전 4년간 소득 증가 내역, 부동산이나 주식 등 매각 내역, 증여받은 내역 등을 비교하여 그 차이에 대해 소명 요청을 하는 것이다. 자금출처 소명이나 조사는 납세자들이 대응하기 매우 어려운 조사로 손꼽힌다. 금융 자료 등을 상세히 제공해야 하고 차이에 대해 100% 소명해야 하는데 현실적으로 쉬운 일이 아니다.

만약 해명 자료 등을 확인한 결과 각종 세금 누락 혐의가 없다고 인정되는 경우에는 '혐의 없음'으로 끝내고 혐의 사항이 단순하고 경미한 경우에는 '기한후신고 또는 수정신고' 안내문을 우편으로 발송한다. 소명 내용이 불충분하여 실지 조사가 필요하다고 판단하는 경우에 비로소 세무조사에 착수한다.

세무조사에 들어가면 국세청은 재산 취득자의 계좌를 직접 조회할 수 있고, 대상자의 소명만이 아니라 취득 경위를 직접 규명할 수 있다. 우편 질문 등을 통해 증빙 자료를 수집하고 금융거래 내역을 조회하는 등의 방법을 통하게 된다.

| 취득자금 출처 조사의 과정 |

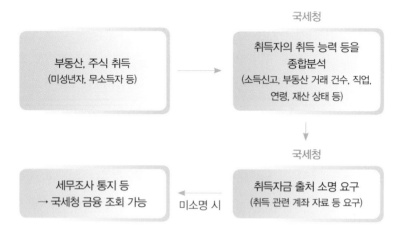

국세청

| 부동산, 주식 취득
(미성년자, 무소득자 등) | → | 취득자의 취득 능력 등을
종합분석
(소득신고, 부동산 거래 건수, 직업,
연령, 재산 상태 등) |

국세청

| 세무조사 통지 등
→ 국세청 금융 조회 가능 | ← 미소명 시 | 취득자금 출처 소명 요구
(취득 관련 계좌 자료 등 요구) |

※ 증여세 과세 문제 발생: 사기, 부정 등인 경우로서 거액의 포탈은 조세법 처벌에 의함.

조사 이후 국세청에서는 다음의 증여추정 내용에 따라 증여세를 과세할 수 있다.

① 직업, 연령, 소득 및 재산 상태 등으로 볼 때 재산을 자력으로 취득하였다고 인정하기 어려운 경우

② 직업, 연령, 소득 및 재산 상태 등으로 볼 때 채무를 자력으로 상환하였다고 인정하기 어려운 경우

③ 취득자금 또는 상환자금이 직업, 연령, 소득, 재산 상태 등을 고려하여 일정 금액 이하인 경우와 취득자금 또는 상환자금의 출처에 관한 충분한 소명이 있는 경우에는 이를 적용하지 아니한다. 여기서 일정 금액이란 재산 취득일 전 또는 채무 상환일 전 10년 이내에 당해 재산 취득자금 또는 당해 채무 상환자금의 합계액이 5천만원 이상으로서 연령, 세대

주 직업, 재산 상태, 사회·경제적 지위 등을 참작하여 정하는 금액이다.

　증여세를 부과하기 위해서는 재산을 분여해준 특정 증여자가 있어야 한다. 막연하게 타인이라고 인식하는 것만으로는 실무상 세금을 부과할 수 있는 요건이 아니다. 국세청에서는 조세채권을 확보하고 증여자에 대한 증여세 연대납세의무를 부과하려면 세무조사 시에 그 타인을 반드시 특정할 필요가 있기 때문에, 이를 규명하기 위해 노력한다는 점도 참고하기 바란다.

　그런데 국세청에도 일정한 금액 내 재산 취득자금에 대해서는 증여로 보지 않는다는 기준이 있다. 재산 취득일 전 또는 채무상환일 전 10년 이내 취득 재산의 경우에 주택과 기타 재산의 취득가액 및 채무 상환금액이 각각 다음 기준에 미달하고, 총액 한도(주택 취득자금, 기타 재산 취득자금 및 채무 상환금액의 합계액)도 이 기준에 미달하는 경우에는 증여로 보지 않는다.

구분	취득 재산		채무 상환	총액 한도
	주택	기타 자산		
세대주인 경우 ① 30세 이상인 자 ② 40세 이상인 자	1억5천만원 3억원	5천만원 1억원	5천만원	2억원 4억원
세대주가 아닌 경우 ① 30세 이상인 자 ② 40세 이상인 자	7천만원 1억5천만원	5천만원 1억원	5천만원	1억2천만원 2억5천만원
30세 미만인 자	5천만원	5천만원	5천만원	1억원

따라서 이 금액 이하라면 취득자금을 소명하라는 안내가 없을 것으로 기대할 수 있다. 그러나 취득가액 또는 채무 상환금액이 타인으로부터 증여받은 사실이 다른 상속세 세무조사 같은 과정에서 확인될 경우에는 증여세 과세대상이 될 수 있으니 완전히 마음을 놓지 말아야 한다.

국세청의 소득 – 지출PCI 분석 시스템

국세청은 세금 부담 없이 재산을 축적하거나 호화로운 소비생활을 하는 세금 탈루 자에 대한 세원관리를 획기적으로 강화할 예정이다. 그간 수입금액 노출을 은폐하 기 위하여 현금 거래를 하거나 납부 능력이 없는 제3자의 이름을 빌려 차명으로 사 업을 하는 등 지능적 탈세에 대한 근원적 대응에는 한계가 있었다.

그리하여 국세청에서 보유한 과세 정보 자료를 체계적으로 통합 관리하여 일정 기 간 신고소득Income과 재산 증가Property, 소비지출액Consumption을 비교, 분석하는 시스템이 등장하게 되었다.

소득 – 지출 분석Property, Consumption and Income Analysis 시스템은 탈루소득 대 부분이 부동산, 주식 등의 취득이나 해외여행 등 호화 소비지출로 나타나는 점에 착 안하여, 국세청에서 보유하고 있는 신고소득 자료, 재산 보유 자료, 소비지출 자료를 통합 비교, 분석하여 세금 탈루 혐의자를 전산으로 추출함으로써 지능적 탈세에 더 욱 효과적으로 대처할 수 있게 하였다.

재산 증가액		소비지출액		신고(결정) 소득금액 합계		탈루 혐의 금액
부동산 주식 회원권 등	+	해외 체류비 신용카드 현금영수증 등	−	신고(결정) 소득금액 합계	=	탈루 혐의 금액

소득 – 지출 분석 시스템은 국세행정 집행의 효율성과 공정성을 위해 다음 예시와 같이 국세행정 전반에 걸쳐 활용될 것이다.

① 취약 호황 업종 위주로 성실신고 유도의 단계적 추진
② 기업주가 법인자금을 사적으로 사용하였는지 여부 검증
③ 고액 자산 취득 시 자금출처 관리 강화
④ 세무조사 대상자 선정 시 활용
⑤ 근로장려금 환급 대상자 및 고액 체납자 관리 업무에 활용

18

자금출처 조사! 어떻게 소명해야 할까?

　재산 취득자금에 관하여 국세청으로부터 재산 취득에 대한 해명 안내나 자금출처 조사를 받을 때에는 객관적인 서류에 의하여 적절하게 소명해야 세금 부과의 위험을 피할 수 있다. 그렇다면 어떻게, 무엇을 가지고 소명해야 할까?

　재산 취득자가 재산을 자력으로 취득하였거나, 채무 상환자가 본인 능력으로 채무를 상환하였다고 인정받으려면 그 사실을 객관적인 자료로서 입증해야 한다. 그런데 전체 금액에 대하여 입증하는 것은 아니다. 해당 금액의 80%까지만 입증하면 된다. 그러나 입증하지 못한 20%가 2억원을 넘는다면 소명해야 하는 총금액에서 2억원을 뺀 금액까지는 소명해야 한다.

　증여로 추정되는 대상은 취득 재산 그 자체가 아니라 그 재산을 취득하는 데 소요된 자금 중 소명하지 못하거나 증빙서류를 제시하지 못한 부분이다. 예를 들면 다음과 같다.

취득 재산가액	입증 금액	증여추정 대상
10억원	① 8억2천만원	없음
	② 7억5천만원	2억5천만원
20억원	③ 18억원	2억원
	④ 15억4천만원	4억6천만원

① 입증 금액이 8억2천만원이면 미소명 금액이 1억8천만원으로, 취득 재산 가액 10억원의 20%인 2억원에 미달하므로 증여추정 금액이 없다.

② 입증 금액이 7억5천만원이고 미소명 금액이 2억5천만원으로, 미소명 금 액이 취득 재산가액 10억원의 20%인 2억원을 초과하므로 2억5천만원 에 대한 증여추정이 있다.

③ 입증 금액이 18억원이면 미소명 금액이 2억원으로, 취득 재산가액 20억 원의 20%에 해당하는 4억원과 미소명 금액인 2억원 중 작은 금액인 2억 원에 미달하지 아니하므로 2억원에 대하여 증여추정이 있다.

④ 미소명 금액이 4억6천만원으로 2억원을 넘으므로 4억6천만원에 대하여 증여추정이 있다.

그러나 조사 결과 미달 금액일지라도 증여 사실이 밝혀지는 경 우에는 증여세를 과세할 수 있다. 입증해야 하는 재산 취득자금의 범위는 재산을 취득하기 위하여 실제로 소요된 취득자금 총액을 말하는 것으로 취득세 등 재산 취득비용을 포함한다.

자금출처에 대해 소명할 수 있는 자금원은 다음과 같으며, 이를 입증하기 위해 제출하는 서류에는 원천징수영수증, 예금계좌 자료, 각종 증명서 등이 있다.

① 본인 재산을 처분한 대금으로서 서류(매매계약서, 등기부등본, 토지대장 등)에 의하여 확인할 수 있는 금액
② 금융재산에 대한 이자소득 및 배당소득으로서 원천징수세액을 공제한 금액
③ 기타소득은 지급금에서 원천징수세액을 공제한 금액
④ 사업소득 및 부동산 임대소득은 소득금액에서 소득세액을 차감한 금액
⑤ 급여소득은 총급여에서 원천징수세액을 공제한 금액
⑥ 퇴직소득은 지급금액 총액에서 원천징수세액을 공제한 금액
⑦ 재산 취득일 이전에 차용한 부채. 단, 원칙적으로 배우자 및 직계존·비속 간의 채무 관계는 인정하지 않음
⑧ 재산 취득일 이전에 받은 전세금 및 보증금

자금원으로 중요한 부분을 차지하는 것은 예금, 적금, 채권 등의 금융재산이다. 이러한 금융재산은 객관적으로 본인의 소득 등에 의하여 만들어지거나 이전에 증여 또는 상속받은 것으로 신고하여 과세된 것만이 자금출처로 인정받을 수 있다. 그 이외의 것은 자금출처로서 인정되지 않으며, 증여세 과세 시효가 경과한 금융자산을 자금출처로 제시하는 경우에는 정당한 자금원으로 인정받지 못한다.

부채 또한 중요한 자금원으로 인정받을 수 있다. 단, 금융기관

으로부터 차입한 적법한 채무는 관계없지만, 가공의 채무를 만들어 허위로 소명하려는 경우가 있을 수 있다. 따라서 부채를 자금출처로 인정할지의 여부는 실제 사실이 어떠한지 판단해보아야 할 사항이다.

금융기관 대출금

금융기관 대출금의 경우에는 실제로 부동산 취득에 사용되었는지를 확인하게 된다. 만일 신탁 관계 자금이나 기업 대출자금 중에서 운전자금 대출 또는 시설자금 대출을 본래 목적으로 사용하지 않고 부동산을 취득한 것으로 전용한 것이 확인되면 당해 대출금을 부동산 취득자금의 출처로 인정하지 않는다. 또한 한국은행에 통보하여 대출 용도 외에 사용된 대출금을 회수하도록 한다.

기타 채무

금융기관 채무가 아닌 경우에는 객관적으로 확실한 채무에 대해서만 자금출처로 인정된다. 당해 채무가 부동산 취득에 사용된 것으로서 거래 상대방과의 자금 흐름 내용이 제시되어야 한다. 만일 사채 등으로 자금을 조달한 경우에는 채권자 등의 인적 사항이 구체적으로 확인되어야 한다. 즉, 사채를 자금출처로 인정받으려면 채권자가 받은 이자에 대하여 최소 27.5%의 소득세를 납부해야 한다는 점을 반드시 전제해야 한다.

부동산 임대보증금

임대보증금은 부동산 취득에 사용된 것 중 임차인 등에 의해 객관적으로 확인된 것이어야 한다. 국세청에서는 원칙적으로 부동산 임대에 따른 부가가치세 신고 및 소득세 신고금액과 일치하는지를 반드시 검증한다. 만일 자금출처를 입증하기 위하여 제출한 자료와 비교하여 기존에 신고했던 부가가치세나 종합소득세가 과소 신고된 사실이 밝혀진다면 세금의 추가 납부 문제가 생길 수 있으므로 상당한 주의를 요한다. 현재는 3채 이상의 주택 임대보증금도 3억원이 넘는 경우에는 종합소득세를 과세하기 때문에 주택에 대한 임대보증금을 자금출처로 제시하는 경우에도 소득세 과세를 조심해야 한다.

예컨대 부동산을 취득하기 위하여 실제로 아버지에게 자금을 빌렸다고 하자. 아버지에게 반드시 갚기로 약속도 하였다. 이와 같은 자금도 채무로 인정받을 수 있을까?

실생활에서는 흔히 발생할 수 있는 일인데도 자금출처 조사에서 부모와 자식 간의 채권·채무 관계는 원칙적으로 인정하지 않기 때문에 상당한 주의를 요한다. 이러한 직계가족 간의 채권·채무 관계를 그대로 인정한다면 다양한 방법으로 증여세를 탈루할 만한 여지를 제공할 수 있기 때문이다. 따라서 객관성이 명백하지 않아 인정받기 어렵다고 보아야 한다.

명의상 채무자와 사실상 채무자가 다른 경우에는 자금출처로서 인정받을 수 있을까?

타인 명의로 대출받았으나 그 대출금에 대한 이자 지급, 원금 상환 및 담보 제공 등으로 사실상 갚아야 하는 자가 그 재산을 취득한 사람임을 확인할 수 있는 경우에는 자금출처로 인정받을 수 있다.

해당 부채를 자금출처로서 인정할 수 있는데도 재산 취득자가 이를 갚을 능력이 없다고 판단하는 경우에 국세청에서는 부채 사후관리대장에 등재하고 채무의 변제 상황을 6개월마다 조사한다. 만일 부채를 갚은 사실이 확인된 때에는 어떤 자금으로 부채를 갚았는지 조사한다는 사실도 잊지 말아야 한다.

| 5억원 아파트 구입 시 취득자금 준비 계획(사례) |

구분	금액
본인의 사업소득금액 또는 근로소득금액 신고분	2억원
배우자 증여(6억원 한도) 또는 부모 증여(5천만원 한도)	5천만원
부동산 담보대출	1억원
부모 증여분 자진 신고	5천만원
합계	4억원

※ 취득자금 5억원의 80%인 4억원까지만 입증하면 된다.

상속세

01

성공적인 상속 준비하기

'유종(有終)의 미(美)를 거두다'는 말이 있다. 무슨 일이든지 마무리를 잘해야 한다는 의미이다. 그렇다면 한평생 행복하게 살아온 현대인이 유종의 미를 거두기 위해 삶의 마지막에 반드시 준비해야 할 것이 무엇일까? 바로 성공적인 상속이다.

상속은 가족의 죽음이 전제가 되기에 성공적인 상속을 준비하는 것이 말처럼 쉬운 일이 아니다. 앞으로 다가올 상속에 대비한다며 가족들이 한자리에 모여 재산 문제를 의논하는 것이 우리나라 정서상 쉬운 일이 아니기 때문이다. 그런데 이런 정서가 성공적인 상속에 큰 장애 요인이 되기도 한다.

상속 절차는 결코 간단하지 않다. 상속을 하는 사람이나 받는 사람은 이런 어려움을 같이 인식하고 용기 있게 행동에 옮겨야 한

다. 그러다 보면 최소 비용으로 최대 효과를 올릴 수 있을 것이다.

피상속인의 사망으로 인한 재산상 법률관계의 포괄적 승계를 상속이라 한다. 재산이 많고 적음에 관계없이 누구나 상속을 하게 되지만, 모든 상속이 성공적인 것은 아니다. 실패한 상속으로 인해 가족 간에 분쟁이 일어나고 과도한 상속세 문제로 큰 빚을 지게 될 수도 있음을 반드시 명심해야 한다.

그렇다면 성공적인 상속을 위하여 준비해야 할 것은 무엇일까?

첫째, 상속세 준비하기

상속 과정에서 상속세는 가장 큰 위험 요소라 할 수 있다. 이에 대비하지 못하면 상속재산 운용에 치명타를 입을 수 있다. 상속세에 대비하기 위해서는 다음 과정을 밟는 것이 필요하다.

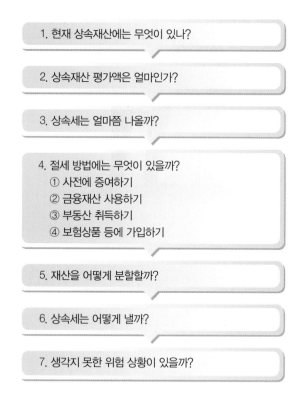

1. 현재 상속재산에는 무엇이 있나?

2. 상속재산 평가액은 얼마인가?

3. 상속세는 얼마쯤 나올까?

4. 절세 방법에는 무엇이 있을까?
   ① 사전에 증여하기
   ② 금융재산 사용하기
   ③ 부동산 취득하기
   ④ 보험상품 등에 가입하기

5. 재산을 어떻게 분할할까?

6. 상속세는 어떻게 낼까?

7. 생각지 못한 위험 상황이 있을까?

예상하는 상속세를 계산해보았다면, 사전증여나 보험 가입을 통해 상속세를 줄일 수 있는 방법이 있는지 알아본다. 그리고 가족 간 다툼이 없이 재산을 분할하도록 원만하게 협의하고, 상속세 재원은 어떻게 마련할지도 미리 검토해야 한다.

상속이 발생하고부터 상속세를 신고하기까지의 절차는 일반적으로 다음과 같다.

일반적으로 상속세 신고를 하는 데에는 여기에 소개한 과정이
필요하다. 신고서가 나오기까지 최소 2~3개월은 걸릴 수 있음을
기억하자.

둘째, 상속재산 분할하기

상속세 신고를 준비하다 보면 재산분할 문제 등으로 상속인끼

리 다투는 일이 종종 있다. 가족 간 재산 다툼은 어느 누구도 원하지 않는 일이다. 그러므로 문제가 생겼을 때 이를 원만하게 해결하기 위해서는 가족 간의 이해와 합의가 매우 중요하다.

가족 간의 원만한 합의가 가장 좋은 방법이지만, 망자 즉 피상속인이 유언을 남긴 경우라면 분쟁의 여지는 훨씬 줄어들 것이다. 우리나라 법률은 상속재산 분할과 관련하여 피상속인의 적법한 유언을 최우선으로 인정하기 때문이다. 유언이 없을 경우에는 협의분할 또는 법정분할 방식을 취하게 된다.

셋째, 내 자금으로 상속세 납부가 가능한지 확인하기

상속세는 10~50%라는 비교적 높은 세율로 부과된다. 미리 계획하고 준비하지 않으면 상속세를 납부할 자금을 마련하는 것이 만만하지 않다. 현금이 아닌 부동산 위주의 재산을 갖고 있다면 별도의 유동성 확보를 위해 보험에 가입한다든지 보유한 부동산을 매각하는 것도 고려해볼 만하다.

넷째, 가입한 보험증권을 잘 읽고 보관하기

만일 재산보다 빚이 더 많다면 상속을 포기하거나 한정승인을 통해 승계할 상속채무를 면할 수 있는 방법이 있다. 피상속인이 생전에 보험에 가입하면서 사망보험금의 수령인을 상속인으로 기

재한 것이 있다면, 사망으로 인한 보험금은 상속과는 무관하게 상속인의 것이 된다.[64]

따라서 상속포기나 한정승인을 신청하여도 사망보험금은 받을 수 있다. 사망보험금은 상속인들의 생활비 등으로 요긴하게 사용할 수 있다.

다섯째, 전문가의 도움 받기

성공적인 상속을 위해서는 전문가의 조언이 반드시 필요하다. 어려운 「민법」과 세법 관련 책을 싸안고 머리 아파하지 말라. 스스로 점검하고 적용하는 것은 매우 어려운 일이다. 전문가와 상담했다면 알았을 절세 방법을 놓칠 수 있다.

따라서 유언장 작성 등 상속재산 분할과 관련된 사안은 법률 전문가에게, 상속세나 증여세는 세무 전문가에게, 자산운용이나 투자 전략은 재무 전문가에게 도움을 구하는 것이 바람직하다. 특히, 상속의 경우에는 종합적인 상속 계획을 세우는 것이 필요하다. 풍부한 경험이 있는 전문가 집단의 도움을 받을 것을 적극 권장한다.

피상속인이 세상을 뜨고 사망신고를 마치면 상속인들이 재산을 어떻게 분할할지 확정하기 전까지 피상속인 명의의 모든 자금은

---

64 단, 「상속세 및 증여세법」에서는 상속재산으로 과세한다.

인출할 수 없다. 이와 같은 세세한 부분을 놓친다면 급하게 자금이 필요한 상황에서 낭패를 볼 수도 있다.

그러므로 성공적인 상속을 위하여 여러모로 사전에 대비하고 점검해야 좋은 결과가 있다는 점을 반드시 명심하기 바란다.

02

상속세는 어떻게 계산할까?

강남에서 가장 유명한 떡집을 하는 박상속 씨. 그는 아버지, 어머니, 여동생과 함께 떡집을 운영해왔다. 그러던 어느 날 과로로 아버지가 돌아가시고 말았다. 한평생 떡집을 운영하신 아버지가 남긴 재산은 다음과 같다. 상속세는 얼마가 나올까?

상속재산: 아파트 10억원, 예금 20억원, 장례비 1천2백만원

상속세 계산하기

사람들이 많이 혼동하는 것 중 하나가 상속세를 계산할 때 각자 상속받은 재산을 기준으로 하는지, 아니면 상속재산 총액에 대해 상속세를 계산하고 이를 나누는지 하는 것이다.

정답은 후자이다. 상속재산 총액에 대한 세금을 산출한 다음에

상속인이 분배받은 상속재산가액에 따라 각자 납부할 상속세액을 배분한다. 이를 유산세 방식이라고 한다.

박상속 씨의 경우 아파트 10억원과 예금 20억원이 총상속재산이고, 여기에 각종 공제를 차감하여 상속세를 산출한다.

다음 표를 보면 장례비용은 최대한도 1천만원까지 공제되고, 일괄공제는 기초공제 2억원과 그 밖의 인적공제를 합한 금액 또는 5억원 중 큰 금액을 공제하게 된다.

구분	가액
아파트	1,000,000,000
(＋) 예금	2,000,000,000
(＝) 총상속재산	3,000,000,000
(－) 장례비용	10,000,000
(＝) 상속세 과세가액	2,990,000,000
(－) 일괄공제	500,000,000
(－) 배우자상속공제	500,000,000
(－) 금융재산 상속공제	200,000,000
(＝) 과세표준	1,790,000,000
(×) 세율	40%
(＝) 상속세	556,000,000[65]

배우자상속공제는 배우자가 상속받은 금액을 기준으로 공제하는데 상속받은 재산이 전혀 없더라도 기본적으로 5억원은 공제된다. 일반적으로 10억원까지는 상속세를 내지 않아도 된다고 하는 이유는 일괄공제 5억원과 배우자상속공제 5억원을 합하여 10억원을 공제받을 수 있기 때문이다.

금융재산 상속공제란 예금자산의 20%를 2억원 한도 내에서 공제하는 것이다.

이렇듯 상속세는 상속재산 종류, 상속받는 사람, 공제 내역에 따라 계산이 달라진다. 따라서 상속에 대한 사전 계획과 설계를 통해 미리 대비한다면 충분히 절세할 수 있다.

---

65 상속세: $1,790,000,000 \times 40\% - 160,000,000 = 556,000,000$원

상속세 산출 원리

상속재산	• 상속개시일 현재 피상속인의 재산으로 경제적 가치를 가진 모든 물건 • 상속재산으로 보는 보험금, 퇴직금, 신탁재산 • 상속개시 전 재산을 처분하거나 인출한 금액이 1년 이내 2억원 이상, 2년 이내 5억원 이상이면서 그 용도가 명백하지 않은 금액(재산 종류별)
+	
증여재산가액	• 상속개시일 전 10년 이내에 증여한 재산(피상속인 → 상속인) • 상속개시일 전 5년 이내에 증여한 재산(피상속인 → 상속인 이외의 자)
−	
비과세 재산가액	• 국가 등에 유증한 재산, 금양임야 및 묘토, 지정문화재 등
−	
과세가액 불산입 재산	• 공익법인 출연 재산가액 등
−	
공과금, 장례비용, 채무 등	
=	
상속세 과세가액	

상속재산은 상속개시일 현재 피상속인이 소유하고 있는 모든 경제적 가치를 포함한다. 그리고 상속인이 상속개시일 전 10년 이내(상속인 이외의 자는 5년 이내)에 피상속인으로부터 증여받은 재산가액을 합산한다. 따라서 사전에 증여한 재산이 있으면 상속세 과세가액이 증가한다.

다음으로 비과세재산이나 과세가액 불산입 재산, 공과금, 장례비용, 채무 등을 공제하는데 해당 내역을 빠짐없이 챙겨야 상속세 과세가액이 낮아진다.

상속세 과세가액

−

상속공제
• 기초공제, 배우자상속공제, 기타 인적공제, 일괄공제, 금융재산 상속공제, 재해손실공제, 동거주택상속공제, 영농상속공제, 가업상속공제(공제한도가 있음)

=

과세표준

×

세율
• 1억원 이하: 10%(누진공제 없음)
• 5억원 이하: 20%(누진공제 1천만원)
• 10억원 이하: 30%(누진공제 6천만원)
• 30억원 이하: 40%(누진공제 1억6천만원)
• 30억원 초과: 50%(누진공제 4억6천만원)

=

산출세액

상속세 과세가액에서 상속공제를 차감하면 과세표준이 나온다. 적용받을 수 있는 상속공제의 요건을 꼼꼼히 살펴본 후에 과세표준을 줄이는 것이 절세하는 방법이다. 그러나 상속공제에는 그 한도가 있으니 유의하자.

과세표준은 10~50%의 상속세율을 적용하는 기준금액이 된다. 결국 상속재산 총액에 대해 세율을 적용하는 것이다.

산출세액

+

세대생략 할증세액
• 상속인이나 수유자가 피상속인의 자녀가 아닌 직계비속이라면 30% 할증(단, 상속인이 미성년자이면서 상속·재산가액이 20억원을 초과하는 경우 40% 할증. 대습상속의 경우에는 제외)

−

세액공제
• 증여세액공제, 신고세액공제, 단기재상속세액공제, 외국납부세액공제

=

자진 납부할 세액

예를 들어 세대를 생략하여 할아버지가 손자에게 직접 상속하는 경우에는 세대생략 할증가산율 30%를 가산한다(상속인이 미성년자이고 상속재산가액이 20억원을 초과하는 경우에는 40%를 가산).

신고세액공제의 경우에는 상속세 자신 신고기한(상속개시일로부터 6개월이 속하는 달의 말일) 이내에 신고하면 3%의 세액공제를 받을 수 있다. 세금을 절감할 수 있는 여지가 매우 크므로 6개월 이내에 자진 신고를 하여 세액공제를 받는 것이 좋다.[66]

마지막으로 자진 납부를 할 세액이 나오면 비로소 상속재산 분배액에 따라 상속인별로 납부할 세액을 결정한다.

상속세와 증여세의 세율

상속세와 증여세의 세율은 동일하다. 상속세의 경우 상속세 과세가액에서 기초공제, 인적공제, 물적공제 등을 차감한 과세표준에 세율을 적용하여 산출한다. 현재 과세표준에 적용하는 세율은 최저 10%에서 최고 50%까지 5단계로 초과 누진세율을 적용하고 있다.

과세표준	세율
1억원 이하	과세표준의 10%
1억원 초과 5억원 이하	1천만원 + 1억원을 초과하는 금액의 20%
5억원 초과 10억원 이하	9천만원 + 5억원을 초과하는 금액의 30%
10억원 초과 30억원 이하	2억4천만원 + 10억원을 초과하는 금액의 40%
30억원 초과	10억4천만원 + 30억원을 초과하는 금액의 50%

---

66 신고세액공제는 신고만 하면 공제해주는 항목이다. 따라서 신고기한 내에 반드시 납부까지 완료해야 신고세액공제를 받을 수 있는 것은 아니다.

| 누진공제를 적용하는 경우 |

과세표준	세율	누진공제
1억원 이하	10%	과세표준 × 10%
1억원 초과 5억원 이하	20%	과세표준 × 20% − 1천만원
5억원 초과 10억원 이하	30%	과세표준 × 30% − 6천만원
10억원 초과 30억원 이하	40%	과세표준 × 40% − 1억6천만원
30억원 초과	50%	과세표준 × 50% − 4억6천만원

03

상속세 신고를 하려면
어떤 서류를 준비해야 할까?

김상속 씨의 아버지가 돌아가셨다. 처음으로 상속세 신고를 하게 된 김상속 씨는 상속을 위해 준비해야 할 서류가 무엇인지 잘 모른다. 김상속 씨는 상속을 위해 어떤 서류를 챙겨야 할까?

상속세 신고를 위해 준비할 서류는 상속인과 피상속인에 관한 기본 자료, 상속재산에 관한 자료, 공제받을 자료 등이다. 다음과 같은 서류를 신고서에 첨부하여 세무서에 제출해야 한다. 시간을 두고 꼼꼼히 챙기는 것이 중요하다.

| 상속인과 피상속인에 관한 기본 자료 |

준비 서류	피상속인	상속인
가족관계증명서	○	○
주민등록등본	○	○
사망진단서	○	
상속재산 분할협의서		○
유언장	○	

| 상속재산에 관한 자료 |

분류	필요 서류
부동산	• 부동산 일괄 조회 리스트, 부동산 등기부등본 • 상속개시일 전후 6개월 이내 매매와 수용 사례가 있을 경우 그 관련 자료 • 피상속인과 상속인의 상속개시일 이전 10년간의 부동산 매매계약서 • 개인 명의의 종중 토지의 경우 종중 소유임을 입증할 수 있는 서류
예금 등 금융 자료	• 예금 등 계좌 거래 내역서(상속개시일 전 10년간의 해지 계좌 포함 전 계좌) • 잔액증명서, 정기예금의 경우 이자율 자료
골프회원권, 콘도미니엄회원권 등	• 회원권 등 입증 자료
보험	• 해당 기관에서 발급한 보험증권, 보험금 수령 자료, 연금 보험 관련 자료
신탁재산	• 재산에 따른 입증 서류
퇴직금	• 수령한 통장 내역, 퇴직소득 원천징수영수증
주식, 채권	• 주식계좌, 주권, 채권 실물, 기타 내역을 확인할 수 있는 서류 • 비상장주식의 경우 비상장주식 평가 필요 서류(재무제표, 세무조정계산서 등)
차량	• 차량등록증
임차보증금	• 임대차계약서

피상속인이 사업자인 경우	• 사업자등록증 사본, 5개년 세무조정계산서, 부가가치세 신고서 사본
피상속인이 부동산 임대사업자인 경우	• 임대소득 신고현황(보증금, 월 임대료), 미수 임대료 현황
사전증여재산	• 상속개시일 전 10년 이내 상속인(상속인 외의 자는 5년 이내) 등에게 사전증여한 재산이 있을 경우 증여세 신고서
비과세 및 과세가액 불산입	• 비과세(금양임야, 묘토 등) 및 과세가액 불산입(공익재산 기부 등)임을 입증할 수 있는 서류
기타	기타 상속재산임을 입증할 수 있는 서류

| 공제받을 자료(채무, 공과금, 장례비용) |

분류	필요 서류
금융기관 또는 일반인과의 채무	• 금융기관 채무 입증 서류 • 일반인과의 채무 입증 서류(차용증, 이자 지급 내역 등) • 기타 채무에 대한 서류(대출, 상환, 이자 내역) • 상속인이 부담한 피상속인의 신용카드 대금 • 상속인이 부담한 피상속인의 병원비 자료 • 임대차계약이 있는 경우 임대차계약서
공과금	• 상속개시일 현재 피상속인이 부담할 미납된 세금, 공과금(부가 가치세, 종합소득세, 재산세, 종합부동산세 등)
장례비용	• 지출에 대한 증빙, 납골당을 쓴 비용
감정평가 수수료	• 상속재산에 대하여 감정평가를 했다면 감정평가 수수료 지급 영수증(세금계산서, 신용카드 영수증)

이 서류 외에도 피상속인의 기타 재산이나 피상속인 생전의 재산 처분, 예금 인출, 채무 부담 등을 입증할 수 있는 추가 서류가 있을 수 있다. 세무조사에 필요한 소명 자료이므로 세무 전문가와 상의하여 빠짐없이 챙겨두어야 한다.

04

상속재산은 어떻게 평가할까?

강사업 씨는 열심히 사업해서 모은 돈을 모두 은행에 예치해 100억원대의 예금을 가지고 있다. 반면에 안상속 씨는 아버지로부터 상속받은 상가의 가격이 급등하여 현재 100억원대 부동산을 보유하고 있다. 만약 이들이 사망한다면, 누구의 상속인이 더 많은 상속세를 부담하게 될까?

상속재산은 원칙적으로 시가를 기준으로 평가한다. 그러나 사람들이 흔히 '시세가 얼마'라고 말할 때의 시가는 상속재산을 평가할 때의 시가와는 분명한 차이가 있다.

아파트나 오피스텔의 경우에는 상속개시일 전후 6개월 동안 같은 아파트, 같은 크기, 해당 지역에서 매매된 것이 있다면 그것을 시가로 보아 상속재산 평가액에 반영할 수 있다. 그러나 단독주택이나 다가구주택 등은 바로 옆집 주택이라 할지라도 비교할 만한

주택으로 보기 어렵기 때문에 옆집의 매매가격을 우리 집의 시가에 적용하기 어렵다.

따라서 단독주택, 다가구·다세대주택, 상가, 농지, 임야 등과 같이 시가 확인이 어려운 경우에는 「상속세 및 증여세법」에 따른 방법에 의해 평가한다. 이때 주로 기준시가가 평가액이 된다. 기준시가는 실제 시가보다는 상대적으로 낮은 것이 일반적이다.

단, 시가와 기준시가가 상당히 차이 나는 일정한 꼬마빌딩 같은 상가의 경우는 감정평가를 적용하도록 2019년에 개정되었으니 주의가 필요하다.

원칙 : 시가

상속재산가액은 상속개시일 전후 6개월 이내에 형성된 시가[67]에 의한다.

① 상속·증여재산의 시가: 매매가액, 감정가액, 보상가액, 경매가액, 공매가액

② 상속·증여재산의 시가로 보는 가액이 두 가지 이상인 경우에는 평가기준일에 가까운 날의 가액

예외 : 보충적 평가 방법

평가의 원칙인 시가를 확인하기 어려운 경우에는 재산 종류에 따라 다음의 가액으로 평가할 수 있다.

토지	개별공시지가(「부동산 가격공시 및 감정평가에 관한 법률」에 따름)
건물	매년 1회 이상 국세청장이 산정·고시한 가액에 의한 「상속세 및 증여세법」상 평가가액
오피스텔과 상업용 건물 등	일정 규모 이상인 상업용 건물의 토지와 건물에 대해 일괄 고시한 가액
주택(아파트)	개별단독주택가격 및 공동주택가격(「부동산 가격공시 및 감정평가에 관한 법률」에 따름)

---

67 시가時價는 불특정 다수인 사이에 자유롭게 거래가 이루어지는 경우에 통상적으로 성립된다고 인정되는 가액으로 하고 수용가격·공매가격 및 감정가격 등 대통령령이 정하는 바에 따라 시가로 인정되는 것을 포함한다(「상속세 및 증여세법」 제60조제2항).

상장주식과 코스닥 상장주식	상속개시일 전후 각 2개월간 공표된 매일의 한국증권선물거래소의 최종 시세가액의 평균가액
비상장주식	1주당 순손익가치와 순자산가치를 각각 3과 2의 비율로 가중평균한 가액(부동산 과다 보유 법인의 경우 2:3)과 1주당 순자산가치의 80% 금액 중 큰 금액 Max ① 1주당 가중평균액 = (1주당 순손익가치 × 3 + 1주당 순자산가치 × 2) ÷ 5 ② 1주당 순자산가치 × 80%[*] * 2017.4.1~2018.3.31 : 70%

각 가격은 연도별로 다르게 고시 또는 공시되며, 연도별 가격의 일반적 공시 기준일은 다음과 같다. 공시 기준일을 기점으로 하여 전년도와 올해 공시가격의 적용이 달라진다. 개별공시지가의 경우 대개 매년 5월 말에 공시되는데, 만일 4월에 상속이 발생한다면 전년도의 개별공시지가를, 6월에 상속이 발생한다면 금년도의 개별공시지가를 적용하게 된다.

개별공시지가	5월 31일 공시
개별단독주택가격	4월 30일 공시
공동주택가격	4월 30일 공시
오피스텔, 상업용 건물 일괄 고시가격	연초 공시
건물신축가격 기준액	1월 1일 공시

비교가액

저당권 등이 설정된 재산의 평가는 시가 또는 보충적 평가 방법으로 평가한 가액과 다음 규정에 의한 평가액 중에서 큰 금액으로 한다.

저당권, 질권 설정 시	당해 재산이 담보하는 채권
근저당권 설정 시	당해 재산이 담보하는 채권
전세권(임차권) 설정 시	등기된 전세권(임대보증금)
공동저당권	채권액×(당해 자산가액÷전체 자산가액)

※ 저당권, 질권, 전세권 등이 중복으로 설정되었다면 담보채권의 합계액으로 한다.

앞의 사례에서 현금 100억원대를 보유한 강사업 씨의 상속재산은 100억원 전액이지만, 100억원대의 상가 부동산을 소유한 안상속 씨의 상속재산은 일반적으로 시가보다 낮은 기준시가로 평가된다. 모든 부동산이 그렇지는 않겠지만 상속세 측면에서는 현금 100억원을 보유한 강사업 씨보다 부동산 100억원을 보유한 안상속 씨가 유리할 수 있다.

예를 들어 현금 100억원으로 기준시가 80억원짜리 토지나 상가를 취득한 후 그 부동산을 상속한다면, 상속재산은 부동산의 기준시가인 80억원으로 평가되어 상속세 절세효과가 있다.

그런데 상속받은 부동산을 상속재산 처분이나 상속세 납부 등의 이유로 급하게 양도하려는 사람들이 있다. 이런 경우에는 신중을 기할 필요가 있다. 다음 사례를 통해서 알아보자.

박처분 씨와 그의 형제들은 아버지가 돌아가신 뒤에 임대용 상가를 상속받았다. 그 상가의 기준시가 평가액은 8억원이다. 아버지는 생전에 4억원을 대출받아 그 건물을 신축하였으나, 공실도 많고 월세를 떼이는 일도 자주 발생했다. 결국 이자 부담 등을 이유로 형제들은 상가 건물을 처분하기로 협의하였고, 상속 이후 4개월 만에 10억원을 받고 양도하였다. 상속세 신고를 위해 세무사와 상담하던 중에 상속세는 늘어나고 양도세는 줄었다는 말을 듣게 되었다.

단, 앞서 언급한 바와 같이 일정한 꼬마빌딩 상가 같은 경우 시가에 근접하는 감정평가가액과 기준시가가 상당히 차이나는 경우에는 납세자가 기준시가로 신고하더라도 국세청에서 직접 감정평가를 의뢰한 감정가액에 의하여 현재 과세하도록 하고 있다.

그래서 상가의 경우는 기준시가로 신고할 것인지 감정평가액에 의하여 신고할 것인지 세무 전문가와 상의해 보아야 한다.

상속재산가액은 상속개시일 전후 6개월 이내에 형성된 시가에 따른다고 앞에서 설명했다. 박처분 씨가 상속받은 임대용 상가는 기준시가로 평가할 수 있는 부동산이었지만 상속 후 6개월 이내에 매매한 경우 그 매매가액을 시가로 보기 때문에 매매가액 10억원이 상속재산가액 평가액이 되는 것이다.

즉, 부동산을 처분하지 않았다면 8억원에 대한 상속세만 내면 되지만, 처분하였기 때문에 10억원에 대한 상속세를 내야 하는 것이다.

그런데 양도소득세를 고려하면 이야기가 또 달라진다. 부동산을 양도하면 양도소득세를 부담해야 한다. 양도소득세는 양도가액과 취득가액 사이에서 발생하는 양도차익에 대해 내는 세금이다. 상속받은 재산의 취득가액은 상속 당시 신고한 금액이다.

따라서 상속재산을 기준시가로 평가하여 상속세 신고를 했다면 아무래도 양도 당시 시세인 양도가액과 상속 당시 기준시가로 평가한 취득가액 사이에는 양도차익이 발생할 가능성이 높으므로 상대적으로 많은 양도소득세를 부담하게 될 것이다.

하지만 박처분 씨의 경우와 같이 매매가액으로 상속재산이 평가된 경우라면 양도가액과 취득가액이 같아 양도차익이 발생하지 않고 따라서 양도소득세는 없다. 매매가액으로 상속재산이 평가된 경우는 추후 부담할 양도소득세가 상속세에 흡수된 결과라고 보면 된다.

결국 박처분 씨는 부동산을 처분하여 상속세를 더 많이 냈다 하더라도, 양도차익은 없으므로 양도소득세는 내지 않을 것이다.

(단위: 원)

	상속재산가액이 10억원인 경우	상속재산가액이 8억원인 경우
양도가액	1,000,000,000	1,000,000,000
(−) 취득가액	1,000,000,000	800,000,000
(=) 양도차익		200,000,000
(−) 기본공제		2,500,000
(=) 과세표준		197,500,000
(×) 세율[68]		38%
(=) 양도소득세		55,650,000

다만 상속세율과 양도소득세율은 과세표준 구간과 세율이 각기 다르기 때문에 상속부동산을 양도할 계획이 있고, 상속개시일 현재 상속부동산을 기준시가로 평가할 수 있는 경우라면 6개월 이내에 양도하여 양도가액으로 상속세를 많이 납부하고 양도소득세를 안 내는 것이 유리한지, 6개월 이후에 양도하여 상속세를 적게 내고 양도소득세를 부담하는 것이 유리한지를 미리 살펴보아야 할 것이다. 비교해봐서 상속세를 적게 내고, 추후 양도 시 양도소득세를 부담하는 편이 유리하다면 상속개시일로부터 6개월이 지난 후에 매매계약을 체결함으로써 매매가액이 상속재산가액으로 평가되지 않도록 하여야 한다.

만일 꼬마빌딩에 대하여 감정평가를 하여 신고해야 하거나 국세청으로부터 과세를 당하는 경우라면 이야기는 또 달라진다. 감정평가로 하게 되면 상속세는 당연히 과다해지지만 양도소득세는 부담이 감소한다.

---

68 취득 후 1년 내에 양도하면 50%(단, 주택, 입주권, 분양권은 70%), 1년 이상 2년 미만의 기간에 양도하면 40%(단, 주택, 입주권, 분양권은 60%), 2년 이상의 기간 후 양도하는 경우에는 기본 세율(분양권은 60%)이 적용된다. 상속재산의 경우에는 양도세율 적용 시 피상속인이 취득한 기간부터 산정하기 때문에 일반세율을 적용할 수 있다. (단, 보유 기간은 상속개시일부터 산정하므로 장기보유특별공제는 적용되지 않는다.)

상속재산 확인 방법 - 안심상속 원스톱 서비스

상속이 발생하고, 피상속인의 사망으로 상심에 빠져 있는 상속인들을 더 힘들게 하는 것은 사망신고 이후 복잡한 상속재산 확인과 상속 절차이다.

하지만 2016년 2월 15일부터는 가까운 시·구, 읍·면·동 주민센터를 방문하여 한 번에 통합신청을 하면 사망자의 금융거래, 토지, 자동차, 국민연금, 국세, 지방세 등 6종의 재산 조회가 가능하고 은행별로 예금 잔액까지 확인할 수 있다.

Q 통합신청 대상 상속재산에는 어떤 것들이 있나?

A 총 6종으로 피상속인과 관련된 다음 사항이다.

  ① 금융재산 현황

  ② 토지 소유 현황

  ③ 자동차 소유 현황

  ④ 국세 체납·납기 미도래 고지세액·환급세액

  ⑤ 지방세 체납·결손·납기 미도래 고지세액·환급세액

  ⑥ 국민연금 가입 유무

Q 금융재산 조회 범위는?

A 접수일 기준 피상속인 명의의 모든 금융* 채권과 채무.

  예금은 잔액(원금), 보험은 가입 여부, 투자상품은 예탁금 잔고 유무, 상조회사 가입 유무가 해당된다.

  * 조회 대상 기관: 은행, 농협, 수협, 신협, 산림조합, 새마을금고, 상호저축은행, 보험회사, 증권회사, 자산운용사, 선물회사, 카드사, 리스사, 할부금융회사, 캐피탈, 은행연합회, 예금보험공사, 예탁결제원, 신용보증기금, 기술신용보증기금, 주택금융공사, 한국장학재단, 미소금융중앙재단, 한국자산관리공사, 우정사업본부, 종합금융회사, 대부업 신용정보 컨소시엄 가입 대부업체

Q 어디에 신청하나?

A 전국의 시청이나 구청, 읍·면·동 주민센터 민원실의 가족관계등록 담당공무원

에게 신청한다.

① (사망신고와 함께 신청 시) 전국 시·구, 읍·면·(사망자 주민등록지)동

② (사망신고 후 별도 신청 시) 전국 시·구, 읍·면·동

Q 꼭 사망신고를 할 때만 신청 가능한가?

A 아니다. 사망신고 이후에도 따로 신청 가능하다. 다만 사후 신청 기간은 사망일
이 속한 달의 말일부터 6개월 이내이다.

Q '안심상속' 신청 자격은?

A ① 제1순위: 직계비속 및 배우자

② (제1순위가 없을 경우) 제2순위: 직계존속 및 배우자

③ (제1, 2순위가 없을 경우) 제3순위: 형제자매, 대습상속인, 실종선고자 등의 상속인

Q 신청에 필요한 서류는?

A 상속인이 신청할 경우 상속인 본인의 신분증(주민등록증, 운전면허증, 여권), 대리인
이 신청할 경우 상속인의 신분증, 상속인의 위임장, 대리인의 본인서명사실확인
서(또는 인감증명서).

Q 얼마 만에 결과를 알 수 있나?

A 토지·지방세·자동차 정보는 7일 이내, 금융·국세·국민연금 정보는 20일 이내.

Q 어떻게 알 수 있나?

A 신청서에 기입한 '조회결과 확인방법'을 참조한다. 토지·지방세·자동차 정보는
문자·우편·방문 중에서 선택 가능하며, 금융거래(금융감독원 www.fss.or.kr)·국민
연금(국민연금관리공단 www.nps.co.kr) 정보는 각 기관의 홈페이지에서 확인하고 국
세(국세청 www.hometax.go.kr)는 홈택스에서 확인한다.

(자료 출처: 정부 3.0 홈페이지)

05

상속이 유리할까, 증여가 유리할까?

연로하신 아버지를 모시고 사는 이상속 씨는 훗날에 있을 상속에 미리 대비하기로 마음먹었다. 아버지 명의로 된 상가 건물이 있는데, 현재 평가액이 10억원 정도이다. 이 건물 근처에 지하철역이 생길 예정이어서 앞으로 평가액은 더 오를 것으로 예상된다. 상가 건물 외의 다른 상속재산은 20억원이 더 있는 것으로 파악되었다. 그대로 두면 상속받을 때 내야 할 상속세를 감당할 자신이 없었다. 더군다나 어머니와 형제도 있기 때문에 본인이 모두 상속받을 수 있는 상황도 아니다. 그러나 사전에 증여를 받게 되면 상속세를 절감할 수 있다는 이야기를 듣고 상담을 받기 위해 세무사를 찾아갔는데….

"상속이 발생하기 전에 사전에 증여를 받는 것이 유리한가, 아니면 재산을 그대로 두었다가 상속받는 것이 유리한가?" 이는 상

속과 관련된 상담에서 가장 자주 받는 질문이다. 대부분의 납세자들은 사전에 증여를 받으면 세금을 절세할 수 있다고 막연하게 알고 있다. 그런데 사전증여가 상속세 면에서 유리하다는 생각은 맞을 수도 있고, 틀릴 수도 있다.

그 이유를 이상속 씨의 사례로 설명하겠다. 앞에서 살펴본 바와 같이 상속재산에 다음과 같은 사전증여재산가액이 포함되기 때문에 사전증여 때문에 상속세가 더 나올 수 있다.

① 상속개시일 전 10년 이내에 피상속인이 상속인에게 증여한 재산가액

② 상속개시일 전 5년 이내에 피상속인이 상속인이 아닌 자에게 증여한 재산가액[69]

그렇다면 사전에 증여받은 재산을 왜 상속재산에 합산할까? 그것은 피상속인의 사망을 예상하고 사전증여를 함으로써 상속세를 회피하려는 행위를 방지하기 위해서이다. 또한 증여세와 상속세의 형평을 유지하는 효과도 있다.

달리 생각하면, 상속인이 상속개시일로부터 10년 이전에 증여받은 재산과 상속인이 아닌 자가 5년 이전에 증여받은 재산은 상속재산에 합산하지 않는다. 사전증여를 통해 증여세는 내야 하지만 상속세를 절감하는 효과가 있는 것이다.

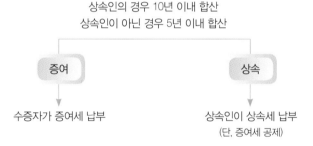

| 상속과 증여의 합산 관계 |

상속인의 경우 10년 이내 합산
상속인이 아닌 경우 5년 이내 합산

증여 — 수증자가 증여세 납부

상속 — 상속인이 상속세 납부
(단, 증여세 공제)

상속이 발생할 것을 10년 전에 예상하고 미리 계획을 세우는 것은 매우 어렵고 추상적인 일이다. 그렇지만 상속인이 상속개시

---

69 '상속인'은 「민법」이 정한 상속 순위에 따라 상속을 받는 자를 말하고, '상속인이 아닌 자'는 상속 순위에서 후순위에 있거나, 기타의 연고자를 말한다. 예컨대 피상속인 사망 시에 아버지, 배우자, 자녀 두 명, 며느리와 사위가 있다면 상속인은 배우자와 자녀로 총 세 명이고, 아버지와 며느리, 사위는 상속인이 아닌 자가 된다.

일로부터 10년 이전, 또는 상속인 외의 자가 5년 이전에 증여받은 재산은 상속세와는 전혀 상관이 없다. 만일 부모님이 연로하셔서 10년 이내에 상속이 예상된다면 배우자나 자녀에게 증여했을 때는 어차피 상속재산에 합산되므로 차라리 며느리나 사위에게 증여함으로써 상속세를 절감하는 방법을 찾아볼 필요가 있다. 며느리나 사위는 상속인 외의 자이기 때문에 증여한 후 5년이 경과하면 상속재산에 합산되지 않기 때문이다.

사전증여에서 또 한 가지 주목할 점은 상속재산에 합산하는 증여재산가액은 증여한 당시의 가액으로 한다는 것이다.

이 사례에서 현재 보유한 상가 건물의 평가액이 10억원이고 평가액이 앞으로 계속 상승할 것이라고 가정하여 5년 후에는 15억원이라고 해보자. 현재 10억원에 대하여 아들인 이상속 씨에게 증여를 하고 5년 후에 상속이 발생하여 상속재산에 가산하게 된다면(10년 이내 합산되므로) 상속재산에 합산되는 부동산 평가가액은 10억원이 될까? 아니면 15억원이 될까?

정답은 10억원이다. 사전증여를 받지 않고, 바로 상속받는다면 상가 부동산 평가액은 15억원이지만, 5년 전에 10억원으로 증여세를 납부한 증여재산을 상속재산에 합산하기 때문에 5억원만큼 상속재산이 줄어들 수 있다. 즉 10년 이내의 사전증여이기 때문에 사전증여재산이 상속재산에 합산은 되지만 사전증여 당시 평가액으로 합산되기 때문에 약 2억1백만원의 절세효과가 발생하였다.

| 상속과 사전증여의 세금 부담 비교 |

(단위: 원)

구분	사전증여 없이 상속	사전증여 후 상속
증여세		
증여재산가액		1,000,000,000
(−) 증여재산공제		50,000,000
(=) 과세표준		950,000,000
(×) 세율		30%
(=) 산출세액		225,000,000
(−) 신고세액공제		6,750,000
(=) 결정세액		218,250,000
상속세		
상가	1,500,000,000	
(+) 다른상속재산	2,000,000,000	2,000,000,000
(=) 총상속재산	3,500,000,000	2,000,000,000
(+) 증여재산가액		1,000,000,000
(=) 상속세 과세가액	3,500,000,000	3,000,000,000
(−) 상속공제	1,000,000,000	1,000,000,000
(=) 과세표준	2,500,000,000	2,000,000,000
(×) 세율	40%	40%
(=) 산출세액	840,000,000	640,000,000
(−) 증여세액공제		225,000,000
(−) 신고세액공제	25,200,000	12,450,000
(=) 결정세액	814,800,000	402,550,000
총부담세액	814,000,000	620,800,000
절세액		193,200,000

그러나 부동산가액이 하락한다면 사전증여의 효과는 없다. 현재의 상가 부동산 평가액이 10억원이지만 세계적인 경제위기 또

는 부동산 경기 침체 등으로 5년 후에는 상가 부동산의 평가액이 5억원으로 떨어졌다고 가정해보자. 5년 후에 상속이 발생한다면 그 당시 시가 평가액인 5억원으로 상속세를 계산하게 되므로 이 경우 미리 10억원으로 계산하여 증여세를 선납한 것이 억울한 사례가 될 수 있다.

미래의 일을 정확히 예측하는 것은 사실상 불가능하다. 그러므로 자산운용에 있어서 어떤 요행을 바라기보다는 전문가들의 경기 분석 등에 귀를 기울일 필요가 있다.

뒤에 나오는 〈고급 편〉에서 다른 사례를 가지고 상속과 사전증여의 유불리를 자세히 알아보겠다.

상속공제

상속공제 종류

구분		공제금액	공제한도
기초공제 및 인적공제	기초공제	2억원	인원수 제한 없음
	자녀공제	1인당 5천만원	
	미성년자 공제	19세까지 연수 × 1천만원	
	연로자공제	1인당(65세 이상) × 5천만원	
	장애인공제	장애인의 기대 여명 × 1천만원	
일괄공제		5억원	기초공제 등과 선택 적용
가업상속공제		가업상속재산가액 × 100%	200억원~500억원
영농상속공제		영농상속재산가액	15억원
배우자 상속공제	5억원 이상인 경우	Min(①, ②) ① 실제 상속받은 금액 ② (상속재산 × 법정상속지분) − (상속개시 전 10년 이내 배우자가 사전증여받은 재산의 과세표준)	30억원
	5억원 미만인 경우	5억원	5억원
금융재산 상속공제	2천만원 이하	순금융재산의 가액	2억원
	2천만원 초과	20% 또는 2천만원 중 큰 금액	
재해손실공제		재해손실가액 − 보험금 등 수령액	
동거주택상속공제		상속주택가액 × 100%	6억원
감정평가 수수료공제			

상속공제 종합한도

현행 「상속세 및 증여세법」에서는 상속인들이 실제 상속받은 재산가액의 한도 내에서만 상속공제를 인정하고 있다. 한도를 두지 않는다면 상속재산에 합산된 사전증여재산가액에 해당하는 금액까지 공제될 수 있는데, 이는 고율의 누진세율 회피 방지를 위해 사전증여재산을 상속재산가액에 합산하도록 한 법의 취지가 무색해질 수 있기 때문이다.

상속세 과세가액
(−) 상속인이 아닌 사람에게 유증, 사인증여, 증여채무 이행 중인 재산
(−) 상속인의 상속포기로 그다음 순위의 상속인이 상속받은 재산의 가액
(−) 증여재산가액(증여재산공제를 차감한 증여세 과세표준을 의미. 재해손실공제가
     있다면 이를 차감)
(=) 상속공제 종합한도

상속공제 종합한도가 적용되는 상속공제는 다음과 같다.
 ① 기초공제
 ② 배우자상속공제
 ③ 그 밖의 인적공제
 ④ 일괄공제
 ⑤ 금융재산 상속공제
 ⑥ 재해손실공제
 ⑦ 동거주택상속공제

증여세 과세특례가 적용된 창업자금과 가업승계 주식가액은 상속공제 종합한도액을 계산함에 있어서 상속세 과세가액에서 차감하는 증여재산가액으로 보지 아니한다. 즉, 증여세 과세특례가 적용된 창업자금과 가업승계 주식에 대하여는 상속공제 종합한도가 적용되지 않아 각종 상속공제 적용이 가능하게 된다.

상속공제 중 일괄공제

거주자의 사망으로 상속이 개시되고 상속세를 무신고하거나 기초공제 2억원과 기타 인적공제액의 합계가 5억원에 미달한 경우 일괄공제 5억원을 적용할 수 있다.

> Max(①, ②)
> ① 기초공제(2억원) + 그 밖의 인적공제를 합친 금액
> ② 5억원(일괄공제)

다만 배우자가 단독으로 상속받는 경우에는 일괄공제(5억원)는 배제하고, 기초공제와 그 밖의 인적공제액을 합한 금액만 공제한다. 이와 달리 공동상속인이 상속을 포기하거나 또는 협의분할에 따라 배우자가 혼자 상속받는 경우에 일괄공제(5억원)를 적용할 수 있다.

구분		일괄공제
① 상속세 신고기한 내 신고하지 않은 경우(무신고)		5억원
② 배우자만 상속재산을 받는 경우	단독상속	일괄공제 불가
	공동상속인의 상속포기 또는 협의분할에 따라 배우자 단독상속인 경우	5억원

금융재산 상속공제

세무 상담을 하다 보면 '자녀들에게 부동산과 금융재산 중에서 어느 재산을 상속하는 것이 유리한가'라는 질문을 많이 받는다.

매매사례가액을 적용하는 아파트 등을 제외하고, 통상적으로 부동산은 시가를 평가

하기가 어렵기 때문에 개별공시지가나 공시가격 등의 기준시가로 과세하고 있다. 이러한 기준시가는 실제 거래되는 시가보다 낮은 경우가 일반적이므로, 금융재산보다는 부동산으로 상속하는 것이 상속세 부담을 줄이는 방법이 될 수 있다.

따라서 금융재산은 상속세 측면에서 상대적으로 불리하기 때문에 과세 형평성 문제를 보완하기 위한 것이 금융재산 상속공제이다. 금융재산에서 금융부채를 차감한 순금융재산을 기준으로 그 가액이 2천만원을 초과하면 순금융재산의 20%와 2천만원을 비교하여 큰 금액을 공제해주고(한도 2억원), 순금융재산이 2천만원 이하인 경우에는 순금융재산 전액을 공제해주고 있다.

> ① 순금융재산가액이 2천만원을 초과하는 경우
>   Min[ⓐ Max(순금융재산가액의 20%, 2천만원), ⓑ 2억원]
> ② 순금융재산가액이 2천만원 이하인 경우 당해 순금융재산의 가액
>   ※ 순금융재산가액 = 금융재산가액 − 금융채무액

예를 들어 금융재산이 10억원이고 금융채무가 2억원이라면 순금융재산은 8억원이다. 8억원에 대한 20%는 1억6천만원인데, 2천만 원보다 크고, 2억원보다 적기 때문에 1억6천만원에 대해 금융재산 상속공제를 받을 수 있다. 만일 순금융재산이 5천만원이라면, 5천만원의 20%인 1천만원은 2천만원보다 적으므로 2천만원을 공제한다.

금융재산 상속공제를 적용받고자 하는 자는 금융재산 상속공제 신고서를 상속세 과세표준 신고서와 함께 제출하면 된다. 금융재산에는 예금, 적금뿐 아니라 보험금, 금전신탁재산, 주식, 채권, 수익증권, CD, 어음(수표는 제외) 등이 포함되지만, 최대주주 등이 보유하고 있는 주식은 제외된다. 금융재산 상속공제 대상이 되는 은행예금액은 예입 총액과 미수 이자 상당액을 합한 가액에서 원천징수세액 상당액을 차감한 가액으로 한다.

● **금융재산 상속공제가 가능한 경우**
  ① 상속세 신고 시 금융재산을 누락하였으나 국세청 세무조사 과정에서 금융재산으로 확인된 경우

② 피상속인이 생전에 타인 명의로 예금한 금융재산[70](차명재산)

③ 금융기관이 취급하는 보험금과 양도성예금증서

● **금융재산 상속공제가 불가능한 경우**

① 상속세가 비과세되거나 과세가액에 불산입되는 금융재산

② 상속개시 전에 증여한 금융재산으로 상속세 과세가액에 가산한 금융재산(사전증여재산)

③ 상속개시 전 예금 인출액으로서 사용처가 불분명하여 상속으로 추정된 재산

④ 공동사업 출자지분과 수표

⑤ 차명계좌를 상속세 과세표준 신고기한까지 신고하지 않은 경우[71]

---

70 생전에 타인 명의로 예금된 재산에 대해서는 차명재산인지, 사전증여재산인지를 명확히 판단할 수 있어야 한다.

71 「상속세 및 증여세법」 제22조제2항. 상속세 신고 시 차명계좌를 상속재산으로 신고하는 경우는 금융재산 상속공제가 가능하나, 상속세 과세표준 신고기한까지 신고하지 않아 세무조사 시 차명계좌가 발견된 경우는 공제 불가하다.

06

상속세를 절세하려면 배우자는
얼마만큼 상속을 받아야 할까?

배상속 여사는 남편이 갑자기 사망하고 나서 60억원에 달하는 상속재산의 분할 문제로 고민이 많다. 상속인은 배 여사 본인과 20대인 아들과 딸이다. 아직 젊은 나이인 자녀에게 재산을 주면 열심히 일하지 않을까 봐 걱정된다. 그렇다고 본인 혼자서 전부 상속받는다면 자녀들이 나중에 상속세를 또 내는 상황이 발생할 테고, 결혼할 때 집을 구해주려면 취득자금의 근거도 필요할 것 같아 결정을 못하고 있다. 세무사와 상담해보니 세금에서 차이가 없을 경우에 본인이 전부 상속받을 필요가 없다고 말하는데….

현재 「상속세 및 증여세법」에서는 배우자공제제도를 두어 실제 상속받은 금액을 일정 범위의 한도에서 공제해주고 있다. 부부 재산은 어느 한 사람에게 귀속되지 않는 공동재산으로 보아, 부부간

재산 이전에 대해 과세하지 않겠다는 취지이다.

따라서 배우자공제를 잘 활용하면 상속세를 크게 절세할 수 있으므로 관심을 가지고 재산분할에 참고해야 한다.

배우자의 상속공제액 계산 = Max{Min(①, ②, ③), 5억원}
① 배우자가 실제 상속받은 금액
② 배우자의 법정상속분가액 (－) 배우자가 사전증여받은 재산에 대한 과세표준(상속개시 전 10년 이내)
③ 30억원

① 일단 배우자가 승계하기로 한 채무와 공과금 등을 차감하고 실제 상속받은 금액을 공제하고 있다(상속세 과세가액에 산입하는 추정상속재산과 사전증여를 받은 재산은 제외한다).

② 실제 상속받은 금액을 기준으로 배우자의 법정상속분가액을 한도로 하여 공제하고 있다(배우자의 법정상속분은 30억원 한도).

③ 이때 피상속인의 배우자가 살아 있으면 최소 5억원은 공제받을 수 있고, 실제 상속받은 금액이 없거나 상속받은 금액이 5억원 이하인 경우에도 5억원을 공제하고 있다.

그렇다면 배상속 여사가 총 60억원의 상속재산 중 30억원을 상속받는다면 30억원을 공제받을 수 있다는 의미일까?

그렇지 않다. 배우자의 법정상속분가액이라는 한도가 있기 때문이다. 즉, 배우자의 법정상속지분[72]이 1.5/3.5(1.5 + 1 + 1)이기 때문에 배우자의 법정상속 한도는 25억7천만원[73]이다. 배우자가 30억원을 상속받더라도 25억7천만원만 상속공제를 하겠다는 의미이다.

구체적으로 설명해보겠다. 피상속인의 배우자와 자녀 두 명이 동등하게 1/3씩 나누는 경우와 배우자 몫을 1/2로 하는 경우를 비교해보자.

배우자상속공제액	
20억원씩 동등하게(1/3) 나누는 경우	배우자 30억원(1/2), 자녀 2인 30억원(1/2)으로 나누는 경우
Min(①, ②, ③) = 20억원 ① 실제 상속받은 금액: 20억원 ② 배우자 법정상속분: 25억7천만원 ③ 최대한도: 30억원	Min(①, ②, ③) = 25억7천만원 ① 실제 상속받은 금액: 30억원 ② 배우자 법정상속분: 25억7천만원 ③ 최대한도: 30억원

먼저 20억원씩 나누는 경우에는 법정상속지분이 25억7천만원이므로 실제 상속받은 금액 20억원과 최대한도 30억원 중 가장 적은 금액인 20억원이 배우자상속공제액이 된다.

그러나 어머니가 상속재산의 절반인 30억원을 받고 자녀 2인이

---

72 「민법」 제1009조(법정상속분)
　　① 동순위의 상속인이 수인數人인 때에는 그 상속분은 균분으로 한다.
　　② 피상속인의 배우자의 상속분은 직계비속과 공동으로 상속하는 때에는 직계비속의 상속분의 5할을 가산하고, 직계존속과 공동으로 상속하는 때에는 직계존속의 상속분의 5할을 가산한다.
　　즉, 배우자, 아들과 딸은 1.5 : 1 : 1 의 상속지분을 갖게 된다.
73 배우자 법정상속분: 60억원 × {1.5/(1.5 + 1 + 1)} = 25억7천1백만원

나머지 30억원을 받는 경우에는 법정상속지분은 25억7천만원으로 동일하고 실제 상속받은 금액은 30억원이 된다. 이때 최대한도 30억원과도 비교하여 가장 적은 금액인 25억7천만원이 배우자상속공제액이 되는 것이다.

사례에서도 볼 수 있듯이 같은 상속재산일지라도 배우자에게 실제로 분배하는 금액이 얼마인지에 따라 상속공제금액이 달라진다. 최대한도인 30억원 범위 내에서 배우자의 법정상속분이 얼마나 되는지를 계산하고 그 금액까지 배우자가 실제로 상속받는다면, 배우자상속공제를 통해 최대의 절세효과를 기대할 수 있다.

사례에서 배우자의 상속공제 한도액은 25억7천만원이기 때문에 상속세만 고려한다면 배상속 여사는 한도액 이상의 재산을 상속받을 필요는 없다. 한도액 이상을 상속받는다 하더라도 상속세에 이미 최대의 상속공제를 반영하였기 때문에 더 이상 줄어들지 않는다.

그리고 배상속 여사가 사망하여 자녀들에게 상속하는 경우에는 또다시 상속세가 과세되기 때문에, 세금 문제만 따진다면 지금 단계에서는 나머지 재산은 자녀들에게 분할하는 것이 효과적이다.

또 한 가지 절세 방법으로 상속세 납부와 관련하여 연대납세의무제도를 활용하는 것이 있다. 공동상속이 발생한 경우 부과된 상속세에 대하여 자신이 받은 상속재산의 한도 내에서 상속세를 연대하여 납부할 의무가 있다. 이를 상속세의 연대납세의무라고 하는데, 다른 상속인이 납부해야 할 상속세를 대신 납부하더라도 이를 증여로 보지 않는다는 의미이다.

즉, 사례에서 상속세 납부세액 상당액만큼의 현금재산을 어머니에게 분배하고 각 상속인이 납부할 상속세까지 어머니가 납부하더라도 상속세 연대납세의무를 이행한 것이므로 증여세 추가 부담은 없다는 것이다.

결국 어머니의 실제 상속재산가액을 늘리는 것은 상속공제금액이 커지는 효과도 있고, 다른 상속인들의 상속세까지 대신 내주더라도(실제 증여의 효과) 추가적인 세금 부담이 없다는 점을 기억하기 바란다.

배우자상속공제를 위한 재산분할과 신고기한

배우자상속공제는 최대 30억원까지 받을 수 있다. 이 공제액은 배우자가 상속재산을 얼마나 많이 받느냐에 따라 달라지고, 상속세액에 영향을 주게 되므로 상속세 신고 시에 매우 중요한 고려 사항이다.

원칙

배우자 상속재산 분할기한은 상속세 과세표준 신고기한의 다음 날로부터 6개월이 되는 날까지이며, 이날까지 배우자의 상속재산을 분할(등기·등록·명의개서 등을 요하는 재산의 경우에는 그 등기·등록·명의개서 등이 된 것에 한정한다)한 경우에 한하여 5억원을 초과하여 배우자상속공제를 적용받을 수 있다. 이 경우에 배우자 상속재산 분할기한까지 배우자의 상속재산을 분할하고 신고하지 않은 경우라도 등기 등을 완료한 경우에는 공제가 가능하다.

부득이한 사유가 있는 경우

배우자 상속재산 분할기한까지 부득이한 사유[74]로 배우자의 상속재산을 분할할 수 없는 경우에는 납세지 관할세무서장에게 '상속재산 미분할 신고서'를 배우자 상속 재산 분할기한까지 제출하고, 그다음 날로부터 6개월이 되는 날까지 상속재산을 분할 하여 신고하면 배우자 상속재산 분할기한 이내에 분할한 것으로 본다. 다만, 상속세 과세표준과 상속세액 결정이 배우자 상속재산 분할기한의 다음 날로부터 6개월을 경과하여 있는 경우에는 그 결정일까지 상속재산을 분할하면 분할기한 이내에 분할 한 것으로 본다.

상속재산을 분할하여 등기 등을 하지 않은 경우

배우자상속공제는 배우자 상속재산 분할기한까지 배우자의 상속재산을 분할하여 등기 등을 완료한 경우 그 상속재산을 실제 상속받은 금액으로 보아 30억원을 한도 로 공제한다. 따라서 배우자 상속재산 분할기한(상속세 신고기한 다음 날로부터 6개월이 되는 날)까지 배우자의 상속재산을 분할하여 등기 등을 완료하지 않은 경우에는 5억 원만 공제한다.

---

74 ① 상속인 등이 상속재산에 대하여 상속회복청구의 소를 제기한 경우.
   ② 상속인이 확정되지 않은 등 부득이한 사유로 배우자 상속분을 분할하지 못하는 사실 을 관할세무서장이 인정하는 경우.

07

협의분할만 잘해도
상속세를 줄일 수 있다?

나분할 씨의 아버지는 50억원 상당의 부동산(아파트, 건물 A, B)과 10억원의 금융재산을 남기고 별도의 유언 없이 사망했다. 2남 1녀 중 장남인 나분할 씨는 상속 문제로 고민하고 있다. 며칠 전 회사 동료로부터 법정상속비율 이야기를 들었는데, 어머니의 1.5 비율을 제외하고 아들이건 딸이건 똑같이 1의 비율로 상속된다는 것이다. 상속재산을 반드시 이 비율로 분배해야 하는 것일까?

상속재산 분할에서 최우선으로 적용하는 것은 「민법」에 정한 자필증서, 녹음, 공정증서, 비밀증서, 구수증서의 다섯 가지 방식에 의한 적법한 유언이다. 그러나 이러한 유언이 없을 경우에는 상속자 간 합의에 의해 나누어 가질 수 있도록 한다. 따라서 상속자 중한 사람에게 다 줄 수도 있고, 분배에서 한 사람만 빠질 수도 있

다. 만약 상속자 간에 협의가 안 될 때에는 법정지분에 따라 분배
한다. 이때 법정상속지분은 배우자가 1.5, 나머지 상속인이 1이
다. 따라서 상속인이 배우자와 자녀 세 명이라면 배우자의 법정상
속 지분은 1.5/4.5(배우자 1.5 + 자녀 3)이다.

60억원의 재산을 어머니와 자녀 세 명에게 분배하는 경우의 수
는 셀 수 없을 정도로 많다. 어떤 기준으로 누구에게 재산을 분배
해야 절세효과를 극대화할 수 있는지 살펴보자.

배우자상속공제 활용

상속세는 기본적으로 세대 간 부의 이전에 대한 세금으로, 이전
단계의 세금 부담을 최소화하기 위해서 배우자상속공제제도를 두

고 있다.

따라서 배우자상속공제를 최대한 받을 수 있는 한도 내에서 어머니에게 재산을 분배하는 전략이 필요하다. 나분할 씨의 경우 배우자상속공제 최대한도는 20억원(60억원 × 1.5/4.5)이다. 따라서 절세를 위해 우선적으로 어머니에게 20억원의 재산을 분배한다.

금융재산은 어머니에게, 부동산은 자녀들에게

부동산에 대한 상속세 평가는 특정한 경우를 제외하고는 국세청에서 제시하는 기준시가로 한다. 이는 대부분 시가보다 낮은 수준이므로 금융재산보다 부동산에 대한 상속세가 적다. 그러므로 자녀에게는 시가보다 낮게 평가되는 부동산 위주로 분배하고, 어머니는 금융재산 위주로 분배해야 한다. 이렇게 하면 상속세 납부 과정에서 자녀 등은 실제 상속받는 재산에 비해 낮은 상속세를 부담하게 되고, 어머니가 실제 상속받는 재산의 평가는 금융재산으로 100% 평가되어 배우자공제 한도 계산 면에서도 유리하다.

상속세 납부 재원 마련

상속인은 각자가 받았거나 받을 재산을 한도로 하여 상속세를 연대하여 납부할 의무가 있다. 즉, 자신이 받을 재산의 한도 내에서 다른 상속인이 납부해야 할 상속세를 대신 납부하는 경우 증여세가 부과되지 않는다는 것이다.

이 경우에서 보면 어머니가 재산을 많이 상속받도록 분할한 다음에 어머니가 받은 재산의 한도 내에서, 다른 상속인들의 상속세까지 모두 납부해도 증여 문제는 발생하지 않는다. 따라서 금융재산을 받은 어머니가 자녀들에게 부과된 상속세를 납부하면, 그 후에 어머니의 유산도 줄어들게 되어 차후 발생할 어머니 몫의 상속세도 줄어 절세효과가 커진다.

어머니가 연로한 경우

아버지가 돌아가신 후 10년 이내에 어머니가 돌아가신 경우에는 어머니가 남긴 상속재산에 대해 일정 부분만큼 공제받을 수 있으나, 10년 이후에 돌아가신 경우에는 전혀 공제받지 못하고 어머니 유산에 대해서 한 번 더 상속세를 부담해야 한다. 이런 경우에는 추후 발생할 상속세를 감안하여 상속재산을 분배한다.

협의분할을 통해 나분할 씨가 재산을 분배한 방법은 다음과 같다.

| 협의분할을 통한 재산 분배 사례 |

(단위: 원)

귀속자	구분	가액
어머니	금융재산	1,000,000,000
	아파트	1,000,000,000
나분할(장남)	건물 A	1,500,000,000

나분희(장녀)	건물 B 지분 50%	1,250,000,000
나분석(차남)	건물 B 지분 50%	1,250,000,000
		6,000,000,000

그렇다면 협의분할에 따른 상속세액과 나분할 씨가 단독으로 상속받을 경우의 상속세액을 비교해보자.

먼저 어머니에게 금융재산 10억원과 현재 살고 계신 아파트 10억원을 분배함으로써 배우자상속공제를 최대한도로 받을 수 있다. 나분할 씨는 건물 A를, 동생 나분희 씨와 나분석 씨는 건물 B에 대하여 공동명의로 지분 50%를 분배받았다.

(단위: 원)

구분	협의분할의 경우	(나분할 씨) 단독상속의 경우
금융재산	1,000,000,000	1,000,000,000
(+) 부동산	5,000,000,000	5,000,000,000
(=) 총상속재산	6,000,000,000	6,000,000,000
(−) 상속공제	2,700,000,000[75]	1,200,000,000[76]
(=) 과세표준	3,300,000,000	4,800,000,000
(×) 세율	50%	50%
(=) 산출세액	1,190,000,000	1,940,000,000
(−) 신고세액공제	59,500,000	97,000,000
(=) 납부할 세액	1,130,500,000	1,843,000,000
절세금액	712,500,000	

75 일괄공제 + 배우자상속공제 + 금융재산 상속공제 = 5억원 + 20억원 + 2억원 = 27억원
76 일괄공제 + 배우자상속공제 + 금융재산 상속공제 = 5억원 + 5억원 + 2억원 = 12억원

협의분할을 통해 상속받는 경우에 나분할 씨 단독으로 상속받는 경우보다 7억1천2백5십만원의 세금을 절세할 수 있다.

이는 순수하게 절세 측면만을 본 것이다. 재산분할은 당연히 절세 측면만으로 풀기에는 간단하지 않은 문제이다. 상속인 간 의견 조율, 어머니의 건강 상태 등 많은 변수를 고려해야 한다.

상속 순위

재산을 물려받을 상속인에는 직계비속, 직계존속, 형제자매, 4촌 이내의 방계혈족이 있다. 그러나 이러한 상속인들 간에도 상속 순위가 있다.

상속 순위

● **1순위: 직계비속**(자녀, 손자·손녀)

자녀들은 남녀를 구별하지 않는다. 또한 태아도 이미 출생한 것으로 보고 상속인이 된다. 직계비속이 많을 경우에는 최근친의 자가 선순위가 된다. 예를 들어 자녀와 손자가 있다면 자녀가 선순위이다.

● **2순위: 직계존속**(부모, 조부모)

직계존속의 경우에도 직계비속과 같이 아무런 차별이 없으며 여러 명인 경우에 촌수가 같으면 공동상속인이 되고 최근친의 자가 선순위가 된다. 하지만 직계존속의 경우에는 대습상속이 인정되지 않는다.

● **3순위: 형제자매**

형제자매가 여러 명인 경우에는 같은 순위로 상속한다. 형제자매의 직계비속은 대습상속이 인정된다.

● **4순위: 4촌 이내의 방계혈족**

　4촌 이내의 방계혈족 중 4촌보다는 3촌이 우선이다.

배우자의 경우에는 언제나 공동상속인이 된다. 여기에서 배우자는 법률상 배우자를 의미하고, 사실혼의 배우자는 배우자상속공제를 받을 수 없다.

예를 들어 상속인이 어머니, 배우자, 아들, 딸, 남동생 이렇게 다섯 명이라면 배우자와 아들, 딸이 상속에서 선순위가 된다. 그러나 상속인에도 결격사유가 있다. 상속의 동순위나 선순위에 있는 자를 살해했거나 살해하려는 자, 사기 등으로 유언을 방해한 자, 또는 유언서를 파기하거나 은닉한 자는 상속인에서 제외된다.

대습상속

그렇다면 아들이 먼저 사망한 경우에는 상속 순위가 어떻게 될까? 만약 아들에게 배우자나 직계비속이 있다면 그들이 대습상속을 받아 상속에서 1순위가 된다.

대습상속이란 상속인이 될 직계비속 또는 형제자매가 상속 전에 사망하거나 결격자가 되었을 경우에 그 직계비속 또는 배우자가 있는 때에는 그들을 상속인으로 보는 것이다. 대습상속은 세대를 생략한 상속에 해당되지 않기 때문에 세대생략 할증과세 30%를 적용받지 않는다.

08

상속개시 전에는 재산 처분이나
예금 인출을 함부로 하면 안 된다

상속인 이난감 씨는 세무서로부터 상속세 세무조사를 시작한다는 통지서를 받았다. 세무조사 중에 아버지의 계좌에서 상속개시 2년 전에 3억원이 현금으로 출금된 내역이 발견되었다. 세무공무원은 3억원에 대한 출금 사유와 그 사용처에 대한 소명을 요구했다. 평소에 아버지가 어려운 이웃을 위하여 여러 차례 기부를 했기 때문에 좋은 일에 사용하셨을 것이라고 추측할 수는 있었지만, 그 사용처에 대한 증빙이나 문서로서 기부 사실을 입증할 방법이 없었다. 결국 세무공무원은 사용처가 불분명하므로 상속세를 과세하겠다고 말하는데….

상속세는 피상속인이 사망 당시에 소유하고 있는 재산만을 기준으로 계산한다고 알고 있는 사람이 많다. 그러나 이는 잘못 알고 있는 것이다.

 사망 전에 예금통장에 있는 현금을 출금하여 상속인에게 증여하거나, 재산을 처분한 후 그 처분 대금의 사용처가 명백하지 않은 경우에 기간이나 금액에 따라 상속재산에 포함될 수 있다.

 상속재산으로 보는 경우

 피상속인의 재산을 처분하여 받은 금액 또는 재산을 인출한 금액은 '재산 종류별'로 구분하여, 상속개시일 전 1년 이내에 2억원 이상이거나 2년 이내에 5억원 이상인 경우로서 용도가 '객관적으로 명백하지 아니한 경우'에는 이를 상속인이 상속받은 재산으로 추정한다.

2억원 이상인지의 여부는 부동산의 경우에는 총매매가액을 기준으로 판단하고, 예금의 경우에는 피상속인의 예금계좌에서 인출된 금액의 합계액에서 피상속인의 예금계좌에 재입금된 금액을 차감한 금액을 기준으로 판단한다. 예금계좌가 여러 개인 경우에는 이를 합산하여 적용한다.

상속개시 전 처분 재산의 용도를 밝혀야 하는 대상이 상속개시 전 1년 이내에 2억원(또는 2년 이내에 5억원)을 초과하는 금액이므로 이에 해당되지 않을 경우에는 용도를 밝히지 않아도 된다. 그러나 이 기준에 미달되더라도 처분 대금 등이 상속인에게 증여된 사실이 명백한 경우에는 증여세가 과세되며 사전증여재산으로 상속재산에 합산한다.

'재산 종류별'이라 함은 다음과 같은 것을 말한다.

① 현금, 예금 및 유가증권
② 부동산 및 부동산에 관한 권리
③ 기타 재산

'객관적으로 용도가 명백하지 아니한 경우'란 다음에 해당하는 것을 말한다.

① 피상속인이 재산을 처분하거나 피상속인의 재산에서 인출한 금액을 지

출한 거래 상대방이, 거래 증빙의 불비 등으로 확인되지 아니하는 경우

② 거래 상대방이 금전 등의 수수 사실을 부인하거나 거래 상대방의 재산 상태 등으로 보아 금전 등의 수수 사실이 인정되지 아니하는 경우

③ 거래 상대방이 피상속인과 특수관계에 있는 자로서 사회 통념상 지출 사실이 인정되지 아니하는 경우

④ 피상속인이 재산을 처분하고 받은 금전 등으로 취득한 다른 재산이 확인되지 아니하는 경우

⑤ 피상속인의 연령, 직업, 경력, 소득 및 재산 상태 등으로 보아 지출 사실이 인정되지 아니하는 경우

객관적으로 용도가 명백하지 아니한 경우

피상속인이 상속개시 전에 처분한 재산의 사용처를 상속인이 정확하게 밝히는 것은 현실적으로 매우 어렵다. 따라서 「상속세 및 증여세법」에서는 소명하지 못한 금액 전부를 상속재산으로 보는 것이 아니라, 사용처 미소명 금액에서 처분 재산가액의 20%와 2억원 중 적은 금액을 차감한 금액을 상속세 과세가액에 산입하도록 하고 있다.

예를 들어 처분 재산가액이 11억원인 경우로서 사용처 미소명 금액이 3억원이라면 1억원만 추정상속재산으로 상속재산에 가산한다.

$$3억원 - Min(11억원 \times 20\%, 2억원) = 1억원$$

그러므로 상속개시 전 처분 재산 또는 인출금액의 규모가 1년 이내에 2억원 이상이거나 2년 이내에 5억원 이상인 경우에는 반드시 사용처에 대한 증빙을 확보해두어야 한다. 아울러 상속재산에 가산한 추정상속재산은 배우자상속공제를 적용할 때 '배우자가 실제 상속받은 금액'에는 포함되지 않는다는 점도 알아두어야 한다.

09

주택을 상속받은 2주택자도
양도세 없이 양도할 수 있다?

이주택 씨는 결혼을 하고 열심히 저축하여 모은 돈으로 서울에 아파트 1채를 소유하게 되었다. 그러던 중 고향에서 투병 중이던 아버지가 돌아가셨고, 형제가 없던 이주택 씨는 아버지 소유의 주택을 단독으로 상속받았다. 이주택 씨는 생각지도 못하게 2주택자가 되자 그간 1세대 1주택 비과세 혜택을 받을 것이라고 생각했던 서울의 아파트를 팔 경우 양도소득세가 많이 나오는 것은 아닌지 궁금한데….

이주택 씨처럼 1주택만 소유하고 있다가, 상속으로 2주택자가 되면 양도소득세를 많이 내야 하는 것이 아닌지 걱정하는 사람이 실제로 많다. 결론은 1세대 2주택인 것은 사실이지만 이주택 씨가 원래 보유한 서울에 있는 아파트를 팔게 된다면 1세대 1주택 비과세 혜택을 받을 수 있다는 것이다.

　「소득세법 시행령」 제155조제2항에서는 상속받은 주택과 그 밖의 주택(상속개시 당시 보유한 주택만 해당, "일반주택"이라 함)을 국내에 각각 1채씩 소유하고 있는 1세대가 일반주택을 양도하는 경우에는 국내에 1개의 주택을 소유한 것으로 보아 1세대 1주택 비과세 여부를 판정한다고 규정하고 있다.

　이는 이주택 씨의 의사와는 관계없이 아버지의 사망으로 불가피하게 상속이 이루어져 주택을 취득하게 된 경우, 기존에 본인이 소유한 주택을 먼저 파는 것에 대해서는 양도소득세 비과세 혜택을 그대로 적용한다는 취지로 이해할 수 있다.

　이때 유의할 사항은 일반주택과 상속주택을 각각 가지고 있다가 비과세 요건을 충족한 일반주택을 먼저 팔 경우 양도소득세가 비과세되는 반면, 상속주택을 먼저 팔면 양도소득세가 과세된다는 점이다.

또한 본인이 보유한 일반주택을 양도할 때 비과세 혜택을 받기 위해서는 2년 이상(조정대상지역의 경우 2년 이상 거주요건 추가) 보유하다가 양도해야 한다는 것과, 상속개시 당시 보유한 1세대 1주택에 한해서만 비과세 혜택을 주고 있다는 점도 주의해야 한다. 종전에는 상속주택을 보유한 상태에서 일반주택을 수차례 취득, 양도하더라도 일반주택이 비과세 요건만 충족한다면 제한 없이 양도소득세를 비과세하였으나, 2013년 2월 15일 이후부터는 상속주택을 보유한 이후 상속인이 취득, 양도하는 주택에 대해서는 과세하는 것으로 개정[77]되었다.

그리고 동일 세대를 구성하고 있던 피상속인으로부터 주택을 상속받은 경우에는 상속 이전부터 이미 1세대 2주택에 해당하므로 일반주택을 양도하는 경우 비과세 대상이 아니다. 그런데 연로하신 부모님을 모시기 위해 세대를 합치고 나서 상속이 개시되어 주택을 상속받는다면, 동일 세대원으로부터 상속받은 경우에 해당되어 비과세를 못 받게 되는 불합리한 상황이 발생할 수 있다. 따라서 동거 봉양을 위해 합가일 이전부터 보유하던 주택을 상속받은 경우에는 상속받기 전부터 본인이 보유하던 주택을 양도할 때 비과세를 적용받을 수 있게 했다.

---

77 다만 수도권 밖의 읍·면에 소재하는 상속주택(피상속인이 5년 이상 거주한 주택에 한함)의 경우에는 현행과 같이 1세대 1주택 비과세 판정 시 주택 수 계산에서 제외하여 일반주택을 수차례 취득·양도해도 비과세가 계속 적용된다.

부동산 매매 중에 상속이 발생하면 어떻게 되는 것일까?

아버지 소유의 토지를 팔기 위해 매매계약을 하고 계약금과 중도금까지 받았으나, 아직 잔금을 받지 않아 등기 이전 작업이 완결되지 않은 상태에서 상속이 발생한다면 어떻게 되는 것일까?

등기 이전이 완료되지 않았기 때문에 토지는 여전히 아버지 소유이므로 상속재산이 된다. 그리고 매매계약서가 작성되어 있으므로 토지 평가액은 매매계약서상의 금액이 된다. 결국 상속재산에 가산할 금액은 매매계약서상 양도가액에서 계약금과 중도금 수령액을 제외한 금액이다.

이 경우에는 앞서 〈기초 편〉 4장에서 알아본 것처럼 토지 평가액이 시가를 반영한 매매가액이 될 것이므로 기준시가로 평가했을 때와 비교하여 상대적으로 상속세가 많이 나온다. 그러나 토지 양도가 완료되면 상속인은 양도소득세를 내야 하는데, 상속재산가액이 취득가액이 되므로 양도차익은 없고 양도소득세도 없다.

| 매매계약에 의한 상속세 납부 시 |

상속가액	양도가액
매매계약액 → 상속세 많음	양도차익 없음 → 양도소득세 없음

| 기준시가에 의한 상속세 납부 시 |

상속가액	양도가액
개별공시지가 → 상속세 적음	양도차익 있음 → 양도소득세 있음

반대의 경우로 아버지가 토지를 취득하는 계약을 체결하고, 계약금과 중도금을 지급한 상태에서 잔금 지급일을 며칠 남기고 돌아가신 경우에는 어떻게 될까?

이 경우에는 잔금을 지급하기 전이므로 토지는 아버지의 소유가 아니며, 이미 지급한 계약금과 중도금만을 상속재산에 가산한다.

10

즉시 처분하려는 상속재산은
감정받는 것도 고려하자

김감정 씨는 고향에 계신 부모님 중 아버지가 노환으로 별세하자, 아버지가 갖고 계시던 임야(기준시가 4억원)를 상속받게 되었다. 김감정 씨는 상속받은 임야를 적당한 가격만 받을 수 있다면 당장 팔고 싶은데, 다행히 사겠다는 사람이 있어 팔기로 마음먹었다.

그런데 문제는 주변에 매매가 없다 보니 임야의 적정가를 알기 어렵다는 것이다. 기준시가대로 양도하자니 뭔가 손해를 보는 것 같고, 값을 높게 받으면 좋기는 한데 상속세와 양도세 등 세금을 많이 내야 하는 것은 아닌지 고민되는데….

「상속세 및 증여세법」 제60조에서 상속재산의 평가가액은 시가가 있는 경우 그 가액으로 하도록 규정하고 있는데, 이때 시가로는 상속개시일로부터 6개월 이내에 발생한 매매가액, 감정가액,

수용가액, 경매가액이 인정된다. 반면에 상속재산의 시가가 없는
경우라면 기준시가인 개별공시지가로 평가된다.

상속재산을 즉시(상속개시일로부터 6개월 이내) 처분하면 처분가액
(매매가액)이 상속재산 평가액이 됨은 이미 설명한 바 있다.

이 사례에서 김감정 씨는 기준시가 4억원에 해당되는 임야의
시가를 알 수가 없어 감정평가를 해본 결과 8억원에 해당된다는
사실을 알았다. 이 가액으로 매매할 경우, 상속세는 얼마나 내야
할까?

상속인이 배우자와 자녀인 경우에는 10억원(일괄공제 5억원, 배
우자상속공제 5억원)이 공제되기 때문에 납부할 상속세는 없다(8억
원 – 10억원). 물론 배우자가 없고 자녀만 있는 경우에는 5억원(일괄

공제 5억원)만 공제되므로 상속세를 납부해야 한다(8억원 – 5억원).

김감정 씨는 임야를 상속개시일로부터 6개월 내에 8억원에 처분한다면 매매가액 8억원을 상속재산가액으로 보아 납부할 상속세는 없다. 동시에 8억원은 취득가액이 되어 양도차익이 발생하지 않으므로 양도소득세 또한 부담하지 않아도 된다.

만약에 김감정 씨가 상속받은 임야가 상속공제금액인 10억원을 넘지 않을 것으로 예상하고(즉 상속세가 나오지 않음을 예상) 상속세 신고를 적극적으로 하지 않았다고 가정해보자. 추후 임야를 8억원에 양도할 경우 취득가액은 상속재산을 신고하지 않았기 때문에 상속 당시 기준시가인 4억원으로 인정되고, 양도차익 4억원에 해당하는 양도소득세를 부담해야 한다.

따라서 상속재산을 처분할 계획이 있되 그 재산의 시가를 알 수 없다면 미리 2곳의 감정평가기관에 의뢰하여 감정한 후 그 감정가액의 평균액으로(기준시가가 10억원 이하의 부동산의 경우 하나의 감정가액 인정) 상속세 신고를 적극적으로 하자. 그러면 상속재산으로 신고한 감정가액은 취득가액이 되어 양도소득세 부담을 크게 줄일 수 있을 것이다.

11

장례를 마치는 순간까지
꼭 챙겨야 할 증빙들은 무엇일까?

유자녀 씨의 아버지는 지난 7월 15일에 돌아가셨고, 유 씨는 현재 상속세 신고를 준비하고 있다. 신고 전에 세금 부담을 조금이라도 줄이기 위해, 상속세에서 공제받을 수 있는 항목에는 어떤 것이 있는지 알아보았다. 그러던 중에 공과금과 아버지의 채무, 아버지 장례에 쓰인 비용 등을 공제받을 수 있다는 말을 듣고, 공제받을 만한 것들을 모아보았는데….

유자녀 씨가 모아본 것들

공과금	① 종전 사업에 관한 부가가치세: 7월 25일 납기
	② 보유 중인 상가 토지와 건물에 대한 재산세: 7월 31일과 9월 30일 납기
	③ 아파트 전기료, 수도료 등 관리비(7월분)
	④ 전화비 미납에 따른 가산금
	⑤ 상속에 따른 상속부동산 취득세

채무	① 은행에서 대출받은 1억원, 제2금융권에서 대출받은 1억원
	② 회사 직원에게 주어야 할 퇴직금 8백만원
	③ 상가의 임대보증금 1억원
	④ 생전 상속인이 낸 아버지의 병원비 3천만원
	⑤ 상속개시 이후 상속인이 낸 아버지의 신용카드 대금 5백만원
	⑥ 유자녀 씨에게 빌린 5천만원
장례비용	장례식비용 9백만원, 납골시설 이용 7백만원

채무, 공과금, 장례비용은 총상속재산가액에서 차감한다. 채무와 공과금은 피상속인이 부담해야 하는 것이었으나 생전에 정리하지 못한 부분이므로 상속인이 대신 납부한다면 상속재산에서 제외하는 것이 타당하다.

채무와 공과금, 장례비용을 공제받으면 상속세 과세가액을 줄일 수 있으니 빠짐없이 챙겨두기 바란다.

공과금공제

피상속인이 거주자인 경우에 상속개시일 현재 피상속인이나 상속재산에 관련된 공과금은 상속재산가액에서 차감한다. 공과금이란 상속개시일 현재 피상속인이 납부할 의무가 있는 것으로서, 상속인에게 승계된 조세, 공공요금 등을 말한다.

그러나 상속개시일 이후 상속인의 귀책사유로 납부했거나 납부할 가산세, 가산금, 체납처분비, 벌금, 과료, 과태료 등은 공제할 수 없다. 다만 피상속인이 비거주자인 경우에, 당해 상속재산에 대한 공과금만 상속재산가액에서 차감할 수 있다는 점에 유의하여야 한다.

	공제 가능 항목	공제 불가 항목
공과금	① 종전 사업에 관한 부가가치세: 7월 25일 납기 ② 보유 중인 상가 토지와 건물에 대한 재산세: 7월 31일과 9월 30일 납기 ③ 아파트 전기료, 수도료 등 관리비 (7월분)	④ 전화비 미납에 따른 가산금 ⑤ 상속에 따른 상속부동산 취득세

유자녀 씨의 사례에서 공제 가능한 항목을 살펴보자.

유자녀 씨의 아버지는 생전에 사업을 했다. 사업을 하면 부가가치세나 종합소득세 등의 세금을 납부해야 하는데, 부가가치세는 1기(1월~6월) 확정 과세기간에 대해 7월 25일이 납부기한이다. 아버지는 7월 25일 이전에 부가가치세를 내지 못하고 돌아가셨기 때문에 상속인이 상속재산 등으로 대납한 부가가치세는 공과금으로 공제가 가능하다.

재산세의 경우에는 매년 6월 1일을 기준으로 부과한다. 건물분은 7월 말, 토지분은 9월 말이 납부기한이다. 6월 1일에는 살아계셨으므로 재산세 납세의무가 있었지만 상속인이 대납하면 공과금 공제 대상이다. 종합부동산세 역시 매년 6월 1일을 기준으로 부과하되 12월 1일부터 12월 15일까지가 납부기한이다. 이 또한 피상속인 생전에 납부할 의무는 있었으나 상속개시일 이후에 납부기한이 도래하므로 상속인이 대납할 수밖에 없는 공과금이므로 공제 대상이 된다.

그러나 상속인의 미납 등 귀책사유로 부과된 가산세, 가산금,

과태료 등은 공제할 수 없고, 상속부동산에 대한 취득세는 납세의 무자가 피상속인이 아닌 상속인이기 때문에 상속세에서 공제하지 않는다.

한 가지 더 기억할 것은 피상속인이 사업을 한 경우에는 상속세 신고와 더불어 종합소득세도 신고납부를 하여야 한다는 점이다. 당해 연도 1월 1일부터 상속개시일까지 소득금액에 대해 상속세 신고기한(상속개시일이 속하는 달의 말일로부터 6개월)까지 신고납부하고, 해당 금액을 공과금으로 공제할 수 있다.

채무공제

상속은 피상속인의 포괄적 권리의무를 승계하는 것이므로 채무도 함께 상속받게 된다. 채무를 상속받지 않으려면 한정승인이나 상속포기를 신청해야 한다.

상속세 계산 시에는 채무가 공제된다. 상속개시 당시에 피상속인이 부담해야 할 확정된 채무로서 상속인이 실제로 부담한다는 사실을 입증할 수 있는 서류가 있어야 한다.[78]

---

78 채무 입증에 필요한 서류
- 국가 · 지방자치단체 · 금융기관의 채무: 당해 기관의 채무임을 확인할 수 있는 서류
- 그 밖의 채무: 채무 부담 계약서, 채권자 확인서, 담보 설정과 이자 지급에 관한 증빙 등에 의하여 그 사실을 확인할 수 있는 서류
  ※ 피상속인이 비거주자인 경우에는 당해 상속재산을 목적으로 하는 임차권, 저당권 등 담보채무, 국내 사업장과 관련하여 장부로 확인된 사업상 공과금과 채무 등에 한정하여 공제한다.

	공제 가능 항목	추가적인 판단과 소명이 필요한 항목
채무	① 은행에서 대출받은 1억원, 제2금융권에서 대출받은 1억원 ② 회사 직원에게 주어야 할 퇴직금 8백만원 ③ 상가의 임대보증금 1억원 ⑤ 상속개시 이후 상속인이 낸 아버지의 신용카드 대금 5백만원	④ 생전 상속인이 낸 아버지의 병원비 3천만원 ⑥ 유자녀 씨에게 빌린 5천만원

채무로 공제받기 위해서는 채권·채무 사실에 대한 명확하고 객관적인 서류로서 입증할 수 있어야 한다. 과세관청에서는 상속세 신고현황에 채무공제 사실이 있으면 공식적이고 객관적인 서류를 요구한다. 은행 등 금융기관의 대출은 대출 관련 서류, 퇴직금은 재무제표 등 회사 장부, 임대보증금은 임대차계약서, 사후 신용카드 대금은 신용카드 결제 내역 등이 있으므로 서류를 제시하면 무리가 없다.

그러나 10년 이내에 상속인에게 증여한 채무와 5년 이내에 상속인 이외의 자에게 증여한 채무는 공제되지 않는다. 이와 같이 상속인이 피상속인에게 빌려준 금액에 대해서는 채무로 인정하지 않는 것이 원칙이지만, 채무로서의 차용증, 채무 사실에 대한 공증, 이자 지급 사실 관련 자료 등을 제출하여 적극적으로 입증한다면 채무로 인정받을 수도 있다. 그렇다고 해서 피상속인과 상속인의 자금이 빈번하게 입출금되었을 때, 특정 입출금만을 채권·채무 관계라고 주장하는 것은 사실상 인정받기 어렵다. 채무 사실을 인정받기 위해서는 전체적인 상황과 정황을 기본으로 하여 과세관청으로부터 객관적인 사실로 인정받을 수 있는지 신고 전에 자세하고 신중하게 판단해야 한다.

가족 간의 채무를 상속세 신고 시 공제하였으나, 과세관청으로부터 인정받지 못한다면 부정한 방법에 의한 허위 채무공제로서 40%의 부당과소신고가산세를 부담할 수도 있으니 주의해야 한다.

마지막으로 명심해둘 것이 있다. 국세청에서는 채무로 공제한 것이 있으면 그 후에 채권자 변동, 채무 상환 등에 대해서 제3자의 대납 등의 사유가 없는지를 사후 관리한다. 따라서 상환 등 채무의 변동 상황이 있을 때에는 별다른 세무 문제가 없는지도 주의해야 한다.

장례비용공제

장례비용은 피상속인이 거주자인 경우에 한하여 공제한다. 장례비용은 상속개시 당시에 존재하는 채무는 아니지만 상속으로 인한 비용이기 때문에 상속세 계산 시 공제한다.

장례비용은 사망일부터 장례일까지 장례에 직접 소요된 금액과 봉안시설 사용에 소요된 금액이다. 장례에 직접 소요된 금액은 봉안시설 사용에 소요된 금액을 제외하고, 그 금액이 5백만원 미만인 경우에는 5백만원을 공제하고, 1천만원을 초과하는 경우에는 1천만원을 한도로 공제한다. 이때 공제되는 장례비용은 시신발굴과 안치에 직접 소요된 비용과 묘지 구입비(공원묘지 사용료 포함), 비석, 상석 등 장례에 직접 소요된 비용을 포함한다. 또한 봉안시설

(납골당) 사용에 소요된 금액은 별도로 5백만원을 한도로 공제한다.

주의할 사항은 장례비용이 5백만원을 초과하면 증빙을 챙겨야 한다는 것이다. 5백만원 미만인 경우에는 증빙 없이도 공제가 가능하나 그 이상일 경우에는 지출 사실이 확인되어야 공제가 가능하므로 경황이 없다 할지라도 반드시 증빙을 챙겨놓아야 한다. 증빙은 일반적으로 장례식장과 납골시설에서 발부하는 영수증이나 기타 신용카드 영수증, 현금영수증 등이면 족하다.

유자녀 씨의 경우에는 납골시설을 사용했기 때문에 최대 1천5백만원까지 장례비용공제가 가능하다. 그런데 유자녀 씨의 경우 총 1천6백만원을 사용했기 때문에 1천5백만원이 공제될 것이라 생각하기 쉽지만 1천4백만원이 공제되니 이 점을 혼동하지 않도록 한다.

① 일반 장례비용 = Min(1천만원, 장례에 소요한 비용 9백만원) → 9백만원
② 봉안시설 사용비용 = Min(5백만원, 봉안시설 사용에 소요된 금액 7백만원)
 → 5백만원
③ 장례비용 공제금액 = ① + ② → 1천4백만원

공과금, 채무, 장례비용은 상속세 과세가액을 줄일 수 있는 항목이다. 상속인은 피상속인을 대신해 처리한 공과금 납부액, 채무 부담액, 장례비용 지출액에 대해 입증할 수 있는 객관적인 서류를 챙겨놓길 바란다.

12

손자, 손녀에게도 상속이 가능할까?

지난달에 아버지 장례식을 마친 삼대독자 오상속 씨는 상속세 신고를
준비하면서 이런 생각을 하였다. '나는 중소기업을 운영하려면 자금을
동원해야 하는 경우가 많으니 아버님 재산 중에서 금융재산 부분만
상속받고, 아파트는 현재 거주하시는 어머니께, 상가와 오피스텔은 우
리 아이들에게 직접 상속하면 어떨까? 손자에게 상속할 때 세대생략
상속이라는 제도가 있다던데….'

「민법」에서는 제1순위 상속인을 배우자와 직계비속으로 정하고
있는데, 직계비속의 촌수가 다를 경우에는 촌수가 가까운 직계비
속이 먼저 상속인이 된다. 오상속 씨의 사례에서 상속인은 어머니
(미망인)와 독자인 오상속 씨이고, 오상속 씨의 자녀들은 상속인에
해당되지 않는다.

  상속인이나 수유자[79]가 피상속인의 자녀를 제외한 직계비속(손
자, 손녀)이 될 경우 일정 금액을 할증하여 가산하는데, 이를 세대
생략 할증이라 한다. 할증된 가산금액을 간단히 나타내면 다음과
같다.

$$세대생략\ 할증과세 = 상속세\ 산출세액 \times \frac{손주가\ 받을\ 재산}{총상속재산가액} \times 30\%(40\%)^{80}$$

(단, 상속인이 미성년자로서 받을 상속재산가액 20억원을 초과하여 받은 경우는 40%)

---

79 수유자란 사망을 원인으로 효력이 발생하여 재산을 취득하는 자를 말하며, 상속세의 납
세의무자가 된다. 「상속세 및 증여세법」에서는 유증을 받은 자를 수유자라고 하여 상속
세의 납세의무자로 정하고 있다. 수유자의 상속세 납세의무는 유언의 효력이 발생하는
때 성립하며, 그 시점은 유언자가 사망한 때다.

그렇다면 오상속 씨의 생각대로 상가와 오피스텔에 대해서는 세대생략 할증제도를 이용하여 피상속인의 손주인 본인의 자녀에게 직접 상속하는 것이 가능할까? 결론부터 말하면 이 방법은 불가능하다. 왜냐하면 다음의 두 가지 경우에 한해 세대생략 상속이 가능한데, 오상속 씨의 경우에는 이에 해당되지 않기 때문이다.

① 선순위인 단독상속인 또는 동순위의 공동상속인 전원이 상속을 포기하여 그다음 순위의 상속인이 상속받는 경우
② 유언 등을 통해 손자에게 상속하는 경우(유증)

오상속 씨는 본인과 어머니, 자녀에게 상속재산을 분할하고자 계획하고 있으므로 상속을 포기한 것이 아니고, 아버지가 손자에게 재산을 유증한다는 유언장도 작성하지 않았기 때문에 상가와 오피스텔을 손자가 직접 취득하는 경우에는 오상속 씨가 상속받아 자녀에게 증여한 것이 된다. 오상속 씨에게는 상속세가 과세되고, 자녀에게는 증여세가 과세되는 것이다.

만약 오상속 씨의 아버지가 손자에게 상속한다는 유언장을 작성했고 유증의 의사가 있었으나 공증을 해두지 않았다면 어떻게

---

80 그러나 대습상속의 경우에는 이 할증금액을 가산하지 않는다. 대습상속이란 본래 상속인이 될 직계비속이 사망하거나 상속 결격이 있을 경우에 상속인의 배우자와 직계비속이 그 순위에 갈음하여 상속인이 되는 경우를 말한다. 대습상속은 부득이하게 후순위 직계비속이 상속권을 취득하는 것이므로 할증과세의 불이익을 주지 않는 것이다.

될까? 「민법」에서는 자서自書와 날인한 자필증서, 녹음, 공증, 비밀증서, 구수증서 등 다섯 가지 경우에 한정하여 유효한 유언의 방식으로 인정하고 있다. 그렇다면 오상속 씨의 아버지가 작성한 유언장은 이 유효한 유언의 방식을 따르지 않았으므로 의미가 없는 유언장일까?

이 경우에는 가정법원에 검인신청을 하면 된다. 검인신청에 의해 유언장이 진실임을 인정받으면 역시 유효한 유언장이 되어 손자에게 유증하는 것이 가능하다. 그러나 이 경우에 두 가지를 유의해야 한다.

첫째, 검인신청에는 통상 2~3개월이 소요되므로 상속세 신고기한 내에 상속·유증재산 확정을 위해서는 상속개시일 이후 서둘러서 검인신청을 해야 한다.

둘째, 「지방세법」에서는 상속인 외의 자에 대한 특정유증의 경우에는 취득세 신고기한을 60일로 정하고 있다. 즉 「지방세법」에서는 상속인에 대한 유증(포괄유증과 특정유증 포함), 상속인 외의 자에 대한 포괄유증[81]까지는 상속에 포함시켜 취득세 신고기한을 상속개시일이 속하는 달의 말일로부터 6개월까지로 하고 있으나, 피상속인이 상가와 오피스텔은 상속인이 아닌 손자에게 준다는

---

81 포괄유증이란 상속재산의 전부 또는 지분 내지 비율에 의한 유증을 말한다. 포괄적 수증자는 상속인과 동일한 권리와 의무가 있다. 상가와 오피스텔을 특정하여 손자에게 주겠다는 유언장을 작성하면 특정유증이 되고, 재산의 1/4을 손자에게 주겠다고 유언장을 작성하면 포괄유증이 된다.

특정유증은 상속으로 보지 않기 때문에 취득세 신고기한은 60일인 것[82]이다.

상속으로 생각하고 신고기한을 넘기면 가산세까지 내야 하므로 유의해야 한다.

따라서 만약 세대생략 상속을 하려고 계획한다면 피상속인이 사망 전에 유언을 통해 손자, 손녀에게 재산을 나누어주겠다는 의사표시를 미리 해두어야 한다.

손자, 손녀에게 유증할 경우 유의해야 할 또 한 가지는 '상속공제 종합한도'에 걸리지 않는지 살펴보아야 한다는 것이다.

'Tip 4 상속공제'에서 설명한 바와 같이 상속공제 종합한도를 계산할 때 상속인이 아닌 자에게 유증, 사인증여를 한 경우에 상속세 과세가액에서 동 금액을 차감하여 계산하도록 하고 있다. 예

---

82 취득세는 과세물건을 취득한 날로부터 60일 이내에 신고납부를 하여야 하고, 상속으로 인한 취득의 경우에만 상속개시일이 속하는 달의 말일로부터 6개월까지이다.

를 들어 아버지가 남긴 재산 5억원을 자녀에게 상속하는 경우라면 일괄공제 5억원이 적용되어 상속세 부담이 전혀 없고 상속세 신고도 할 필요가 없다. 하지만 자녀가 아닌 손자에게 유증을 하는 경우라면 이야기가 달라진다. 선순위 직계비속(아들)이 있는데도 손자에게 유증한 경우이므로 상속인이 아닌 자에게 유증한 경우에 해당되어 상속공제 종합한도 계산 시 5억원을 차감하므로 상속공제 한도는 0원이 된다. 따라서 상속공제를 전혀 받지 못하고 상속재산 5억원 전액이 과세표준이 되어 납부할 상속세가 발생한다. 흔히 배우자와 자녀가 있는 경우 10억원까지는 상속세 부담이 전혀 없다고 알고 있는데 누가 상속을 받는지까지 반드시 검토해야 이런 오류를 범하지 않을 수 있음을 꼭 기억하자.

13

상속세 안 내고 나 몰라라 하는 동생, 세금은 누가 내야 할까?

무조건 씨와 무대보 씨는 형제 사이로, 홀어머니가 돌아가신 뒤에 부동산을 상속받았다. 그리고 상속세 10억원을 각자 5억원씩 부담하기로 했다. 동생인 무대보 씨는 어머니가 살아계실 때부터 집안의 돈을 함부로 가져다가 탕진하는 일이 많았다. 형인 무조건 씨는 혹시 동생이 상속세 5억원을 안 낼 경우에 자신에게도 피해가 있지 않을까 싶어 걱정이 많다. 동생에게 상속세를 어떻게 낼 것인지 물어보아도, 무대보 씨는 자신이 다 알아서 한다는 말뿐이다. 만약 무조건 씨만 5억원을 내고, 무대보 씨는 내지 않는다면 어떻게 될까?

상속세의 연대납세의무 규정은 상속인 각자가 받았거나 받을 재산을 한도로 하여 연대하여 책임지도록 하는 것이다. 따라서 과세관청은 공동상속인 중 일부가 상속세를 체납한 경우에 연대납세의무 범위 내에서 다른 상속인에게 징수할 수 있다.

따라서 이 사례에서 무대보 씨가 상속세 5억원을 체납한다면 연대납세의무 규정을 들어 형인 무조건 씨에게 징수할 수 있다.

상속세를 납부할 때에는 총납부세액 10억원을 하나의 고지서로 내게 되는데, 무조건 씨가 본인 해당분인 5억원만 내고, 나머지에 대해서는 동생 몫이라고 주장하더라도 과세관청은 5억원에 대한 납부의무를 연대하여 책임지도록 할 수 있다.

5억원에 대해 전액을 징수할 수 있는 이유는 5억원이 연대납세의무 범위 내에 있는 금액이기 때문인데, 상속받은 재산(20억원)에서 본인의 상속세 부담분(5억원)을 차감한 15억원 범위 내에서는 과세관청이 연대납세의무 규정을 들어 얼마든지 징수할 수 있게 된다.

따라서 상속인들 간에 상속세 납부와 관련한 분쟁이 없기 위해서는 미리 세무사와 상의하여 계산된 예상 상속세 상당액을 제외한 나머지 재산만을 실질적으로 분배하는 것이 좋다. 만약 피상속인의 배우자가 살아 있는 상태에서 상속이 일어난 경우라면 예상 상속세 상당액은 예금으로 예치해놓고 자녀보다는 배우자에게 분할한 후 상속세 납부 재원으로 소진한다면 추가적인 증여세 부담 없이 자녀들에게 최대의 재산이 이전될 수 있음은 앞서 살펴본 바와 같다.

14

상속세를 나누어 낼 수 있다는데…

장상속 씨는 돌아가신 아버지로부터 아파트 1채, 토지 5필지, 그리고 약간의 예금과 주식을 상속받았다. 상속세 신고는 하였으나 납부해야 할 상속세가 예상보다 많아 상속받은 금융재산만으로는 납부가 불가능하였다. 납부기한까지 납부하기 위해서는 대출을 받아야 할 상황이다. 대출 외에 다른 방법은 없을까?

상속세는 신고와 함께 납부해야 하는데, 일반적으로 내야 할 세금이 거액인 경우가 많다. 또한 상속재산 대부분이 부동산 등으로 구성되어 현금화하기 어렵거나 상당한 시일이 소요되는 경우에는 금전으로 한 번에 내는 것이 곤란할 수도 있다.

이런 경우에 상속재산을 급하게 처분하여 상속세를 납부하도록 하는 것은 납세자에게 부담이 될 수 있으며, 재산권 침해도 우려

된다. 이와 같이 거액의 세금을 금전으로 일시에 납부하기 곤란한 경우에는 납부세액을 나누어 내거나, 수회로 분할하여 연납하거나, 당해 상속재산 등으로 낼 수도 있다는 점을 미리 알아두기 바란다.

분납

상속세를 신고하고 납부하는 금액이 1천만원을 초과하는 경우에는 납부금액의 일부를 납부기한이 지난 후 2개월 이내에 분할하여 납부할 수 있다.

납부할 세액	분할납부할 금액
1천만원 초과~2천만원 이하	1천만원 초과 금액
2천만원 초과	납부할 세액의 50% 이하 금액

예를 들어 상속개시일이 2022년 1월 3일이고, 신고납부할 상속세액이 1천6백만원이라면 2022년 7월 31일까지 1천만원을 1차로 납부하고, 2개월 이내인 2022년 9월 30일까지 나머지 6백만원을 납부하면 된다. 만일 신고납부할 상속세액이 3천4백만원이라면 50%인 1천7백만원을 1차로 납부하고, 나머지 1천7백만원을 2개월 후 분할하여 납부할 수 있다.

분납을 하더라도 추가적으로 가산금 등의 문제는 전혀 없기 때문에 일시납보다는 널리 사용되는 납부 방법이다.

분납 신청에 별도의 절차가 있는 것은 아니며, 상속세 과세표준 신고서에 분납세액을 기재하고 납부서 서식에 관련 내용을 기재하여 납부하면 된다.

연부연납

연부연납은 신고납부를 할 상속세액이 거액이어서 일시에 또는 분할납부하기 곤란한 경우에 여러 해에 걸쳐 분할하여 납부하도록 한 제도이다.[83] 그러나 연부연납은 다음 요건을 충족하는 경우에 한하여 신청할 수 있다.

① 상속세 납부세액이 2천만원을 초과하여야 한다.
② 상속세 신고납부기한까지 연부연납 신청서를 제출하여야 한다.
③ 납세담보를 제공하여야 한다.

연부연납 기간은 연부연납 허가일로부터 5년 이내의 범위에서 납세자가 임의로 신청할 수 있다. 상속세에서 가업상속을 할 경우 상속재산 중 가업상속재산의 비율이 50% 미만인 경우에는 연

---

83 연부연납은 세무조사를 받아 추가로 추징당해 납부할 세액이 있는 경우에도 신청할 수 있다.

부연납 허가일로부터 10년간 분할 납부, 가업상속재산의 비율이 50% 이상인 경우에는 연부연납 허가 후 20년간 분할 납부가 가능하다.

예를 들어 연부연납 기간이 5년이면 전체 납부세액에서 1/6은 상속세 신고납부기한에 1차로 납부하고, 나머지 5/6를 연부연납 세액으로 신청하는 방식이다. 연부연납 세액의 납부 규모도 반드시 5/6가 되어야 하는 것은 아니며 금액을 선택할 수 있다.[84] 따라서 연부연납 기간을 2년 또는 3~4년으로 신청하는 등 매회 납부분이 1천만원만 초과한다면 자유롭게 선택할 수 있다.

연부연납을 신청할 경우에는 연부연납가산금을 추가로 납부해야 하며, 가산율은 1.2%[85]이다. 세금을 연年 단위로 납부하는 대신에 추가적인 가산금을 내는 것인데, 연부연납제도가 널리 이용되는 이유는 시중 금융기관의 일반적인 대출이자보다 저렴하기 때문이다.

또한 연부연납을 신청하는 경우에는 다음에 해당하는 담보를 제공해야 한다.

---

84 단, 신고기한 내 최초 납부금액은 5년인 경우 최소 1/6은 납부해야 한다.

85 연부연납 허가를 받으면 연부연납 허가 기간 동안 납부기한의 이익을 얻기 때문에 이자와 같은 성격의 가산금을 추가하여 납부해야 한다. 이때 가산율은 시중은행의 1년 만기 정기예금 평균 수신금리를 고려하여 기획재정부령이 정하는 요율에 의하고, 2021년 3월 16일 이후 기간분부터 적용한다(이전 1.8%).

① 금전

② 국채증권 등 대통령령으로 정하는 유가증권

③ 납세보증보험증권

④ 「은행법」에 따른 은행 등 대통령령으로 정하는 자의 납세보증서

⑤ 토지

⑥ 보험에 든 등기 또는 등록된 건물, 공장재단, 광업재단, 선박, 항공기 또
는 건설기계

담보를 제공할 때에는 담보할 국세의 100분의 120(현금, 납세보증
보험증권 또는 납세보증서의 경우에는 100분의 110) 이상의 가액에 상당하
는 담보를 제공해야 한다. 여기서 국세는 연부연납가산금이 포함
된 금액을 말한다.

실무에서는 유가증권이나 수수료가 비싼 납세보증보험증권보
다는 부동산을 납세담보로 제공하는 것이 일반적이다. 부동산을
담보로 제공하려는 경우에 담보할 국세의 120%를 감안해야 하는
데, 이때 부동산 평가액은 개별공시지가, 공시 또는 고시가격 등
기준시가 상당액으로 판단[86]한다. 이 금액에서 선순위 채무가 있
다면 평가액에서 이 채무액을 제외한 가액으로서 담보제공가액이
있는지 판단해보아야 하며, 임대차계약이 되어 있는 부동산의 경

---

86 다만, 납세자가 납세담보 제공과 함께 그 제공일 전 6개월 이내에 둘 이상의 감정평가업
자가 평가한 감정가액을 제시하는 경우에는 그 평균액으로 한다.

우에는 임대차계약서도 제출해야 한다.

상가 건물의 경우에는 화재보험에 가입하여 화재보험증권을 제출해야 한다. 아파트를 납세담보로 제공하는 경우에는 화재보험에 기본적으로 가입되어 있기 때문에 별도로 화재보험에는 가입하지 않아도 된다. 아파트는 매매사례가액을 우선으로 평가하지만, 담보제공가액은 아파트 공시가격으로 판단하니 혼동이 없어야겠다.

일단 연부연납을 신청하려면 상속세 과세표준 신고서에 연부연납 신청액을 별도로 기재하고 연부연납 신청서 및 납세담보 신청서를 기재하여 필요 서류와 함께 상속세 과세표준 신고기한까지 제출하면 된다. 납세담보로 부동산을 제공할 경우에는 담보권을 설정하기 위해 통상적으로 2~3개월 후에 관할세무서에서 인감도장과 인감증명서를 첨부하여 '납세담보에 의한 저당권 설정 계약서'에 날인하도록 요구한다. 이때 부동산등기에 필요한 등록면허세는 등록권자가 관할세무서이므로 연부연납 신청자인 부동산 소유자가 특별하게 부담하는 비용은 없다. 그 후 연부연납을 관할세무서로부터 허가받으면 연부연납 허가 통지서를 수령할 수 있다. 연부연납세액 고지서는 매년 납기일에 맞추어 납세의무자 주소지로 발송되니 그것을 받아서 납부하면 된다.

연부연납을 신청한 이후라도 연부연납 기간을 변경할 수 있고, 연부연납세액을 미리 납부하는 것도 가능하다. 연부연납세액을 납부하면 납세담보로 제공한 부동산의 채권최고액을 인하하는 것도 가능하다. 또한 연부연납세액 자체를 물납하는 것도 가능하다.

연부연납의 납부 일정을 예로 들어보자.

상속세 신고기한이 20×1년 3월 31일이고, 자진 납부할 세액이 13억원이라고 가정할 때, 연부연납금액과 가산금이 얼마인지 계산하면 다음과 같다.

① **연부연납 신청 내용**

- 연부연납 신청일: 20×1년 3월 31일

- 연부연납 허가일: 20×1년 6월 30일

- 연부연납 신청 기간: 5년

- 신고기한 내 납부세액: 3억원

- 연부연납 신청액: 10억원

② **연부연납 금액과 가산금**

(단위: 원)

구분	신고납부	1차	2차	3차	4차	5차	계
납부일	20×1. 3. 31.	20×2. 3. 31.	20×3. 3. 31.	20×4. 3. 31.	20×5. 3. 31.	20×6. 3. 31.	
연부연납 세액	300,000,000	200,000,000	200,000,000	200,000,000	200,000,000	200,000,000	1,300,000,000
가산율		1.2%	1.2%	1.2%	1.2%	1.2%	
가산금		18,000,000	14,400,000	10,800,000	7,200,000	3,600,000	54,000,000
계	300,000,000	218,000,000	214,400,000	210,800,000	207,200,000	203,600,000	1,354,000,000

- 가산금

  - 1차: $1,000,000,000 \times 12/1000 \times (365/365) = 12,000,000$

  - 2차: $800,000,000 \times 12/1000 \times (365/365) = 9,600,000$

- 3차: 600,000,000 × 12/1000 × (365/365) = 7,200,000

- 4차: 400,000,000 × 12/1000 × (365/365) = 4,800,000

- 5차: 200,000,000 × 12/1000 × (365/365) = 2,400,000

물납

상속세 납부의 어려움을 해소하기 위해 상속받은 재산으로 상속세를 납부할 수 있도록 한 것이 물납제도이다. 연부연납제도와 마찬가지로 물납을 하기 위해서는 다음의 요건이 필요하다.

① 상속받은 재산 중 부동산과 유가증권의 가액이 당해 재산가액의 2분의 1을 초과할 것

② 상속세 납부세액이 2천만원을 초과할 것

③ 상속세 납부세액이 상속재산가액 중 금융재산의 가액을 초과할 것

④ 상속세 신고기한 이내에 물납 신청서를 제출할 것

⑤ 관리·처분이 부적당한 재산이 아닌 재산으로 물납을 신청할 것

따라서 물납 신청을 하고자 할 때에는 상속세 신고기한까지 물납 신청서를 관할세무서에 제출해야 하고, 관할세무서장은 상속세 신고기한으로부터 6개월 이내에 물납의 허가 여부를 서면으로 통지해야 한다. 또한 연부연납 허가를 받고 연부연납 기간 중 분납세액에 대해 물납하려는 경우[87]에는 분납세액의 납부기한 30일

전까지 관할세무서에 신청할 수 있다.

물납을 하고자 할 때, 물납에 충당 가능한 부동산과 유가증권의 범위는 다음과 같다.

구분	물납에 충당 가능한 재산	물납 충당 제외 재산
부동산	국내에 소재하는 부동산	
유가증권	국채, 공채, 주권	① 거래소에 상장된 유가증권[88] ② 비상장주식 등[89]
	내국법인에서 발행한 채권 또는 증권	
	신탁업자가 발행한 수익증권	
	집합투자증권	
	종합금융회사에서 발행한 수익증권	

한 가지 주의해야 할 것은 물납에 충당하는 재산은 다음 순서에 따라 신청하고, 허가가 이루어진다는 점이다.

① 국채와 공채

② 유가증권으로서 거래소에 상장된 것(물납 충당이 가능한 자산에 한함)

----

87 연부연납 기간 중 분납세액의 물납은 첫 회분 분납세액에 한정하되, 연부연납가산금은 제외한다. 이는 연부연납제도의 취지(5년간 분납)에 맞춰 현금으로 납부하도록 첫 회분의 분납세액만 물납을 허가하되, 중소기업자에 대해서는 5회분의 분납세액에 대한 물납을 허가한다(2013년 2월 15일 이후 최초로 물납을 신청하는 분부터 적용).

88 다만 최초로 거래소에 상장되어 물납 허가 통지서 발송일 전일 현재 「자본시장과 금융투자업에 관한 법률」에 따라 처분이 제한된 경우에는 제외하지 아니한다.

89 다만 상속의 경우로서 그 밖의 다른 상속재산이 없거나, 선순위 물납 대상 자산으로 상속세 물납에 충당하더라도 부족하면 제외하지 아니한다.

③ ⑤를 제외한 국내 소재 부동산

④ 비상장주식 등(물납 충당이 가능한 자산에 한함)

⑤ 상속개시일 현재 상속인이 거주하는 주택과 부속 토지

물납의 경우 대상 자산의 평가는 일반적으로 알고 있는 시가에 의하지 않으며, 개별공시지가나 공시가격 같은 기준시가에 의해 평가한다. 따라서 실제 납부하고자 하는 금액과 기준시가 상당액을 대비하여 산정해야 한다. 특히 물납을 하고자 하는 부동산 자체에 선순위 채권이나 담보권, 지상권 등이 설정되어 있어 국세청에서 공매하기가 어렵거나 지상에 묘지 같은 시설이 있는 경우에는 물납재산으로 부적당하다고 판단하여 물납재산의 변경을 요청할 수 있다. 또한 지방의 임야나 맹지처럼 공매나 매각이 어렵다고 판단되는 부동산은 물납 승인이 어려울 수 있으므로 유의해야 한다.

따라서 물납을 하고자 하는 경우에는 본인의 상속재산이 물납에 적당한지를 사전에 관할세무서 측에 문의하는 것이 좀 더 안전한 방법이다.

상속세 납부에서는 예상하지 못한 시기에 거액의 세금을 내는 경우가 많으므로, 여러 가지 납부 방법에 대해 각각의 요건과 해당 여부를 잘 따져보고 상속세 납부 부담을 최소화하는 것이 바람직하다.

15

신고 안 하면 가산세가 있다?

서울에서 대학을 다니는 스무 살의 박가산 군에게 지방에서 홀로 사시는 아버지가 돌아가셨다는 슬픈 소식이 들려왔다. 단 하나뿐인 가족을 여읜 슬픔 속에서 6개월이 넘는 시간을 보냈을 무렵, 주변 사람들로부터 상속세 신고 여부를 묻는 말을 듣게 되었다. 박가산 군은 아버지가 적잖은 재산을 남겼다는 것은 대충 알고 있었지만, 상속등기나 상속세와 같은 세무에 관해서는 전혀 모르고 있었던 것이다. 늦게나마 세무사와 상담해보니 신고기한이 지났기 때문에 20%가 넘는 가산세를 내야 하고, 지금이라도 자진해서 기한후신고를 하면 일부 감면을 받을 수 있다고 하는데….

가산세란 세법에서 규정하는 납세의무를 성실하게 이행하지 않았을 때 본세 이외에 추가적으로 부과하여 징수하는 세금이다. 가산세는 형식적으로만 조세일 뿐이고, 본질적으로는 본세의 징수를 확보하기 위한 징벌적 수단이다.

따라서 상속세나 증여세뿐만 아니라 다른 세목에 대해서도 신고납부기한 내에 무신고하거나, 신고를 하더라도 과소 신고한 경우에는 상상 이상의 무거운 가산세가 부과된다는 점을 명심해야한다. 특히 부정행위로 인해 신고하지 않은 경우에는 가산세율이 40%에 달하므로 그런 행위는 생각도 하지 말아야 한다.

부정행위의 유형에는 다음 내용들이 포함된다.

① 이중장부의 작성 등 장부의 거짓 기록

② 거짓 증명 또는 거짓 문서의 작성 및 수취

③ 장부와 기록의 파기

④ 재산의 은닉, 소득·수익·행위·거래의 조작 또는 은폐

⑤ 고의적으로 장부를 작성하지 아니하거나 비치하지 아니하는 행위 또는 계산서, 세금계산서 또는 계산서합계표, 세금계산서합계표 조작

⑥ 전사적 기업자원 관리설비 조작 또는 전자세금계산서 조작

⑦ 그 밖의 위계에 의한 행위 또는 부정한 행위

상속세 가산세의 종류

종류	요약
일반무신고가산세	납세자가 법정신고기한 내에 신고하지 않은 경우 → 무신고납부세액[90] × 20%
부정무신고가산세	납세자가 법정신고기한 내에 부정행위로 신고하지 않은 경우 → 부정행위로 인한 무신고납부세액 × 40%
일반과소신고가산세	법정신고기한 내에 세법에 따른 과세표준에 미달하게 신고한 경우 → 과소신고납부세액[91] × 10%
부정과소신고가산세	납세자가 법정신고기한 내에 부정행위로 과소 신고하는 경우 → 부정행위로 인한 과소신고납부세액 × 40%
납부불성실가산세	세법에 따른 납부기한까지 국세의 납부를 미납하거나 과소 납부한 경우 → 미납세액 × 0.025% × 지연일수(납부기한의 다 음 날부터 자진 납부일 또는 납세 고지일까지의 기간)

가산세의 감면

당초 신고기한 내에 신고는 했지만 과소 신고한 사실이 있는 경우에는 법정신고기한이 지났음에도 '수정신고'라는 제도를 통해 납세자에게 보정할 기회를 제공한다. 수정신고를 한 경우에 과소신고가산세에 한하여 다음과 같이 감면해준다.

① **법정신고기한이 지난 후 1개월 이내에 수정신고한 경우**: 가산세의 90%

---

90 무신고납부세액은 산출세액에서 세액공제, 세액감면, 기납부세액을 차감한 금액을 말하며, 가산세와 이자 상당액을 제외한 금액이다.
91 과소신고납부세액은 추가로 납부하여야 하는 세액으로서 산출세액에서 세액공제, 세액감면, 기납부세액을 차감한 금액을 말하며 가산세와 이자 상당액을 제외한 금액이다.

② 법정신고기한이 지난 후 1개월 초과 3개월 이내에 수정신고한 경우: 가산세의 75%

③ 법정신고기한이 지난 후 3개월 초과 6개월 이내에 수정신고한 경우: 가산세의 50%

④ 법정신고기한이 지난 후 6개월 초과 1년 이내에 수정신고한 경우: 가산세의 30%

⑤ 법정신고기한이 지난 후 1년 초과 1년 6개월 이내에 수정신고한 경우: 가산세의 20%

⑥ 법정신고기한이 지난 후 1년 6개월 초과 2년 이내에 수정신고한 경우: 가산세의 10%

아무런 신고를 하지 않고 법정신고기한이 지났음에도 기한후신고를 한 경우에는 무신고가산세에 한하여 다음과 같이 감면해 준다.[92]

① 법정신고기한이 지난 후 1개월 이내에 기한 후 신고를 한 경우: 가산세의 50%

② 법정신고기한이 지난 후 1개월 초과 3개월 이내에 기한 후 신고를 한 경

92 종전까지는 과소신고가산세와 무신고가산세 모두 수정신고와 기한후신고를 하는 동시에 납부까지 완료하여야 감면을 적용하였다. 그러나 2015년 1월 1일 이후 수정신고서 또는 기한후신고서를 제출하는 분부터는 세액 납부를 하지 않아도 신고만 하면 가산세 감면을 적용한다.

우: 가산세의 30%

③ **법정신고기한이 지난 후 3개월 초과 6개월 이내에 기한 후 신고를 한 경우:** 가산세의 20%

박가산 군의 경우에는 단순 무신고를 한 경우이다. 박가산 군이 신고기한 내 신고했을 경우와 신고기한이 지나서 기한후신고를 하는 경우를 비교해보자.

- **상속개시일:** 2022년 1월 28일
- **당초 신고기한:** 2022년 7월 31일
- **기한후신고 일자:** 2022년 8월 31일
- **부동산:** 20억원
- **예금:** 10억원
- **총상속재산:** 30억원

(단위: 원)

	기한 내 신고했을 경우	기한 후 신고했을 경우
상속재산가액	3,000,000,000	3,000,000,000
(−) 상속공제[93]	700,000,000	700,000,000
(=) 상속세과세표준	2,300,000,000	2,300,000,000
(×) 세율	40%	40%

---

93 상속공제 = 5억원(일괄공제) + 2억원(금융재산 상속공제) = 7억원

(=) 산출세액	760,000,000	760,000,000
(+) 무신고가산세		76,000,000
(+) 납부불성실가산세		5,890,000
(−) 신고세액공제 5%	22,800,000	
(=) 상속세납부세액	737,200,000	841,890,000
차액		104,690,000

※ 무신고가산세 = 760,000,000원 × 20%(가산세율) × 50%(가산세 감면)
※ 납부불성실가산세 = 760,000,000원 × 2.5/10,000 × 31일

기한 내 신고한 경우에 세액은 약 7억3천만원이고, 기한후신고를 한 경우에는 약 8억4천만원이다. 한 달 늦게 신고한 대가로 약 1억4백만원이 넘는 세금을 더 내게 된 것이다.

박가산 군은 자세히 알아보지 않고 미리 준비하지 못한 것을 후회하였으나 이미 때는 늦었다. 가산세는 추가로 납부해야 하는 금액이 상당히 부담을 주기 때문에 미리 체크하여 기한 내 제때 신고해야 한다.

16

외국에서 거주한 아버지,
상속세 신고를 해야 할까?

김외국 씨는 외국에서 대학을 졸업하고, 현재 외국 대학에 교수로 재직 중이다. 외국에 있는 재산은 현재 거주하는 아파트(6억원)뿐이고, 은퇴 후에는 아내와 함께 우리나라로 돌아와 생활하려고 생각하고 있다. 자녀 두 명은 모두 우리나라에 거주하고 있으며, 국내에는 김외국 씨 명의의 부동산(20억원)과 예금(5억원)이 있다. 김외국 씨는 비거주자로 상속세를 신고하는 것이 유리할까, 아니면 거주자로 상속세를 신고하는 것이 유리할까?

상속세는 거주자로 사망하였는지, 비거주자로 사망하였는지에 따라 과세대상과 상속공제금액 등이 달라진다. 거주자로 사망한 경우에는 국내외의 모든 재산에 대해, 비거주자로 사망한 경우에는 국내 재산에 대해서만 상속세를 과세한다.

구분	과세대상 범위
거주자의 사망인 경우	국내, 국외의 모든 재산
비거주자의 사망인 경우	국내의 모든 재산

이 경우에 상속재산에서 공제되는 공과금과 채무 범위도 거주자와 비거주자는 차이가 있다. 거주자라면 상속재산가액에서 공과금, 장례비와 채무를 공제할 수 있다. 그러나 비거주자의 경우에는 국내에 있는 상속재산에 대한 공과금만 공제할 수 있고, 장례비는 공제되지 않는다. 채무도 국내에 있는 상속재산을 목적으로 담보된 채무만 공제할 수 있다.

예를 들어 비거주자가 국내 재산의 담보 제공 없이 차입한 채무는 공제되지 않지만, 국내 상속재산을 목적으로 담보된 채무와 전세보증금은 채무로 공제된다.

과세가액 공제	거주자	비거주자
공과금	상속개시일 현재 피상속인이 납부해야 할 공과금으로 납부되지 아니한 금액 공제	국내 소재 상속재산에 대한 공과금만 공제
장례비	피상속인의 장례비공제	×
채무	모든 채무 공제	국내 소재 상속재산을 목적으로 담보된 채무만 공제

또한 인적공제와 물적공제로 나눌 수 있는 상속공제도 거주자와 비거주자의 차이가 있다.

첫째, 비거주자인 경우에 인적공제는 기초공제 2억원만 가능하다. 거주자인 경우 인적공제는 기초공제 2억원과 기타 인적공제를 합한 금액과 일괄공제 5억원 중에서 선택할 수 있고, 배우자가 생존한 경우에는 배우자상속공제(5억원~30억원)를 받을 수 있다.

둘째, 비거주자인 경우에 물적공제는 공제되지 않는다. 거주자인 경우 가업상속공제, 영농상속공제, 금융재산 상속공제, 동거주택상속공제 등의 물적공제를 적용받을 수 있다.

상속공제	거주자	비거주자
• 인적공제 Max(①, ②) + ③		
① 기초공제: 2억원 + 기타 인적공제	○	○(2억원)
② 일괄공제: 5억원	○	×
③ 배우자상속공제(5억원~30억원)	○	×
• 물적공제		
① 가업상속공제	○	×
② 영농상속공제	○	×
③ 금융재산 상속공제	○	×
④ 재해손실공제	○	×
⑤ 동거주택상속공제	○	×
• 감정평가 수수료공제	○	○

그렇다면 김외국 씨의 경우에는 어떠할까? 다음의 세액 계산 자료를 살펴보자.

(단위: 원)

구분	거주자인 경우	비거주자인 경우
상속재산가액	3,100,000,000	2,500,000,000
(−) 인적공제		
① 기초공제 + 기타 인적공제		200,000,000
② 일괄공제	500,000,000	0
③ 배우자상속공제	1,328,000,000[94]	0
(−) 금융재산 상속공제	100,000,000[95]	0
(−) 장례비공제	10,000,000	0
(=) 과세표준	1,162,000,000	2,300,000,000

---

94 배우자상속공제 $= 3,100,000,000 \times \dfrac{1.5}{3.5} = 1,328,571,428 ≒ 1,328,000,000$원

95 금융재산 상속공제 = 5억원 × 20% = 1억원

		40%	40%
(×) 세율		40%	40%
(=) 산출세액		304,800,000	760,000,000
(−) 신고세액공제		9,144,000	22,800,000
(=) 상속세		295,656,000	737,200,000
차액			441,544,000

먼저 거주자로 계산하면, 상속재산가액은 해외 소재 부동산 6억원, 국내 소재 부동산 20억원과 예금 5억원을 합한 31억원이다. 상속공제액은 일괄공제 5억원, 배우자상속공제 13억2천8백만원, 금융재산 상속공제 1억원, 장례비공제(1천만원 가정)를 합한 19억3천8백만원으로 이를 차감한 과세표준은 11억6천2백만원이다. 여기에 세율 40%와 누진공제(1억6천만원)를 적용하면 산출세액은 3억4백8십만원이고 신고세액공제(3%, 상속개시일로부터 6개월 이내 신고하는 경우 적용)를 적용하면 상속세 납부세액은 약 2억9천5백만원이다.

반면에 비거주자로 계산하면, 상속재산가액은 국내 소재 부동산 20억원과 예금 5억원만을 합한 25억원이 된다. 상속공제는 기초공제인 2억원만을 공제받을 수 있다. 따라서 과세표준은 25억원에서 2억원을 차감한 23억원이 되고, 산출세액은 7억6천만원, 신고세액공제를 적용한 상속세 납부세액은 4억4천1백만원이 된다.

결국 김외국 씨의 경우에는 거주자로 신고할 때에 상속세 부담 측면에서 유리하다. 그러나 거주하는 나라의 세법에 따라 외국에 상속세를 납부할 수도 있다. 국외 재산에 대하여 상속세를 이미 납부한 것이 있다면 해당 국외 상속세는 외국납부세액공제[96]를 통해 정산할 수 있다.

따라서 거주하는 국가의 상속세와 국내의 상속세를 종합적으로 비교할 필요가 있다. 거주하는 외국의 상속세율이 더 낮다면, 사전에 국내 재산의 처분을 통해 비거주자로서 상속을 도모하는 것이 절세의 한 방법이 될 수 있을 것이다.

---

96 외국에 있는 상속재산에 대하여 외국 법령에 따라 상속세를 부과받은 경우에는 다음 금액을 상속세 산출세액에서 공제한다.
- 외국납부공제세액 = Min[①, ②]
  ① 상속세 산출세액 × $\dfrac{외국\ 법령에\ 의해\ 상속세가\ 부과된\ 재산에\ 대한\ 상속세\ 과세표준}{상속세\ 과세표준}$
  ② 외국 법령에 의하여 부과된 상속세액

상속세

01

사전증여가 항상 유리한 것은 아니다

〈기초 편〉 5장에서는 상속개시일로부터 10년 이전에 증여를 받으면 상속세 계산 시 합산되지 않기 때문에 사전증여를 함으로써 상속세를 절세할 수 있다고 설명했다. 또한 증여가 10년 이내에 이뤄져 상속세 계산 시 합산된다 할지라도 증여 당시의 평가액으로 합산되어 계산되기 때문에 상속세를 절세할 수 있음을 확인하였다.

첫 번째 사례를 살펴보자. 〈기초 편〉 5장에서 이상속 씨에게 상가(5년 전 증여 당시 10억원, 상속 당시 15억원) 외에 다른 상속재산이 없는 경우에도 사전증여를 하는 것이 유리한지 알아보자.

상가만 있고 다른 재산이 없다고 가정했을 때, 상속만 하는 경우 15억원에 대한 세금은 8천5백5십만원이다.

그러나 5년 전에 사전증여를 했다면 증여세 2억2백5십만원을 납부했을 것이고, 상속세 계산 시에는 상속재산에 합산하여 계산

한다. 이때 상속공제는 상속공제 종합한도액인 5천만원[97]만 공제
되는데, 상속공제 종합한도는 상속세 과세가액에서 증여재산이
있는 경우 증여세 과세표준을 차감하도록 되어 있기 때문이다. 따
라서 이 사례의 경우 상속세 과세표준은 증여 당시의 과세표준과
동일해지고 증여 시 납부했던 2억2백5십만원을 증여세액공제로
차감하면 상속세는 0원이 된다. 상속세 부담액은 0원이지만, 사
전증여 당시 이미 2억원가량의 세금을 부담하였기 때문에 약 1억

---

97 상속공제 종합한도 = 상속세 과세가액(상속재산 가액 + 사전증여재산 가액) − 증여세 과세표
준 = 1,000,000,000 − 950,000,000 = 50,000,000

1천7백만원의 세금을 더 부담한 셈이다.

일반적으로 상속재산의 합산금액이 상속공제 상당액만큼인 경우라면 굳이 사전증여를 하지 않고 상속하는 것이 유리할 수 있다.

(단위: 원)

	사전증여 없이 상속	사전증여 후 상속
증여세		
증여재산가액		1,000,000,000
(−) 증여재산공제		50,000,000
(=) 과세표준		950,000,000
(×) 세율		30%
(=) 산출세액		225,000,000
(−) 신고세액공제		6,750,000
(=) 결정세액		218,250,000
상속세		
상가	1,500,000,000	
(+) 다른 상속재산	0	
(=) 총상속재산	1,500,000,000	
(+) 증여재산가액		1,000,000,000
(=) 상속세 과세가액	1,500,000,000	1,000,000,000
(−) 상속공제	1,000,000,000	50,000,000
① 일괄공제	500,000,000	500,000,000
② 배우자상속공제	500,000,000	500,000,000
계	1,000,000,000	1,000,000,000
상속공제 종합한도	1,500,000,000	50,000,000
(=) 과세표준	500,000,000	950,000,000
(×) 세율	20%	30%
(=) 산출세액	90,000,000	225,000,000

(−) 증여세액공제		225,000,000
(−) 신고세액공제	2,700,000	0
(=) 상속세	87,300,000	0
총부담세액	87,300,000	218,250,000
차액		130,950,000

여기서 중요한 것은 상속세 계산 시 공제받을 것이라고 일반적으로 예상하는 상속공제액 10억원은 사전증여재산이 있는 경우 상속공제 종합한도에서 증여재산가액이 차감되므로 전액 공제받지 못할 수 있다는 사실이다. 사전증여재산이 있을 경우 상속공제 한도에 주의해야 하는 이유이다. 다음 사례를 통해 좀 더 자세히 알아보자.

두 번째 사례는 금융재산 6억원과 2년 전에 증여받은 9억원짜리 아파트(상속 당시 평가액도 9억원이라 가정)가 있는 배상속 씨의 경우이다.

배상속 씨는 세무사에게 문의하여 다음과 같은 상속세가 예상된다는 결과를 얻었다. 상속세 계산 내역에는 일괄공제, 배우자상속공제, 금융재산 상속공제를 합한 금액이 상속공제 종합한도[98]를 초과하여 상속공제 종합한도인 6억5천만원을 차감하여 계산하

---

98 상속공제 종합한도
= 상속세 과세가액(상속재산가액 + 사전증여재산) − 증여세 과세표준
= 6억원 + 9억원 − 8억5천만원(9억원 − 5천만원) = 6억5천만원

였다. 이때 상속세 산출세액이 1억9천5백만원이지만, 2년 전에 9억원 증여에 대한 증여세 산출세액 1억9천5백만원을 공제하므로 납부할 상속세는 없게 되었다.

이에 배상속 씨는 당초 사전증여로 1억8천9백1십5만원의 증여세를 납부했기 때문에 추가로 납부할 상속세가 없다고 생각하고 만족하였다.

(단위: 원)

	사전증여 없이 상속	사전증여 후 상속
증여세		
증여재산가액		900,000,000
(−) 증여재산공제		50,000,000
(=) 과세표준		850,000,000
(×) 세율		30%
(=) 산출세액		195,000,000
(−) 신고세액공제		5,850,000
(=) 결정세액		189,150,000
상속세		
상속재산가액	1,500,000,000	600,000,000
(+) 증여재산가액		900,000,000
(=) 상속세 과세가액	1,500,000,000	1,500,000,000
(−) 상속공제	1,120,000,000	650,000,000
① 일괄공제	500,000,000	500,000,000
② 배우자상속공제	500,000,000	500,000,000
③ 금융재산 상속공제	120,000,000	120,000,000
계	1,120,000,000	1,120,000,000
상속공제 종합한도	1,500,000,000	650,000,000

(=) 과세표준	380,000,000	850,000,000
(×) 세율	20%	30%
(=) 산출세액	66,000,000	195,000,000
(−) 증여세액공제		195,000,000
(−) 신고세액공제	1,980,000	0
(=) 결정세액	64,020,000	0
총부담세액	64,020,000	189,150,000
차액		125,130,000

만약 아파트를 사전증여하지 않고, 바로 상속하면 어떤 결과가 나올까? 위 표의 계산 내역을 참고하자.

상속세 과세가액은 15억원으로 똑같은데 어떻게 과세표준이 달라질까? 이는 상속공제액의 차이, 즉 상속공제 종합한도의 차이 때문이다. 표에서 보는 바와 같이 상속공제액은 11억2천만원으로 동일하다. 그러나 증여 후 상속하는 경우에는 공제한도가 6억5천만원이지만, 상속만 하는 경우에는 공제한도가 15억원이다. 다시 말하면 상속공제 종합한도는 사전증여재산이 있는 경우 사전증여재산의 과세표준인 8억5천만원을 상속세 과세가액에서 차감하여 한도를 계산하느냐 안 하느냐의 차이에 있다. 따라서 사전증여 후 상속의 경우 과세표준은 8억5천만원, 상속만 있을 경우에는 과세표준이 3억8천만원이 되었다. 이러한 과세표준의 차이 때문에 상속세 적용세율도 각각 30%와 20%로 차이가 나고, 총부담세액도 1억2천5백1십만원 정도의 차이가 나는 것이다.

배상속 씨가 아파트를 사전증여 받지 않고 상속을 받았다면 증여세 1억8천9백여만원이 아닌 상속세 6천4백여만원만 내면 되었을 것이다. 아파트를 사전증여 받음으로 인하여, 내지 않아도 될 세금만 더 낸 결과가 되었다.

결국 두 사례 모두 사전증여 없이 상속만 받는다면 상대적으로 적은 세금을 낼 수 있는데도 사전증여를 받음으로 인해 높은 세금을 부담한 경우이다. 즉 사전증여가 절세하는 절대 방법은 아니라는 것이 확인되었다.

또한 증여를 받으면 수증자는 많은 증여세를 부담해야 한다. 만약 이때, 본인이 부담할 능력이 되지 않아 타인이 대신 내준다면 이 역시 증여로 보아 세금을 내야 한다. 그러나 상속세의 경우는 상속인 간에 연대납세의무가 있어서 상속받을 재산을 한도로 하여 상속인 중 누가 얼마를 납부하든 상관없다. 따라서 실제 상속받는 사람이 세금을 내지 않아도 되는 장점이 있다.

이처럼 사전증여를 할지 안 할지는 재산 평가액의 상승 가능성, 피상속인의 건강 상태, 상속재산의 규모 등 여러 가지 개인적 변수를 종합해서 검토한 후 결정해야 하는 문제이다. 정확한 예측은 어렵지만, 전문가 상담을 통하여 여러 변수에 따른 불확실성에 대비한다면 현명한 절세 방법을 찾을 수 있을 것이다.

02

부모님과 10년 이상 한집에 살면 상속세가 줄어든다

서울 방배동의 터줏대감이던 김동거 씨와 박공동 씨. 연배와 재산 상황이 비슷하고 집안끼리 왕래도 빈번했던 두 사람은 같이 여행하던 중에 불의의 교통사고로 사망하고 말았다. 김동거 씨와 박공동 씨 모두 슬하에 외아들뿐이다. 자녀들은 상속세 신고를 위해 세무사와 상담을 하던 중에 서로 다른 상황으로 인해 박공동 씨네가 상속세 부담액이 더 크다는 것을 알게 되었다. 김동거 씨네 가족은 김동거 씨 단독명의로 되어 있는 주택에서 5년째 살고 있었고(다른 집에서 15년을 살다가), 박공동 씨의 주택은 하나뿐인 아들과 공동명의로 되어 있는 점만 다를 뿐 두 집 모두 20년 이상 한 주택에서 살아왔는데….

부모님을 모시고 살기만 해도 상속주택에 대하여 상속세를 주택가격(상속개시일 현재 해당 주택 및 주택부수토지에 담보된 피상속인의 채무액을 뺀 순자산가액)의 100%, 최대 6억원까지 공제해주는 제도가 있다. 이를 동거주택상속공제라고 한다.

단, 다음의 몇 가지 요건을 모두 만족시키는 경우에만 가능하다 (동거주택상속공제의 범위나 공제율 등에 관해서는 거의 매년 개정되므로 잘 체크하여야 한다).

① 피상속인과 상속인(직계비속인 경우로 한정)이 상속개시일부터 소급하여 10년 이상(동거주택 판정 기간) 계속하여 한 주택에 동거할 것
② 동거주택 판정 기간에 계속하여 1세대를 구성하면서 1세대 1주택일 것. 이 경우 상속개시일 현재 1세대 1주택인 경우로서 동거주택 판정 기간 중 무주택인 기간이 있는 경우에 해당 기간은 1세대 1주택에 해당하는 기간에 포함
③ 상속개시일 현재 무주택자로서 피상속인과 동거한 상속인이 상속받은 주택일 것
④ 상속인이 미성년자인 기간은 동거 기간에 포함하지 않음

동거주택상속공제는 '피상속인과 상속인이 상속개시일 이전 10년 이상 계속하여 한 주택에서 동거할 것'을 요건으로 받을 수 있다. 이때 주의할 것은 10년 이상 동거 요건이지 10년 이상 보유 요건이 아니라는 것이다. 더불어 상속인이 미성년자인 기간은 동거 기간에 포함하지 않음을 유의해야 한다.

즉 중간에 이사를 여러 번 했더라도 10년 동안 계속하여 1세대

1주택을 유지하고 그 주택들에서 피상속인과 상속인이 10년간 계속 동거하면 된다. 만약 피상속인과 상속인이 전세를 얻어 이사를 다니면서 10년 이상 동거했고, 상속개시일 현재 1세대 1주택 요건을 충족한 상속주택이 있다면 이 경우에도 동거주택상속공제 대상이 된다.[99]

또한 여기서 중요한 점은 피상속인과 동거했으며 주택이 없는 자녀가 그 동거주택을 상속받아야 한다는 것이다. 피상속인과 동거한 배우자가 상속을 받으면 공제 대상이 아니다. 배우자는 이미 배우자상속공제를 받기 때문에 중복해서 공제하지 않기 때문이다.

김동거 씨와 박공동 씨의 경우에 상속인은 외아들 한 명뿐이라고 가정해보자. 김동거 씨와 20년 이상 동거했던 김동거 씨의 아들은 본인 명의의 다른 주택이 없기 때문에 앞에 설명한 요건을 모두 충족하여 동거주택상속공제를 받을 수 있다. 그러나 박공동 씨의 아들은 해당 상속주택이 박공동 씨와 공동명의로 되어 있기 때문에 무주택자 상태가 아니다. 세법에서는 1주택을 여러 사람이 공동으로 소유하는 경우 개개인이 각각 1주택을 소유하는 것으로 보기 때문이다.[100]

---

99 (상속증여—15, 2013. 03. 27.) 동거주택상속공제 규정을 적용할 때 피상속인과 상속인이 상속개시일로부터 소급하여 10년 이상 계속하여 타인 소유 주택을 임차(전세)하여 동거하고 상속개시일 현재 상속주택에는 동거하지 않아도 동 규정이 적용된다.

100 (재산—580, 2010. 08. 11.) 주택은 상속인이 소유하고, 주택 부수 토지는 피상속인이 소유하고 있던 중 상속이 개시되어 피상속인과 10년 이상 동거한 상속인이 해당 주택 부수 토지를 상속받는 경우에는 동거주택상속공제를 적용할 수 없다.

이러한 이유로 박공동 씨의 아들은 동거주택상속공제를 적용받지 못해 상속세 부담이 커진다. 김동거 씨와 박공동 씨의 상속재산가액이 30억원(주택가격은 20억원)으로 동일하다고 가정하고 상속세 부담액의 차이를 계산하면 다음과 같다.

(단위: 원)

구분	김동거 씨의 경우	박공동 씨의 경우
상속주택	2,000,000,000	2,000,000,000
(+) 다른 재산	1,000,000,000	1,000,000,000
(=) 총상속재산가액	3,000,000,000	3,000,000,000
(−) 일괄공제	500,000,000	500,000,000
(−) 동거주택상속공제	600,000,000	
(=) 과세표준	1,900,000,000	2,500,000,000
(×) 세율	40%	40%
(=) 상속세	600,000,000	840,000,000

※ 동거주택상속공제 = Min(20억원 × 100%, 6억원) = 6억원

박공동 씨의 상속인은 동거주택상속공제 6억원을 받지 못하게 되니 2억4천만원의 세금을 더 내야 하는 상황이다. 김동거 씨의 경우 당해 상속주택에서 10년 이상 계속해서 동거하지는 않았지만, 종전 주택에서 1세대 1주택인 상태로 계속 동거했기 때문에 10년이라는 조건에 위배되지 않는다. 많은 주택이 공동명의로 되어 있음을 볼 때 적용 대상 주택 범위에 대한 추가적 법제화가 필요하지 않을까 생각한다.

동거주택가액의 100% 또는 6억원의 공제 조건은 1세대 1주택자에게 매우 큰 공제 혜택일 수 있다. 따라서 10년이라는 동거 조건을 채울 수 있다면 상속재산 분할 당시에 동거한 무주택자 자녀에게 상속하는 것이 바람직하다.

03

가업을 상속받으면
세금을 줄일 수 있을까?

중소기업을 운영하는 박 사장은 주변에 사업하는 지인들이 사업상 스트레스 때문인지 갑자기 사망하고, 유가족들이 거액의 상속세를 부담해야 하는 상황과 사업 승계를 미리 준비하지 못해 사업 운영 면에서도 어려움을 겪는 일을 여러 번 지켜보았다. 신문을 읽던 중 가업상속공제제도를 활용하면 사업을 원활하게 상속할 수 있고, 상속세도 대폭 줄일 수 있다는 기사를 보았는데….

가업상속공제제도란 피상속인 생전에 영위한 사업이 일정한 요건에 해당하면 피상속인이 영위하던 가업을 상속인에게 승계하여 계속 영위할 수 있도록 지원하는 제도이다. 이때 피상속인이 10년 이상 계속 경영한 중소기업 등의 가업재산을 상속받는 경우에는 다음에 따른 큰 금액을 상속세에서 공제받을 수 있다.

> Min[ⓐ 가업상속재산가액의 100%, ⓑ 200억원(300억원, 500억원)]

단, 금액이 200억원을 초과하는 경우에는 200억원을 한도로 하되, 피상속인이 20년 이상 계속하여 경영한 경우에는 300억원, 피상속인이 30년 이상 계속하여 경영한 경우에는 500억원을 한도로 한다.

가업상속공제의 요건을 구체적으로 살펴보자.

가업상속공제 요건

가업의 범위: 10년 이상 경영

① 피상속인이 10년 이상 계속하여 경영한 기업으로

② 상속개시일이 속하는 과세기간 또는 사업연도의 직전 과세기간 또는 법인세 사업연도 말 현재 아래 요건을 모두 갖춘 기업

　1. 상증령 별표에 따른 업종을 주된 사업으로 영위

　2. 조특령 제2조 제1항 1,3호 요건(매출액, 독립성 기준)을 충족

　3. 자산총액 5,000억원 미만

③ 상속개시일이 속하는 과세기간 또는 사업연도의 직전 과세기간 또는 법인세 사업연도 말 현재 아래 요건을 모두 갖춘 기업

　1. 상증령 별표에 따른 업종을 주된 사업으로 영위

　2. 조특령 제9조 제3항 1,3호 요건(독립성 기준 등)을 충족

3. 상속개시일의 직전 3개 소득세 과세기간 또는 법인세 사업연도의 매출액의 평균금액이 3,000억원 미만

피상속인 요건

① 가업상속공제가 적용되는 피상속인은 최대주주 중 1명으로 제한함

② 피상속인이 최대주주 등인 경우로서 피상속인과 그의 특수관계인의 주식 등을 합하여 50% 이상 계속 보유할 것(상장법인인 경우 30% 이상)

③ 가업의 영위 기간 중 다음 어느 하나의 기간에 대표이사(개인기업의 경우 대표자) 등으로 재직할 것[101]

- 50% 이상의 기간

- 10년 이상의 기간

- 상속개시일로부터 소급하여 10년 중 5년 이상의 기간

상속인[102] 요건

① 상속개시일 현재 18세 이상일 것

② 상속개시일 2년 전부터 계속하여 직접 가업에 종사하였을 것(다만 피상속인이 65세 이전에 사망하거나 천재지변이나 인재 등 부득이한 사유로 사망한 경우는 제외)

③ 상속세 과세표준 신고기한 이내에 임원으로 취임하고, 상속세 신고기한

---

101 '대표이사 등으로 재직할 것'은 법인등기부에 등재되고, 공동대표이사로 재직한 경우, 각자대표이사로 등기된 경우에도 적용되며, 상속개시일 현재 피상속인이 대표이사 등으로 재직하지 아니한 경우에도 적용된다.
102 상속인의 배우자가 요건을 모두 갖춘 경우 상속인이 그 요건을 갖춘 것으로 본다.

부터 2년 이내에 대표이사 등으로 취임할 것

이 외에도 2016년 세법 개정으로 인해 1개의 기업을 공동으로 상속하는 경우 대표이사(대표자)로 취임하는 상속인의 지분만큼 공제 가능하게 되었으며, 가업이 2개 이상인 경우 상속인 각자가 해당 기업에 대표이사로 취임한 경우 기업별로 상속하는 것도 공제 가능하게 되었다.

이러한 지원제도는 법인기업에만 적용되는 것이 아니라, 개인 기업에도 적용된다. 개인의 경우 가업상속재산은 가업에 직접 사용되는 토지, 건축물, 기계장치 등 사업용 자산을 말한다. 법인의 경우에는 당해 법인의 주식을 의미하는데, 이때는 업무와 관련 없는 별장, 비사업용 토지 등과 임대용 부동산, 대여금(가지급금), 과다 보유 현금, 법인의 영업활동과 직접 관련이 없이 보유하고 있는 타 법인 주식 등(이를 사업무관자산이라 함)을 제외한 자산이 법인의 총자산가액에서 차지하는 비율을 곱하여 계산한 주식가액이 가업상속공제 대상 자산이 된다.

만일 가업에서 이러한 사업무관자산의 비율이 높다면 가업상속공제를 받을 수 없는 부분이 많아지므로 꼭 검토하여 계산해야 할 것이다.

상속받은 상속인은 경영하는 데에만 그치지 않고, 최소 10년 간은 승계받은 사업을 안정적으로 꾸려가야 한다. 심지어 직원들 고용도 안정적으로 유지해야 한다. 그러지 않을 경우에는 지원받은 세금을 추징당할 위험이 있다. 다음의 사후 관리 규정을 살펴보자.

사후 관리 요건

가업상속공제를 받은 상속인이 상속개시일로부터 7년 이내에 정당한 사유 없이 다음의 어느 하나에 해당하는 경우에는 공제받은 금액을 상속개시 당시의 상속세 과세가액에 산입하여 상속세를 부과한다.

① 해당 가업용 자산의 20%(상속개시일로부터 5년 이내는 10%) 이상을 처분한 경우

② 해당 상속인이 가업에 종사하지 아니하게 된 경우

- 상속인이 대표이사 등으로 종사하지 아니하는 경우

- 가업의 주된 업종을 변경[103]하는 경우

- 당해 가업을 1년 이상 휴업(실적이 없는 경우를 포함)하거나 폐업하는 경우

③ 주식 등을 상속받은 상속인의 지분이 감소된 경우

- 상속인이 상속받은 주식 등을 처분하는 경우

- 주식 등의 발행 법인이 유상증자 시 상속인의 실권 등으로 인하여 지

---

103 종전에는 한국표준산업분류에 따른 '세분류' 내에서 주된 업종을 변경하는 경우만 허용하였으나, 세법 개정을 통해 '소분류' 내에서의 변경도 허용하는 것으로 사후 관리 요건을 완화하였다. 다만 종전 업종 매출액이 매년 30% 이상을 유지해야 하는 것으로 한정하고 있다.
※ (한국표준산업분류) 대분류 → 중분류 → 소분류 → 세분류 → 세세분류

분율이 감소되는 경우

- 상속인과 특수관계에 있는 자가 주식 등을 처분하거나 유상증자 시 실권 등으로 인하여 상속인이 최대주주 등에 해당되지 아니하게 되는 경우

④ 정규직 근로자 수 평균이 상속개시 사업연도의 직전 2개 사업연도 정규 직 근로자의 평균(기준고용인원)[104]의 80%에 미달하고, 총 급여액이 상속 개시 사업연도의 직전 2개 사업연도의 총 급여액의 평균(기준 총 급여)의 80%에 미달하는 경우

⑤ 상속이 개시된 사업연도 말부터 7년간 정규직 근로자 수의 전체 평균이 기준고용인원의 100%에 미달하고, 7년간 총 급여액 전체평균의 평균이 기준 총 급여액의 100%에 미달하는 경우

다음에 열거한 정당한 사유에 해당하는 경우, 추가로 상속세를 추징하지 않는다.

① 가업용 자산의 20%(상속개시일로부터 5년 이내는 10%) 이상을 처분한 것에 대한 정당한 사유

- 가업용 자산이 공익 목적 등에 의하여 수용 또는 협의 매수되거나 국 가 또는 지방자치단체에 양도, 시설 개체, 사업장 이전 등의 사유로 처 분하는 경우. 다만 처분자산과 동일 종류의 자산을 대체 취득하여 가

---

104 상속이 개시된 사업연도 직전 2개 사업연도의 정규직 근로자 수의 평균을 말한다.

업에 계속 사용하는 경우에 한함

- 국가 또는 지방자치단체에 증여하는 경우
- 가업상속을 받은 상속인이 사망한 경우
- 합병·분할, 통합, 개인사업의 법인 전환 등 조직 변경으로 인하여 자산의 소유권이 이전되는 경우. 다만 조직 변경 이전의 업종과 동일한 업종을 영위하는 경우로서 이전된 가업용 자산을 당해 사업에 계속 사용하는 경우에 한함
- 내용연수가 경과된 자산을 처분하는 경우

② 상속인이 가업에 종사하지 아니하게 된 것에 대한 정당한 사유
- 가업을 상속받은 상속인이 사망한 경우
- 가업상속재산을 국가 또는 지방자치단체에 증여하는 경우
- 상속인이 법률에 따른 병역의무의 이행, 질병의 요양 등 부득이한 사유에 해당하는 경우

③ 주식 등을 상속받은 상속인의 지분이 감소된 것에 대한 정당한 사유
- 합병·분할 등 조직 변경에 따라 주식 등을 처분하는 경우. 다만 상속인이 최대주주 등에 해당하는 경우에 한함
- 사업 확장 등에 따른 유상증자 시 상속인과 특수관계에 있는 자 외의 자에게 주식 등을 배정함에 따라 상속인의 지분율이 감소하는 경우. 다만, 상속인이 최대주주 등에 해당하는 경우에 한함
- 상속인이 사망하는 경우. 다만, 사망한 자의 상속인이 당초 상속인의

지위를 승계하여 가업에 종사하는 경우에 한함

- 주식 등을 국가 또는 지방자치단체에 증여하는 경우
- 「자본시장과 금융투자업에 관한 법률」에 따른 상장 규정의 상장 요건을 갖추기 위하여 지분을 감소시킨 경우

가업상속공제는 적용 요건, 사후 관리, 정당한 사유 등 법 규정이 매우 어렵다. 따라서 독자들은 큰 그림만 이해하고 구체적인 적용 여부는 전문가와 상의하는 것이 바람직하다. 몇 가지 사례를 통해 가업상속공제를 적용할 수 있는지 살펴보자.

피상속인이 법인의 대표이사가 아닌 경우

만일 40년 이상 계속 영위한 법인의 대표이사는 아니지만 주주이며 동시에 임원인 경우 가업상속공제 대상 피상속인에 해당할까? 또한 40년 이상 계속 영위한 법인의 대표이사는 아니지만 창립 멤버(대표이사와 친인척)이고 주주이며, 동시에 임원인 경우 가업상속공제 대상 피상속인에 해당할까?

가업상속 피상속인 요건은 가업의 영위 기간 중 50% 이상 또는 10년 이상인 기간 또는 상속개시일로부터 소급하여 10년 중 5년 이상의 기간 동안 대표이사 등으로 재직한 것을 요건으로 하기 때문에 대표이사가 아닌 경우에는 가업상속공제 대상이 아니다.

반드시 피상속인이 법인등기부등본에 대표이사 등으로 등재되어야 하는가?

피상속인이 대표이사와 고문직을 수행하였으나 대외적 요인에 의해 부득이 대표이사로 등재만 안 되었을 뿐, 법인의 운영 및 중요한 의사결정을 하면서 실질적으로 대표이사로서의 권리와 의무를 행사하였다. 이러한 경우에도 실제 대표이사직을 수행한 것으로 보아 대표이사 재직 요건에 부합할까?

가업상속공제 적용 시 피상속인이 '대표이사 등으로 재직한 경우'란 피상속인이 대표이사로 선임되어 법인등기부에 등재되고 대표이사직을 수행하는 경우를 말한다.

암으로 피상속인이 사망한 경우

피상속인이 천재지변 및 인재 등 부득이한 사유로 사망한 경우 상속인은 상속개시일 2년 전부터 계속하여 직접 가업에 종사하지 않아도 가업상속공제 대상이 된다. 천재지변 및 인재라는 것이 구체적으로 무엇을 의미할까? 예컨대 암 선고를 받아 6개월 만에 사망한 경우도 인재에 해당할까?

기획재정부령으로 정하는 부득이한 사유란 상속인이 법률 규정에 의한 병역의무의 이행, 질병의 요양, 취학상 형편 등으로 가업에 직접 종사할 수 없는 사유가 있는 경우를 말한다. 따라서 피상속인이 암으로 사망한 경우는 포함되지 않는다.

참고로 천재지변이란 자연현상에 따른 재앙(태풍, 홍수, 지진, 산사태 등)을 말하며, 인재란 사람에 의해 일어난 재난(화재, 건물 붕괴, 폭발, 파괴 등)을 말한다.

부모가 공동으로 중소기업을 경영한 경우

2011년 세법 개정을 통해 「상속세 및 증여세법 시행령」 제15조 제3항 단서조항에서는 가업상속이 이루어진 후에 가업상속 당시 최대주주 등에 해당하는 자의 사망으로 상속이 개시되는 경우는 가업의 범위에서 제외한다고 규정하고 있다. 이는 가업상속공제가 적용되는 피상속인을 최대주주 1인으로 제한하는 것을 명확히 한 것으로 볼 수 있다.

따라서 부모가 공동으로 중소기업을 경영한 경우에 가업상속공제는 부모 한 명으로부터 상속받은 주식에 한하여 적용한다.

부동산임대업의 경우

부동산임대업은 「조세특례제한법」 제5조제1항에서 열거한 중소기업 등에 해당되지 않으므로 가업상속공제 대상이 아니다.

2개 이상의 사업을 영위한 경우

피상속인이 10년 이상 사업장 한 곳에서 부동산임대업과 제조업을 영위하였고 현재도 하고 있다(사업자등록증은 1개). 건물 일부분은 제조업에 사용하고 일부는 타인에게 임대하고 있으며, 건물 전체 면적 중 제조업으로 사용한 면적은 임대업으로 사용한 면적보다 훨씬 적다. 제조업 매출은 연간 약 5억원, 임대업 매출은 연간 7천만원 정도이다.

이 경우에서처럼 한 사업장에서 둘 이상의 다른 사업을 영위하는 경우에는 사업별 사업수입금액이 큰 사업을 주된 사업으로 보며, 피상속인이 영위하는 사업 전부를 10년 이상 계속하여 경영한 경우 가업상속공제 규정이 적용된다. 다만 일부 타인에게 임대한 부동산은 사업무관자산에 해당하여 가업상속공제 대상 자산에서 제외됨을 유의하여야 한다.

현재 중소기업을 경영하고 있고 사후에 자녀에게 가업을 물려주고 싶다면 상속공제 혜택이 큰 가업상속공제를 염두에 두길 바란다. 앞서 이야기한 것처럼 본 규정은 일반인들에게 다소 어려운 내용이기도 하고 매년 세법 개정으로 요건 등이 바뀌고 있으므로 생전에 미리 전문가에게 상담을 받는 것도 좋은 방법이다.

04

공동상속 받은 주택을 양도하는 경우도 양도세 없이 양도할 수 있을까?

심주택 씨는 홀어머니와 함께 살고 있고, 심주택 씨의 동생은 1주택을 보유하고 따로 살고 있던 중 갑자기 어머니가 돌아가시자 어머니 명의의 거주주택을 공동으로 상속받게 되었다. 다만, 심주택 씨가 그동안 어머니를 모셔왔기에 동생보다는 높은 지분으로 주택을 상속받기로 하였다.

2년이 지난 후 심주택 씨는 다른 주택을 취득해 이사를 가게 되어 상속주택을 팔았으나 심주택 씨와 그의 동생은 양도소득세를 생각하지 못하고 신고도 하지 않았다.

그러던 중 심주택 씨의 동생은 세무서로부터 양도소득세를 신고납부하지 않으니 가산세까지 포함된 거액의 세금을 납부하라는 연락을 받았고, 심주택 씨는 본인의 지분이 더 크기 때문에 더 많은 세금을 납부해야 하는 것이 아닌가 싶어 밤잠을 설치고 있는 상태이다.

심주택 씨는 어머님과 함께 거주하고 있었으므로 피상속인과 동일세대를 유지한 상태에서 상속이 발생하게 된 것이다. 기초편 9장에서 설명한 것처럼 위 상속주택은 상속으로 인해 받은 주택이지만, 세법상 상속주택으로 인정받아 특례규정을 적용받을 수 있는 주택에 해당하지 않는다. 상속 이전부터 이미 1주택을 소유하고 있는 것으로 보기 때문에 상속을 원인으로 취득한 주택으로 보지 않는다는 취지이다.

그러나 동생의 경우에는 어머님과 별도세대인 상태에서 일반주택을 한 채 보유하던 중 상속주택의 일부지분을 상속받았기 때문에 세법상 특례규정을 적용받을 수 있는 상속주택에 해당한다.

공동지분으로 상속받은 경우, 누구의 소유로 볼 것인가?

상속재산을 단독으로 상속받는 경우도 있지만 일반적으로는 상속인 각자의 지분대로 상속을 받게 된다. 특히 상속재산이 피상속인이 거주하던 주택 한 채라면 각자의 지분대로 상속받아 공동으로 소유하게 된다.

따라서 상속주택 또는 상속인들이 보유하고 있던 일반주택을 양도하는 경우 공동으로 소유하게 된 상속주택은 누구의 소유로 봐야하는 것인지? 더 나아가 과세대상인지 비과세대상인지 다주택자인지 등등을 검토해야 할 것이다.

먼저 상속주택을 공동으로 소유한 경우 소유자는 아래의 기준에 따라 판단한다. 일단 지분이 가장 큰 자의 소유로 보며, 지분이 모두 동일할 경우 당해주택에 거주했던자의 주택으로 본다. 만약 지분이 동일하고, 피상속인과 함께 거주했던 상속인도 없었다면 상속인들 중 가장 나이가 많은 자의 주택으로 보게 된다.

① 지분이 가장 큰 자

(상속이후에 공유자간 증여 및 매매 등으로 인해 지분변동이 있더라도 상속개시일 현재 지분으로 판단)

② 당해주택 거주자

③ 최연장자

아래의 4가지 사례를 통해 양도세 과세여부를 살펴보자.

사례	상속인 상황				일반주택 양도 시	상속으로 받은 주택 양도 시
	동일세대 구성여부	지분	본인소유 주택으로 포함여부	상속주택 특례적용 가능여부		
①	동일세대 구성	다수지분자	포함	X	과세	과세
②		소수지분자	미포함	X	비과세	과세
③	별도세대 구성	다수지분자	포함	O	비과세	과세
④		소수지분자	미포함	O	비과세	과세

※ 상속인 모두 주택을 상속받기 전에 일반주택을 보유하고 있다고 가정함

사례①의 경우 상속인은 상속개시 당시 동일세대를 구성하고

있었으므로 상속받은 주택은 세법상 특례적용을 받는 상속주택이 아니게 되며, 상속주택의 다수지분자[105]이므로 본인소유 주택수에 포함된다. 따라서 보유하고 있는 어떤 주택을 양도하더라도 양도세가 과세된다.

사례②의 경우 사례①과 상황은 모두 동일하지만 상속주택의 소수지분자이므로 본인 소유 주택수에 포함되지 않는다. 따라서 보유하고 있던 일반주택을 양도하는 경우 비과세를 적용받을 수 있고 반대로 상속주택을 양도하는 경우 주택수에는 포함되지 않았으나 양도세가 과세(본인 지분 해당분)된다.

사례③의 경우 상속개시 당시 별도세대를 구성하고 있었으므로 상속받은 주택은 세법상 특례적용을 받는 상속주택이 되므로 일반주택을 양도하는 경우 비과세를 받을 수 있게 된다. 반대로 상속주택을 양도하는 경우 다수지분자이므로 본인소유 주택수에 포함되고 양도세가 과세(본인 지분 해당분)된다.

사례④의 경우 사례②와 상황은 모두 동일하다고 볼 수 있다. 상속개시당시 동일세대냐 별도세대냐의 차이가 있으나 소수지분

---

105 「소득세법 시행령 제155조제3항」…공동상속주택외의 다른 주택을 양도하는 때에는 해당 공동상속주택은 해당 거주자의 주택으로 보지 아니한다. 다만 상속지분이 가장 큰 상속인의 경우에는 그러하지 아니하며…

자는 상속주택이 본인소유 주택수에 포함되지 않기 때문에 일반주택 양도 시 상속주택으로 인해 과세여부가 달라지지 않는다. 따라서 보유하고 있던 일반주택을 양도하는 경우 비과세를 적용받을 수 있고, 상속주택을 양도하는 경우 양도세가 과세(본인 지분 해당분)된다.

앞선 사례의 심주택 씨의 경우는 동일세대를 구성하고 있던 중 주택을 상속받게 되는 경우로서 사례①과 유사하다. 다만 심주택 씨는 상속개시 전에 일반주택을 보유한 것이 아니고 상속개시 이후 이사를 위하여 신규주택을 취득하고 상속주택을 양도한 경우에 해당하여 양도소득세 과세대상이다.

더 나아가 세법에서는 기존주택을 취득한지 1년이 지난 후 이사 등을 위하여 신규 주택을 취득하는 경우 취득한 날로부터 3년 이내에 기존 주택을 양도하면 양도세 비과세를 적용하고 있다. 따라서 심주택 씨가 상속주택이 보유하고 있는 상황에서 신규주택을 취득하고 3년 이내에 상속받은 주택을 양도했다면 비과세를 받았을 것이고 3년이 지난 후 양도하였다면 동생과 마찬가지로 양도소득세를 내야하는 상황이 될 것이다.

심주택 씨 동생의 경우는 사례④에 해당된다. 상속주택에 대해서는 소수지분자이므로 본인주택수에 포함되지 않으므로 본인이 보유하고 있던 일반주택을 양도했다면 1세대 1주택에 해당되어 양도세를 비과세 받을 수 있지만 상속주택을 양도한 상황이므로 하는 양도세 과세(본인 지분 해당분)대상이 되기 때문에 세무서에서 연락이 온 것으로 판단된다.

이와 같이 상속으로 인하여 주택을 공동 소유하는 경우에는 상속인 각각의 상황에 따라 양도소득세 과세대상이 될 수도 비과세 대상이 될 수도 있기 때문에 반드시 세무전문가와 상의하여 의사결정을 해야 할 것이다.

05

상속세 조사와 예금계좌 분석은
어떻게 할까?

중소기업을 운영하는 박상속 씨는 회사의 자금 사정이 어려워지자 보유하고 있던 부동산을 처분하였다. 사업상 채무를 변제하고 남은 돈은 자녀들 계좌에 예치하면서 증여세 신고를 하지 않았다. 얼마 뒤에 박상속 씨가 갑자기 사망하였고, 상속인들은 예금 잔액과 남은 재산에 대해서만 상속세를 신고하였다. 세무조사를 받는 과정에서 박 씨가 사망하기 1년 전에 회사에 자금을 대여한 금액과 회수한 금액의 차이가 약 7억원에 달하므로, 초과 회수한 자금의 사용처를 소명하라는 요구를 받았다. 박 씨의 상속인들은 회사자금 운용 상황을 잘 알지 못하여 소명하지 못했고, 국세청은 이를 상속재산으로 보아 상속세를 추징하겠다고 하는데….

상속세 부담을 부당하게 감소시킬 목적으로 피상속인이 상속개시일 전 1년 이내에 2억원 이상, 2년 이내에 5억원 이상의 재산을 처분하거나 예금을 인출한 경우에 용도가 객관적으로 명백하지 않다면 이를 상속인이 상속받은 것으로 추정하여 상속세를 부과한다. 이처럼 추정상속재산 문제는 상속세 세무조사 시 가장 논쟁이 되는 부분이고 실제 추징도 여기에서 많이 이루어진다.

그렇다면 국세청에서는 이런 내용을 어떻게 산정할까?

국세청에서 상속세 관련 세무조사를 시작하면 예금재산의 분석과 관련해 다음 사항들을 중점적으로 살핀다.

① 5백만원 이상 등 현금 출금된 내역과 그 사용처. 만일 생활비라면 월간 또는 연간 신용카드 사용액과 비교하여 과다하게 출금된 내역이 있는가?

② 10년 이내에 상속인 간 또는 타인 간 증여 목적으로 계좌 이체한 내역이 있는가?

③ 부동산 또는 주식 등 매각 대금이 피상속인 계좌에서 매매계약서상의 금액과 수령 일정에 따라 정확히 입금되었는가? 입금이 전부 되지 않았다면 누구의 계좌로 들어갔는가?

④ 부동산 또는 주식 등을 취득한 대금이 피상속인 계좌에서 매매계약서상의 금액과 지급 일정에 따라 정확히 출금되었는가? 출금이 전부 되지 않았다면 누구의 계좌에서 나갔는가?

⑤ 상속인이 부동산이나 주식 등을 취득하였을 경우 해당 부동산 취득자금 중 피상속인의 계좌에서 출금된 부분이 있는가?

⑥ 차명부동산이나 차명계좌로 볼 만한 정도의 거래 금액의 표시가 있는가?

⑦ 부동산임대업의 경우 실제로 수령한 월세금액과 실제 부가가치세 신고액이 일치하는가? 종합소득세 과소 신고금액은 없는가?

⑧ 상속인이나 타인의 채무를 대신 상환해준 내역이 있는가?

⑨ 계약자가 상속인인 보험상품의 보험료 불입을 피상속인이 대신 납부했는가?

기본적으로 피상속인과 상속인의 최근 10년간 예금계좌 거래 내역을 모두 조회하여 큰 금액 위주로[106] 현금 출금된 내역이나 재산 처분 또는 채무 부담한 내역을 집계한다. 현금으로 출금한 내역에 대해서는 국세청에서 그 사용처를 알지 못하기 때문에 상속인들에게 사용처에 대한 소명을 요구하는 것이다. 그러므로 사용처를 밝히지 못하여 그 합계액이 1년 이내에 2억원, 2년 이내에 5억원이 넘으면, 상속인들이 직접 받지 않았다 하더라도 상속재산으로 추정하여 상속재산에 포함시킨다.

만약 세무조사 과정에서 예금 거래 내역을 조회하여 상속인에게 바로 계좌 이체된 내역이 명백히 드러난다면 이는 추정상속재산으로 보지 않고 상속인에 대한 사전증여로 보아 먼저 증여세를 과세한 후 상속재산에 합산하고 기납부증여세를 차감해주는 형식을 취하게 된다.

---

106 일반적으로 출금 건당 또는 일자별로 5백만원 이상 정도로 보면 된다. 그러나 원칙적으로는 최저금액의 하한은 없다는 것을 알아두어야 한다.

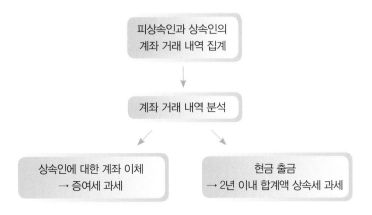

피상속인과 상속인의
계좌 거래 내역 집계

↓

계좌 거래 내역 분석

↓ ↓

상속인에 대한 계좌 이체
→ 증여세 과세

현금 출금
→ 2년 이내 합계액 상속세 과세

박상속 씨의 사례에서 회사에 자금을 빌려준 것은 채권이 발생
(가수금 발생)한 것이고, 자금을 회수한 것은 당해 채권을 처분(가수
금 회수)한 것이 된다. 따라서 회사로부터 가수금을 회수한 경우에
는 그 금액의 사용처를 밝혀야 상속재산에서 제외될 수 있다.

회사로부터 가수금을 회수한 금액을 그대로 박상속 씨 예금에
입금하고 상속세로 신고하였다면 문제될 것이 없겠지만, 회사에
서는 가수금을 반제했다고 회계 처리했는데 박상속 씨의 계좌에
입금된 내역이 없는 경우 문제가 된다.

통상적으로 규모가 작은 중소기업에서는 회사자금이 부족하면
대표이사가 일시적으로 자금을 융통한 후에 나중에 변제받는 경
우가 있다. 회사의 회계 담당자뿐 아니라 가족들은 어디에서 자금
을 빌려다 쓰고 갚았는지 알지 못하는 경우가 많다.

이 사례와 같이 어디에서 가수금을 변제받았으며, 어디에 사용
하였는지 소명하지 못한다면 꼼짝없이 상속세를 내야 한다. 상황

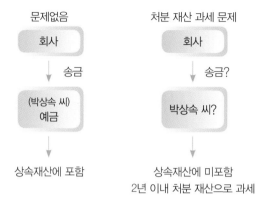

문제없음	처분 재산 과세 문제
회사	회사
↓ 송금	↓ 송금?
(박상속 씨) 예금	박상속 씨?
↓	↓
상속재산에 포함	상속재산에 미포함 2년 이내 처분 재산으로 과세

에 따라 1~2년간의 가수금 반제액을 합산하면 그 금액이 상당히 클 수도 있으므로 상속세 또한 많아질 수밖에 없다.

따라서 미래에 있을 상속에 미리 대비하는 차원에서 예금 거래 내역을 꼼꼼히 챙길 필요가 있다. 물론 평소에 자금 조달과 사용에 대한 증빙도 잘 갖춰놓아야 한다.

결국 상속세 세무조사 과정은 상속일 현재 남아 있는 상속재산에 대한 검증을 다시 하는 한편, 상속 전에 피상속인이 상속인 등에게 증여세 신고 없이 미리 사전증여한 내역, 그리고 1년 이내에 2억원 또는 2년 이내에 5억원의 범위를 초과하여 사전상속을 한 내용 등을 확인하는 과정이라고 이해하면 된다. 만일 특정 증여 사실에 대한 소명을 요구하였을 경우에 증여 사실을 인정하면 가산세를 포함한 증여세를 추가 부담해야 한다. 또한 처분 또는 인출한 재산의 사용처를 제대로 소명하지 못하는 경우 상속재산에 가산되어 추가적인 상속세를 내야 한다.

따라서 상속세 신고를 완벽하게 하기 위해서는 상속세 신고 당시에 피상속인과 상속인의 10년간의 계좌를 미리 정리하여 살펴볼 필요가 있다. 상속세 신고 단계에서 피상속인의 모든 계좌를 일자별로 정리한 후에, 국세청에서 소명을 요구할 만한 내용이 있는지 미리 점검해야 한다. 만일 소명할 사항이 있을 경우에는 그 사안의 경중에 따라 뒤늦게나마 자진 신고를 할지, 아니면 상속세 세무조사 시에 적극적으로 소명할지 고민해야 한다. 스스로 판단하기 어려운 경우에는 반드시 세무 전문가와 상의하여 신고 여부를 결정하는 것이 매우 중요하다.

마지막으로 다음의 예금 거래 분석 절차는 반드시 기억해두기 바란다.

① 피상속인의 10년간 모든 계좌(해지 계좌 포함)에 대한 계좌 거래 내역서를 준비하고, 계좌 거래 내역을 정리한다.

② 입력한 내역을 일자별, 내용별로 정리한다.

③ 일자별로 정리한 자료 중 피상속인 명의의 다른 계좌로 입출금된 내용을 체크한다.

④ 내용별로 정리한 자료 중에서 동일인과 입출금한 내용이나 동일한 내용으로 입출금한 내용을 정리한다.

⑤ 현금 출금 부분과 상속인 또는 타인에게 입출금한 내역을 정리한다.

⑥ 상속인은 정리한 거래 건별로 거래 사실을 확인하고, 그 사실을 입증할

수 있는 증빙을 준비한다.

상속조사 때 증여세 기한후신고, 상속재산의 과소 신고로 인한 가산세를 부담하지 않으려면 생전에 상속인에게 증여를 한 부분은 증여 당시 증여세를 신고하고, 증여나 상속재산이 아닌 경우라면 자금 사용처를 입증할 만한 서류를 잘 챙겨두어야 한다.

06

타인 명의로 돌려놓은 차명 부동산,
상속재산에 포함하여 신고해야 할까?

박차명 씨는 이미 상가 건물을 보유한 상태에서 세금을 아끼겠다는 생각으로 5년 전에 친동생 명의로 다른 상가 건물을 취득하였다. 그리고 그 건물에서 나오는 임대료는 본인 계좌로 받아서 사용해왔다. 그러다가 박차명 씨가 사망하였고, 박 씨의 자녀들은 상속세 신고를 준비하게 되었다. 자녀들은 상속세를 신고하면서 작은아버지 명의로 되어 있는 상가 건물을 자진 신고해야 할지, 말아도 할지 고민이 큰데….

부동산을 차명이나 명의신탁의 방법으로 소유하는 이유는 탈세나 탈법적인 부동산 투기를 목적으로 하기 때문일 것이다.

일단 본인의 실제 소득보다 신고한 소득이 적은데도 거액의 부동산을 취득한다면, 국세청에서는 어떻게 취득했는지 소명을 요구할 것이다. 소명하지 못한다면 소득 탈루나 취득자금을 증여받

은 것으로 보아 세금 문제가 발생할 수 있다.

　부동산을 차명으로 거래하는 것은 「부동산 실권리자명의 등기에 관한 법률」(약칭 「부동산실명법」) 위반으로 명백한 불법행위이다. 「부동산실명법」이란 부동산 거래에서 남의 이름을 빌려 쓰는 행위를 금지하는 법으로, 차명을 통한 거래에서의 탈세와 탈법적인 부동산 투기를 막으려는 정부 정책이다.

　차명거래의 가장 대표적인 방법은 부동산의 실소유자가 타인 이름으로 등기하는 것이다. 실소유자와 명의 대여자는 거래 사실을 공증이나 내부 계약을 통해 약정하여 형식상 소유자가 자신의 이익을 위해 임의로 사용하거나 처분할 수 없게 하기도 한다. 차명(명의신탁)을 쓸 경우에는 법률적 효력이 무효화되며, 유예기간이 지난 후 금지된 명의신탁으로 부동산등기를 하면 형사처분(예: 5년 징역) 또는 과징금(부동산가액의 30%)을 부과한다.

「부동산실명법」을 위반한 사실이 밝혀지면 일반적으로 지자체에서 과징금을 부과하는데, 이때 부동산가액은 명의신탁 당시의 부동산가액이 아닌 명의신탁 사실을 안 날 당시 기준시가의 30%가 부과된다. 즉 현재 시점을 기준으로 과징금이 부과된다.

박차명 씨의 사례를 살펴보자. 피상속인이 생전에 명의신탁을 한 부동산이 있는 경우라도 원칙적으로는 상속재산에 합산해야 한다. 그러나 명의신탁을 한 이유가 상속세에서 제외하기 위한 것이었기 때문에 명의신탁 부동산을 자진해서 상속재산으로 신고하기란 쉬운 일은 아니다. 자진해서 신고한다면 상속세를 추가적으로 내야 할 것이고, 그동안 명의자에게 부과되었던 재산세 문제와 무거운 과징금 문제도 있기 때문에 골치 아픈 점이 한두 가지가 아니다. 따라서 차명재산의 존재가 드러나지 않기만을 바라면서 해당 부동산을 합산하여 신고하지 않을 가능성이 높다.

상속세 신고에 따른 세무조사가 시작되면 피상속인과 상속인의 10년간의 예금계좌를 모두 조회하여 분석한다. 박차명 씨의 계좌를 들여다본 결과 박차명 씨 명의의 부동산 이외에 다른 부동산에서 다음과 같은 상황들이 생겼다고 가정해보자.

① 피상속인 명의 계좌에서 친동생 명의 상가의 취득대금이 출금되었다.

② 피상속인 명의 계좌에 친동생 명의 상가의 임대보증금이 입금되었으며, 임차인으로부터 임대료가 정기적으로 입금되었다.

③ 피상속인 명의 계좌에서 친동생 명의 상가의 임대료 관련 부가가치세나 종합소득세, 재산세나 환경개선부담금 같은 부동산 관련 제세공과금이 납부되었거나 인출되었다.

담당 공무원은 동생 명의로 된 상가 건물의 취득대금을 왜 박차명 씨가 냈으며, 임대료를 받거나 각종 비용을 지출한 이유를 반드시 물어볼 것이다. 상가나 오피스텔과 같은 수익용 부동산의 경우에는 실제 소유자가 박차명 씨가 아니라면 임차인들이 박차명 씨의 계좌에 임대료를 입금할 이유가 없기 때문이다.

이와 같은 상황이라면 동생 명의로 명의신탁 부동산을 취득했다고 충분히 추정할 수 있다. 소명이 명확하지 않으면 이를 상속재산으로 보아 과세할 것이며, 지자체에 부동산 명의신탁 사실을 통보할 것이다. 이에 지자체는 사실을 조사하여 과징금을 부과할 것이다.

박차명 씨의 예처럼 세무조사 단계에서 명명백백하게 드러날 만한 경우라면 당연히 상속재산으로 자진 신고를 하는 것이 그나마 손실을 줄일 수 있는 방법일 것이다.[107]

따라서 자진 신고를 하기 전에 세무 전문가의 조언과 판단을 들

---

107 단, 과징금은 상속세의 공과금공제 대상이 아님을 기억해두자.

어보는 것이 바람직하다. 경우에 따라서는 과징금 문제가 있기 때문에 차명부동산이 아닌 사전증여재산으로 신고하는 것이 더 유리할 수도 있다. 이때는 적극적으로 증여라는 사실을 입증해야 함을 명심하기 바란다.

07

자녀 명의로 돌려놓은 차명예금,
상속재산에 포함하여 신고해야 할까?

정상속 씨는 자신이 소유하던 부동산이 8년 전에 수용되면서 50억 원을 수령하였다. 이 돈을 본인 명의의 예금으로 예치해두면 이자소득이 일정 금액을 넘어 금융소득종합과세로 세금 부담이 늘어난다는 은행 측의 설명을 듣고, 고민 끝에 가족들 명의로 분산하여 정기예금에 넣었다. 가족들 모두 소득이 충분해 별문제가 없을 것이라고 생각했다. 그러던 중 정상속 씨가 갑작스런 사고로 사망하였고, 아들인 정고민 씨는 상속세 신고를 준비하였다. 정고민 씨는 이 차명예금은 상속재산이 아니라고 생각했지만, 세무사로부터 사전증여나 상속재산으로 볼 수 있다는 말을 듣고 고민에 빠졌는데….

예금 명의를 차명으로 하는 것은 엄밀히 말해 불법이다. 2014년 11월 29일부터 시행된 개정 「금융실명거래 및 비밀보장에 관한 법률」(약칭 「금융실명법」)에 따르면 반드시 거래자의 실명으로 금융 거래를 해야 하며, 이를 위반할 때에는 5년 이하의 징역이나 5천 만원 이하의 벌금을 부과하고, 이를 위반한 금융회사의 임직원에 게는 3천만원 이하의 과태료를 부과하고 있다.

차명예금에 대한 규정이 강화된 「금융실명법」 때문에 차명예금 을 사용하려는 사람이 많이 줄고 있기는 하다. 그럼에도 차명예금 이 아직도 존재하는 이유는 본인의 재산을 누락하여 종합소득세 나 상속세 등의 세금 문제 등을 회피하려는 이유가 가장 크기 때 문에 국세청에서는 이러한 차명재산을 찾아내기 위해 노력하고 있다.

한 해의 이자소득과 배당소득(금융소득)이 2천만원을 넘으면 다 른 종합소득과 합산하여 신고납부하도록 하고 있다. 기본적인 금 융소득의 원천징수세율은 14%(지방소득세 별도)이고, 종합과세가 되 면 6~45%의 세율이 적용된다.

따라서 금융소득이 2천만원을 넘을 정도의 예금 잔액을 보유한 사람이라면 세금을 많이 내느니, 차라리 타인 명의로 예금을 분 산하여 운영하면서 국세청의 행정력이 본인에게는 미치지 않기를 기대할 수도 있을 것이다.

그러나 거액의 차명재산을 가지고 있다면 다음과 같은 세금 문 제가 발생할 수 있다는 사실을 반드시 기억해두어야 한다.

첫째, 명의자의 직업, 연령, 재산이나 소득에 비하여 지나치게 예금 잔액이 많은 경우에 국세청은 예금 출처를 조사하여 근거에 따라 증여세를 과세할 수 있다.

둘째, 차명예금은 자금을 이체하는 순간을 기준으로 명의자에게 증여한 것으로 보아 증여세를 과세할 수 있다.

셋째, 차명예금임을 인정받더라도 본인의 금융재산에 합산되어 금융소득종합과세로 종합소득세가 추징될 수 있다. 이 경우 본인의 종합소득이 증가해 국민연금이나 건강보험이 추가로 부과될 수 있다.

이와 같은 상황은 차명예금이 국세청에 적발되었을 때 발생하고, 적발 가능성에 대해서는 명확하게 장담할 수는 없다. 그러나 현재 국세청 전산망을 통한 재산 분석이나 소득 탈루를 적발하는 시스템이 매우 정교하기 때문에 거액의 차명예금은 애초부터 적발될 가능성이 높다고 생각하는 것이 좋다. 명의자들의 재산이나 연령, 소득 등이 충분하여 지금까지는 발견되지 않았다고 해도, 정상속 씨처럼 피상속인의 갑작스런 사망으로 상속이 발생하는 경우에는 상속세 세무조사 과정에서 차명예금은 그대로 드러날 수밖에 없다.

정상속 씨의 사례로 돌아가보자. 정 씨는 보유하고 있던 부동산이 수용되면서 수십억원의 자금이 생겼다. 자기 명의로 운용했을 때 내야 하는 세금이 많은 것이 싫어서, 가족들 명의를 동원하여 차명으로 정기예금에 가입하였다. 그러던 중 상속이 발생하였고 가족들은 차명예금에 대해 아무런 대비를 하지 못하였다.

문제는 상속세이다. 정고민 씨는 차명예금은 이미 오래전에 분산되어 있었고, 정기예금도 만기가 되어 다른 가족들 명의로 복잡하게 이동했기 때문에 상속재산에 포함되지 않을 것이라고 생각하였다. 그리고 국세청이 추적하기도 어려울 것이라는 막연한 기대를 하고 있었다.

그러나 상속세 신고 이후에 국세청에서 상속세 세무조사를 시작하면 피상속인과 상속인의 10년 동안의 모든 계좌 거래 내역을 조회하여 분석한다. 이러한 분석 과정에서 계좌 이체나 차명재산이 없는지 검증하고, 사전에 증여된 내역이 없는지를 살펴본다.

정상속 씨가 부동산을 매각한 지 10년이 되지 않았고, 그 매각대금이 거액이었다. 거래 내역을 분석한 결과 가족들 명의로 정상속 씨의 계좌에서 입출금을 한 횟수가 매우 빈번하였다.

기대와는 달리 정고민 씨는 세무사로부터 세무조사 과정에서 그 입출금 내역에 대해 모두 증여로 과세할 수 있다는 이야기를 듣게 되었다. 그리고 결정적으로 부동산 매각 이후의 자금 흐름에 대해 소명해야 한다는 것을 알게 되었다.

원칙적으로 국세청에서는 가족들 간의 입출금을 모두 증여로 보아 과세할 수 있다. 만약 이 모든 내용을 증여로 보아 증여세를 과세한다면 감당할 수 없는 엄청난 세금을 내야 한다. 차라리 차명예금으로 상속재산에 포함하는 것이 다행일 수도 있다.

결국 세무사는 상속세 신고 단계에서 차명예금이라는 것을 솔

| | 부동산 매각 이후 상속까지의 자금 흐름에 대한 검토 | |

	부동산 매각 자금	60억원
(−)	양도소득세	10억원
(−)	부동산 매입자금 등	20억원
(+)	실제 발생 예금이자 등	2억원
(−)	상속 당시 예금 잔액	5억원
(=)	추가 소명 출금 자금	27억원

직히 인정하고, 상속재산에 포함하여 자진 신고를 하도록 적극 권장하였다. 상속인들이 생각하기에도 상속세 세무조사가 시작되면 해당 입출금 내역 사유에 대해 별달리 설명할 방법이 없었기 때문에 그렇게 할 수밖에 없었다.

그동안 차명 관리를 통해 금융소득종합과세를 회피하였으나, 이를 상속 과정에서 모두 차명예금으로 인정한다면 상속세를 많이 내야 하는 것은 당연하다. 또한 분산 처리했던 금융소득 또한 모두 정상속 씨의 소득으로 보아 지난 5년간의 종합소득세를 모두 수정신고를 해야 하며, 수정신고 시 미납세액에 대한 무신고가산세 20% 등을 포함해 추가납부를 해야 한다.

08

보험으로 세금을 줄일 수 있을까?

보험을 활용하여 상속세를 줄이는 방법을 이해하려면 먼저 다음의 내용을 이해해야 한다.

① **보험금:** 보험사고가 발생하였을 경우 보험회사가 당해 계약에 따른 보험계약의 수익자에게 지급하여야 하는 금액

② **보험료:** 보험계약을 이행하기 위하여 보험계약자가 그 대가를 보험회사에 지불하기로 약속한 금액

③ **보험계약자:** 자기 이름으로 보험회사와 계약을 체결하고 그 계약에 따라 보험료 납입의무를 지는 자

④ **피보험자:** 그 사람의 생사와 상해 등이 보험사고의 대상이 되는 자, 그 사람의 사망, 장해, 질병의 발생, 상해 생존 등 조건에 관해서 보험계약이 체결된 대상자. 손해보험에서는 보험사고의 발생으로 생긴 재산상의 손해배상을 직접 청구 가능한 자

⑤ **보험수익자**: 보험계약자로부터 보험금 청구권을 지정받은 사람. 보험금 지급 사유가 발생했을 때 보험금을 지급받는 자(손해보험에는 없는 개념)

「상속세 및 증여세법」에서는 피상속인이 보험계약자인 보험계약에서 피상속인의 사망으로 인해 지급받는 생명보험 또는 손해보험의 보험금은 상속재산으로 본다. 만일 보험계약자가 피상속인이 아닌 상속인이라 하더라도 피상속인이 실질적으로 보험료를 지불하였다면 그 명의와는 관계없이 피상속인을 보험계약자로 보아 해당 보험금을 상속재산으로 판단한다.[108]

반대로 상속인이 보험료를 불입한 경우에는 상속재산으로 보지 않는다. 보험계약자와 피보험자가 피상속인으로 되어 있으나, 보험계약 내용과는 달리 상속인이 보험료를 불입하였고 피보험자의 사망에 따라 사망보험금이 나오는 경우에는 이 보험금에 대하여 상속재산으로 보지 않는다는 것이다.

결국 보험의 경우에는 계약자와 수익자, 그리고 피보험자를 지정하도록 하고 있는데 이에 따라서 세금 관계가 달라질 수 있다.

① **보험계약자**: 세금의 과세 여부를 결정하는 측면에서 가장 중요하다. 결과적으로 보험료를 누가 납부하였는지에 따라 상속세와 증여세의 과세

---

108 상속세 신고를 준비하는 과정에서는 세무조사에 대비하여 실제로 누가 보험료를 부담했는지에 대한 출금 내역 등을 반드시 검토해보아야 한다.

여부를 판단하는 사항이 된다.

② **보험수익자**: 보험계약자 다음으로 보험수익자가 중요한데, 보험의 수익인 보험금이 결국 누구에게 귀속되는지에 따라 과세 여부가 달라진다.

③ **피보험자**: 보험금 과세에 있어서 누가 보험료를 납부하였고 누가 보험금을 가져갔는지가 중요하며, 피보험자는 누구를 보험 대상으로 하였는지 지정하는 것이기 때문에 중요하지 않다.

보험료 불입자와 계약자, 수익자에 따라 상속세와 증여세의 과세 여부는 다음과 같이 달라진다. 복잡하게 생각할 것 없이 누가 보험료를 불입해 누구에게 이익이 귀속되는지에 대해서만 생각하면 된다.

보험료 불입자	보험계약자	피보험자	보험금 수익자	보험사고	과세 여부
부	부	부	자녀	부 사망	상속세
부	부	모	자녀	모 사망	증여세
부	자녀	부	자녀	부 사망	상속세
자녀	자녀	부·모	자녀	부·모 사망	과세되지 않음

보험의 경우에는 계약자 명의와 상관없이 보험사고(만기환급금을 수령하는 경우 포함)가 발생하여 보험금을 수령하게 되었을 때, 누구에게 귀속되는지에 따라 과세가 결정된다. 따라서 실제로 보험료를 불입하는 시점에서는 증여나 상속 문제가 발생하는 것이 아님

을 알아두기 바란다.

사망보험금을 상속세 납부 재원으로 활용

상속인들이 상속세 납부에 있어 어려움을 느끼는 가장 큰 이유
는 부동산을 상속받았지만, 상속세는 현금으로 내야 하기 때문이
다. 물론 이와 같은 문제 때문에 물납제도나 연부연납제도를 두고
있지만, 국세청의 승인을 받아야 하고 납세담보를 제공해야 하는
등 여러 가지 제약이 따른다. 상속세를 내기 위해서 상속받은 부
동산을 단기간에 급매로 처분하거나, 부동산을 담보로 대출받아
과도한 대출이자 비용을 부담해야 하는 상황이 발생하는 것이다.

따라서 상속을 앞두고 있다면 상속인들은 거액의 상속세 납부
문제에 반드시 대비해야 한다. 사전에 상속 계획을 수립하고, 현
명하게 재산분할에 대한 내용을 확정하여 상속세를 최대한 절세
할 수 있도록 준비해야 한다. 그리고 납부할 상속세 규모를 예측
하고, 재원을 마련하기 위한 노력을 해야 한다.

종신보험의 사망보험금은 상속세를 납부할 재원으로 유용하게
활용될 수 있다. 종신보험에 가입한 피보험자가 사망하면, 그 사
망보험금은 상속인들의 생활자금 등으로도 사용될 수 있지만 상
속세를 납부할 재원으로도 충분히 활용될 수 있을 것이다.

종신보험 가입 설계

① 상속재산에 따른 예상 납부세액 추정
② 예상 납부세액에 따른 상속세 납부 재원 분석
③ 납부 부족세액의 예상
④ 상속세 납부 재원 활용을 위한 사망보험금 수령 계획
⑤ 종신보험 가입

물론 피상속인이 보험료를 불입한 경우에 사망보험금은 상속세로 과세된다. 그러나 보험가액의 20%, 최대 2억원까지 공제할 수 있는 금융재산 상속공제의 대상이 되므로 그 혜택을 볼 수 있다.

또, 상속인이 본인의 소득으로 보험료를 불입하고 피보험자를 피상속인으로 지정하여 피상속인의 사망으로 사망보험금을 지급받는다면 이 사망보험금은 상속세의 과세대상이 아니다. 또한 소득세의 과세대상도 아니다. 세금 없이 고스란히 사망보험금 전액을 수령하고 여러 가지 용도로 활용할 수 있다는 장점이 있다.

그러나 이와 같은 방법을 적용하기 위해서는 상속인이 피상속인을 피보험자로 지정할 수 있는지 반드시 알아보아야 한다. 보험 가입 조건이나 보험회사의 거부 등의 이유로 피상속인이 피보험자로 지정되지 못할 수도 있기 때문이다. 또한 상속인이 소득이 없거나 보험료를 납입할 재원이 없는 경우에도 소용이 없다. 보험 계약자가 상속인이어도 실제 보험료 불입을 피상속인 등이 대납하는 경우에는 상속 또는 증여로 보기 때문이다.

혹시 보험계약 체결 전에 재산을 증여받아 보험료를 불입하면 되지 않느냐고 생각할 수도 있겠지만, 이에 대해서도 주의할 점이 있다. 국세청에서는 보험계약에서 보험료 불입자와 보험금 수취인이 동일한 경우로서 재산을 타인으로부터 먼저 증여받은 후에 보험계약을 체결하고, 그 증여받은 재산으로 보험료를 불입하는 경우에도 보험료 불입액을 초과하는 수령액은 증여세 과세대상으로 보고 있다. 즉, 경제적인 실질이 보험금 증여와 동일한 경우에는 증여세를 과세하겠다는 것이다.

물론 대원칙은 이러하지만 해당 증여재산이 정확히 보험료 불입액으로 쓰였는지에 대한 판단은 상황에 따라 매우 애매할 수도 있다. 먼저 현금을 증여받은 후 이를 금융상품에 가입하여 운용하다가 보험료를 불입하는 경우 또는 수익용 부동산을 증여받아 그 임대수익으로 보험료를 불입하는 경우에는 명확하게 과세 여부를 판단하기 어려울 수도 있기 때문이다. 따라서 세무 전문가와 상의하여 판단하는 것이 중요할 것이다.

정기금 평가에 의한 연금가입 설계의 필요성

대한민국은 이미 고령화 사회로 진입하였고, 오는 2022년에는 노인 인구의 비율이 24%가 넘는 고령사회가 될 것으로 전망하고 있다. 이러한 변화 때문에 노후 소득 보장과 관련된 사회적 비용의 증가와 비용 분담 등이 중요한 과제가 될 것임은 자명하다.

선진국의 경우에는 이미 공적연금의 재정 문제가 대두되어 이를 사적연금의 역할로 대체하고 있으며, 우리나라의 경우에도 개인연금과 퇴직연금의 법적·제도적 장치를 마련하여 세계적인 추세에 발맞추어 고령사회를 대비하고 있다. 공적연금만으로는 노후의 실질적 소득을 보장하는 데에 한계가 있기 때문에 사적연금의 중요성이 점차 대두되는 것이다.

종신보험의 경우 피보험자의 사망으로 확정된 보험금이 수익자에게 현금으로 지급되기 때문에 별다른 평가 방법 없이 해당 가액을 상속재산에 포함하여 상속세를 계산하면 된다. 그러나 연금보험의 경우에는 연금 개시 후 만기 수익자가 사망해도 보험계약이 유지되어 연금 수령 잔존 기간이 남아 있을 수 있다. 따라서 연금 지급 기간이 남은 동 연금 수령권을 평가해서 과세할 필요가 있다.

일시금 형태의 자산으로 상속받는 것이 아니라 정기금 형태로 상속받게 되면 매년 정기금을 받을 때마다 상속세를 부과할 수 없기 때문에 매년 받는 정기금을 상속개시 시점에서 일시금으로 받는 것을 가정하여 정기금의 현재가치를 계산하는 것이다.

계약자: 본인 피보험자: 자녀(또는 며느리) 수익자: 본인(생존 시), 자녀(본인 사망 시)

본인	65세	75세	85세	
자녀	35세	45세	55세	85세
손자	5세	15세	25세	55세

연금가입액

상속일시금

본인이 매월 생활자금 수령	본인 연금 수령	자녀가 연금 수령	손자가 일시금 수령
계약자 = 수익자	계약자 = 수익자	상속세 과세	상속세 과세
↓	↓	↓	↓
세금 문제 없음	세금 문제 없음	종신정기금 평가	일시금 과세

이와 같은 경우에는 다음과 같은 정기금을 받을 권리의 평가 방법으로 상속세나 증여세를 과세하도록 하고 있다. 정기금 수령 기한이 정해진 유기정기금과 달리 종신정기금의 경우에는 평가기준일로부터 기대여명까지 받을 정기금액 기준으로 한다.

$$정기금\ 평가액 = \sum_{n=1}^{n} \left(\frac{각\ 연도에\ 받을\ 정기금액}{(1+3\%)^n} \right)$$

※ n : 평가기준일부터의 경과 연수
※ 3% : 보험회사의 평균공시이율 등을 감안하여 기획재정부령으로 정하는 이자율(2017년 3월 10일 이후 상속이 개시되거나 증여받는 분부터 적용)

이에 따라 정기금을 평가하는 사례는 다음과 같다.

확정형 연금보험 사례

확정형 연금보험(계약자 및 수익자는 아버지, 피보험자는 아들)에 가입하고 연금 개시 후 아버지가 사망한 경우의 연금보험 평가액은 얼마일까?

- 연간 연금수령액: 2천4백만원
- 연금 지급 기간: 20년, 7년간 연금 수령 후 사망
- 명목 연금수령액 = 2천4백만원 × 13년 = 3억1천2백만원
- 평가액 = 2천4백만원 × 10.6349(13년, 3% 연금 현가) = 2억5천5백만원
  → 18% 저평가에 따른 절세효과

종신형 연금보험 사례

종신형 연금보험(계약자 및 수익자는 아버지, 피보험자는 아들)에 가입하고 연금 개시 후 아버지가 70세에 사망한 경우의 연금보험 평가액은 얼마일까?

- 연간 연금수령액: 2천4백만원
- 자녀 나이 55세(55세의 기대여명을 75세로 가정)
- 명목 연금수령액 = 2천4백만원 × 20년 = 4억8천만원
- 평가액 = 2천4백만원 × 14.8774(20년, 3% 연금 현가) = 3억5천7백만원
  → 26% 저평가에 따른 절세효과

「상속세 및 증여세법 시행령」 제62조에서는 정기금을 받을 권리의 평가 방법을 규정하고 있다. 보험회사의 평균공시이율 등을 감안하여 기획재정부령으로 정하는 이자율에 의하여 현재가치를 계산하여 평가한다. 연금의 평가액은 실제 수령하게 되는 명목상의 연금 수령액보다 상대적으로 낮기 때문에, 낮은 만큼의 절세효과가 있다.

이러한 이유로 인해 부자들의 절세 수단으로 즉시연금이 널리 이용되어왔으며, 10년간 만기 유지 시에는 이자소득도 비과세되는 혜택을 누려왔다. 그러나 현재는 2억원이 넘는 즉시연금에 대하여는 이자소득이 과세되고 있음에 유의하여야 한다.

연금보험은 확정형, 상속형, 종신형으로 지급되고 있다.

상속형 연금보험은 이자 상당액을 보험계약에 따라 보험수익자에게 연금 형태로 지급하여 노후 생활자금으로 사용할 수 있도록 하고, 보험사고가 발생하면 상속인들에게 일시금을 지급하는 형태의 연금보험상품이다.

앞의 계산 사례에서 확인한 바와 같이 종신형 연금보험상품은 정기금 평가를 통해 현재가치로 할인된 가액이 상속재산으로 확정되는 반면에 상속형 연금보험상품은 상속이 개시되면 보험금이 연금이 아닌 일시금으로 지급되기 때문에 연금에 대한 정기금 평가를 하지 않는다. 즉 보험금 수령액 그대로 상속재산가액으로 확정하면 된다.

따라서 정기금 평가를 통한 절세효과를 누리기 위해서 상속형이 아닌 종신형으로 가입해야 한다는 점도 기억하기 바란다.

09

유류분 반환청구, 알고 시작하자

어머니 생전에 사고뭉치이던 나불효 씨는 어머니가 유언장을 작성해 두신 사실을 돌아가신 후에야 알게 되었다. 공개된 유언장에 적힌 상속재산 분배 대상자에 나불효 씨는 없고, 형님인 나효자 씨와 여동생인 나천사 씨만 적혀 있었다. 어머니의 눈 밖에 날 만한 행동만 골라서 하고 다닌 그였지만, 그런 유언장에는 수긍할 수 없었다. 상속을 받을 수 있는 방법을 알아보던 중에 유류분 반환청구라는 것을 알게 되었는데….

평생을 대학교 근처에서 분식집을 운영하며 모은 재산 전부를 학교에 장학금으로 기부하고 돌아가신 할머님 이야기를 뉴스를 통해 가끔 접하게 된다. 재산 전부를 기부하고 돌아가신 할머님의 자녀들은 고인의 뜻을 존중하기 위해 어쩔 수 없이 재산상속을 포

기하는 경우이다.

　이러한 경우에 피상속인의 자의自意로부터 어느 정도 상속인을 보호하기 위한 방법이 바로 유류분 반환청구제도이다. 돌아가신 분의 의사가 무엇보다 존중되어야 하지만, 재산의 일정 비율까지는 상속인에게 승계되도록 보호하는 제도라고 생각하면 된다.

　이때 상속인에는 직계비속, 배우자, 직계존속, 형제자매까지만 해당하며, 선순위의 상속인(예컨대 아들)이 있는 경우에 후순위의 상속인(할아버지)은 유류분을 행사할 수 없다. 배우자와 직계비속은 법정상속분의 1/2, 직계존속과 형제자매는 법정상속분의 1/3까지의 유류분이 인정된다.

　유류분의 범위 내까지는 재산의 반환청구가 가능한데, 반환해야 할 증여 또는 유증이 있음을 안 때로부터 1년 이내에 청구해야 한다. 또한 돌아가신 날로부터 10년이 지나면 반환청구권은 소멸된다.

그렇다면 어떤 재산까지 유류분의 대상이 될까?

「민법」에서는 돌아가신 날 이전 1년 이내에 행한 증여재산까지 포함하는 것으로 정하고 있다. 하지만 증여 당시 증여자(돌아가신 분)와 수증자가 유류분 권리자에게 손해를 끼칠 것을 알고 증여한 때에는 돌아가신 날로부터 1년 이전의 증여재산도 포함될 수 있다.

따라서 상속인들은 예컨대 재산 전부를 기부한 할머니가 돌아가신 후 고인의 뜻을 존중하여 유류분 반환청구를 하지 않을 수도 있으며(선택 사항), 만약 반환청구를 하게 된다면 재산을 기부받은 학교는 상속인들의 유류분 범위 내까지는 재산을 반환해야 한다.

나불효 씨의 사례를 보자.

나불효 씨를 괘씸하게 생각한 어머니가 나불효 씨에게 한 푼의 재산도 물려주고 싶지 않았기에 유언장에서 나불효 씨를 빼버렸을지라도, 나불효 씨가 형과 여동생을 상대로 유류분 반환청구를 제기한다면 본인의 몫인 상속재산의 1/6은 되찾을 수 있게 된다.

나불효 씨를 포함하여 상속인이 세 명이므로 법정상속지분은 1/3씩이 되고, 유류분은 법정상속지분의 1/2을 인정하므로 유류분의 한도는 1/6(1/3 × 1/2)이 된다.

공동상속인 중에서 미리 증여받은 재산이 있는 경우, 그 재산은 유류분 계산 시에 어떻게 될까?

공동상속인 중 어느 한 상속인이 너무 많은 재산을 증여받아 나머지 공동상속인의 유류분을 침해하는 경우에는 사전에 증여받은 재산을 모두 합산한 가액[109]을 기준으로 법정상속지분과 유류분 한도액을 계산한 후 유류분을 침해한 부분이 있으면 그 유류분 권리자에게 재산을 반환하게 된다.

증여받은 재산을 유류분 권리자에게 반환한 경우 그 재산만큼은 당초에 증여가 없었던 것으로 보아 당초 증여세는 취소되어 환급되며, 유류분 권리자(상속인)는 확정판결이 있은 후로부터 6개월 이내에 상속세를 재계산하여 신고해야 한다.[110]

또한 당초 부동산을 증여받고 현물로 반환한 경우가 아니라 현금으로 반환하는 경우에는 유류분 권리자가 상속받은 재산을 양도한 것으로 간주하므로 상속세뿐만 아니라 양도소득세까지 과세된다는 점을 유의하기 바란다.

---

109 이 경우 상속개시 1년 이전에 준 것이라도 모두 합산해야 한다.
110 유류분 계산 시에 상속개시 당시의 시가로 평가하므로 당초에 사전증여를 받았을 때의 평가액이 아닌 상속개시 당시의 가액으로 평가해 재산 평가액이 증가할 수도 있다. 또한 사전증여재산의 과세표준은 상속공제 한도에서 차감되므로 공제 한도가 작아지지만, 유류분 반환청구로 인한 반환분은 사전증여재산에서 빠지게 되므로 그로 인해 상속공제 한도가 증가할 수도 있다.

단순승인, 한정승인, 상속포기

단순승인

피상속인의 권리와 의무를 무조건적, 무제한적으로 승계하는 것을 단순승인이라고 한다. 상속인이 특별한 의사표시를 통해 한정승인, 상속포기 신청을 하는 경우가 아니라면 일반적인 상속의 효과는 원칙적으로 단순승인이 된다. 단순승인의 경우에는 상속에 의하여 승계한 자산보다 채무가 많으면 상속인의 고유재산으로 변제할 의무가 있기 때문에 피상속인의 채무가 많을 때에는 한정승인이나 상속포기 등의 절차를 고려해야 한다.

한정승인

한정승인이란 상속으로 인해 취득한 재산의 범위 내에서 채무를 부담할 것을 조건으로 하므로 자기의 고유재산으로 변제할 필요는 없다. 상속인은 상속개시가 있음을 안 날로부터 3개월 이내에 상속재산의 목록을 첨부하여 가정법원에 한정승인을 신청할 수 있다. 그러나 상속채무가 상속재산을 초과하는 사실을 중대한 과실 없이 알지 못하고 단순승인을 한 경우에는 그 사실을 안 날로부터 3개월 이내에 한정승인을 할 수 있다.

상속포기

상속포기란 피상속인의 재산에 대한 모든 권리, 의무의 승계를 부인하고 상속개시 당시부터 상속인이 아니라는 효력을 발생하게 하는 단독의 의사표시이다. 상속을 포기하려면 상속개시가 있음을 안 날로부터 3개월 이내에 가정법원에 포기 신고를 하면 된다. 공동상속인의 경우 각 상속인 개별적으로 단독 포기할 수 있으며, 포기한 상속분은 다른 상속인의 상속분 비율로 다른 상속인에게 귀속된다.

미리 증여받은 재산이
상속재산 분할에 영향을 줄까?

김분쟁 씨는 상속재산 분할과 관련하여 가족 간에 분쟁을 겪게 되었다. 삼남매 중 장남인 분쟁 씨는 12년 전에 아버지로부터 6억원의 현금을 증여받았는데, 상속재산은 법정상속지분대로 분할하자고 제안했다. 그러나 막냇동생은 상속재산 지분 중에서 분쟁 씨가 사전증여받은 부분을 뺀 나머지만을 받아야 한다고 주장한다. 김분쟁 씨는 증여받은 지가 이미 10년도 넘었고 증여세도 납부하여, 상속과는 관련이 없기 때문에 현재 재산에 대해서만 1/3씩 나누면 된다고 주장하는데….

이 사례에서 문제는, 피상속인이 살아 있을 당시에 상속인에게 미리 증여한 재산이 있을 경우, 증여재산을 법정상속지분 계산에 포함시켜야 하는지에 대한 것이다.

예를 들어 사전에 증여받은 재산은 6억원이고 상속재산은 24억

원이라고 가정해보자.

　김분쟁 씨의 주장대로라면 사전증여를 받은 6억원은 이미 정당한 증여계약에 의해 장남인 자신에게 증여해주신 아버지의 의사가 반영된 것이므로 이번 상속재산 분할과는 아무 관련이 없으며, 상속재산 24억원을 3등분하여 8억원씩 나누면 된다는 것이다.

　하지만 막냇동생의 주장에 따르면 김분쟁 씨가 받은 6억원을 포함한 30억원을 기준으로 법정상속지분을 계산해야 하며, 그에 따라 둘째와 셋째에게 각각 10억원씩 나누어주고 김분쟁 씨는 10억원 중 6억원을 미리 증여받았으므로 이번 상속 시에는 4억원만 받아야 한다는 것이다.

결론부터 말하면, 막냇동생의 주장이 맞다.

「민법」제1008조 '특별수익자의 상속분'에서는 "공동상속인 중에 피상속인으로부터 재산의 증여 또는 유증을 받은 자가 있는 경우에 그 수증재산이 자기의 상속분에 달하지 못한 때에는 그 부족한 부분의 한도에서 상속분이 있다"고 되어 있다.

> (사전증여 6억원 + 상속재산 잔액 24억원) × 1/3 = 10억원
> 10억원 - 6억원 = 4억원(김분쟁 씨가 상속으로 분배받을 금액)

다만 대법원 판례(대법원 2006스3, 2007. 08. 28.)에서는 특별수익이란 생전에 상속재산 중 상속인의 몫을 미리 나누어준 것이라고 볼 수 있는 것을 뜻하며 자연적 애정에 기한 것은 포함하지 않는다고 하였으니, 김분쟁 씨가 사전에 증여받은 6억원이 자연적 애정에 기한 것인지 아닌지는 알 수 없는 일이다.

11

상속세 세무조사, 반드시 하는 걸까?

상속세는 납세자의 자진 신고로 종결되는 것이 아니라, 세무조사를 거쳐 정부가 결정하는 방식을 취한다. 따라서 상속세 신고를 하면 일단 세무조사는 반드시 받는다고 생각하면 된다.

세무조사를 받는다고 하면 걱정과 공포감이 크다고 호소하는 사람이 많다. 특히 상속세 세무조사를 받으면 혹시라도 본인의 다른 문제까지 불거져 세금을 더 내는 것은 아닌지 걱정이 많다.

그러나 너무 걱정하지 말자. 상속세 경험이 많은 세무 전문가를 만난다면 많은 문제에 미리 대비할 수 있다. 세무조사 시에 발생할 문제들을 미리 예상하고 대비하는 것이 무엇보다도 중요하다. 사전에 상속인과 세무 전문가가 서로 충분히 협력한다면 세금의 위험성은 현저하게 줄어들 것이다.

상속인들이 상속세를 신고하면 일반적으로 6개월에서 1년 사이에[111] 세무조사 사전통지서를 받게 된다. 세무조사 사전통지서에는 세무조사를 하는 대상자의 인적 사항과 조사 대상 세목(상속세), 대상 기간(상속연도)과 조사 기간(국세청에서 조사하는 기간), 조사 사유 (상속세 기타 조사) 등이 표시되어 있다. 하단에는 지방국세청장 또는 세무서장 등의 조사 기관명이 있으며 조사 담당자 이름과 연락처 등이 기재되어 있다.

일반적으로 조사 기간은 60일 또는 90일 정도이다. 상속재산이 50억원을 초과하면 지방국세청에서 조사하고, 그 이하 재산가액은 일선 세무서에서 조사한다. 그러나 상속재산이 50억원이 안 되더라도 조사 결과에 따라 재산가액이 50억원이 넘을 것으로 추정되는 사유가 있는 경우에는 지방국세청에서 조사할 수도 있다.

세무조사 사전통지서와 함께 받는 것이 있는데 납세자권리헌장, 위임장, 수령증, 청렴확인서다. 납세자권리헌장은 세무조사 과정에서 납세자의 권리가 존중되고 보장되어야 한다는 일종의 안내문이다. 그리고 위임장은 세무조사의 수검을 세무사 같은 특정인에게 위임한다는 확인서이다. 수령증은 세무조사 사전통지서와 납세자권리헌장 등을 적절하게 수령했다고 확인하여 국세청에 제출하는 서류이다. 청렴확인서는 담당 공무원에게 어떠한 일체의 향응과 접대, 뇌물 등을 제공하지 않겠다는 납세자와 세무대리인의 확인서다.

세무조사가 종결되면 납세자는 세무조사 결과통지서와 조기결

---

111 관할세무서 등의 업무 사정에 따라 1년이 넘을 수도 있다.

정신청서를 수령하게 된다. 조사 결과에 따라 추가로 세금을 납부해야 하는 경우에 조사 결과를 인정할 수 없다면 납세자는 30일 이내에 각 조사 기관의 납세자보호담당관실에 과세전적부심사청구라는 일종의 불복 절차를 신청할 수 있다.

반면에 특별히 불복할 내용이 없는 경우라도 30일 동안 그냥 있으면 납부기한이 늘어나게 되어 납부불성실가산세가 추가로 나올 수 있다. 그러므로 불복하지 않을 테니 납부기한을 앞당겨 가산세를 줄여달라는 의미로 조기결정신청서를 보내는 것이며, 이는 세무조사 결과에 승복한다는 의미도 있다.

과세전적부심사청구를 하는 경우에는 인용 또는 기각결정에 따라 상속세 고지서를 받게 된다. 상속세 고지서를 수령한 후 90일 내에 이의신청, 국세청 심사청구, 조세심판원 심판청구 또는 감사원 심사청구 등의 불복 절차를 진행할 수 있으며, 이의신청의 경우 결과에 따라 심사 또는 심판청구를 다시 신청할 수 있으나 감사원 심사청구는 하지 못한다. 여기서도 기각되면 기각된 사실을 안 날로부터 행정소송을 다시 90일 내에 신청할 수 있다.

세무조사에서 적출되는 사항이 곧 세금 납부로 연결될 수 있기 때문에 세무조사에 잘 대비해야 한다. 세무조사에 잘 대비한다는 의미는 세무조사 시에 살펴볼 수 있는 사항을 미리 점검하여 세무공무원이 질문하거나 소명할 내용에 대해 사전에 준비해놓는다는 의미이다. 세무공무원이 질문할 사항들을 모두 상속세 신고서에 첨부하지 않기 때문이다.

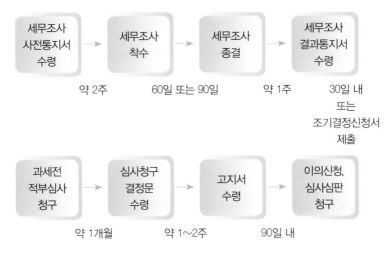

| 세무조사 일정 |

세무조사 사전통지서 수령 → 세무조사 착수 → 세무조사 종결 → 세무조사 결과통지서 수령

약 2주 · 60일 또는 90일 · 약 1주 · 30일 내 또는 조기결정신청서 제출

과세전 적부심사 청구 → 심사청구 결정문 수령 → 고지서 수령 → 이의신청, 심사심판 청구

약 1개월 · 약 1~2주 · 90일 내

소명은 진술로 끝나는 것이 아니라 피상속인의 생전행위나 금융재산의 입출금 내역 등에 관한 객관적인 서류를 제출하여 입증해야 한다. 세무조사에 임박해서 세무공무원이 요구한 서류를 수일 내에 준비하여 제출하려면 매우 바쁘기도 하고 자세히 점검할 시간도 부족하기 때문에 납세자에게 불리할 수밖에 없다.

그러므로 세무조사에서 지적받을 사항들을 조사에 임박하여 준비하는 것이 아니고, 이미 신고 단계에서 문제를 분석하여 최대한 점검해야 한다. 소명해야 할 사항들에 대해 시간을 가지고 입증서류를 충실하게 준비하는 것이 매우 중요하다.

다음 내용들은 세무조사 시에 국세청에서 중요하게 체크하는 사항들이다.

준비조사 단계

① 상속세 신고서와 첨부 서류 확인

② 국세청 시스템에 의한 상속재산 등 데이터베이스DB 조회

→ 피상속인, 상속인 모두 조회하며 필요시 그 배우자들까지 조회한다.

③ 예금, 보험금, 퇴직금, 주식 보유 내용 조회

→ 필요시 상속인의 이자 배당 자료를 조회한다(피상속인의 경우 국세청 전산 망에 수록된 상속개시 자료에 모든 내용이 출력된다).

→ 상속인의 연령이나 소득 등에 비추어 금융재산이 과다하지 않은지, 과다하다면 그 출처가 피상속인으로부터 사전에 증여받은 것은 아 닌지 확인한다.

④ 사업자의 경우 잔존 재화, 채권과 채무 조회

→ 개인사업자의 경우 개인사업의 재산과 부채도 모두 상속재산이다.

⑤ 비상장주식 평가를 위한 재무제표 등의 확보

→ 비상장주식의 평가는 법인의 재무제표를 근간으로 한다.

⑥ 고액 부동산의 최근 등기부등본 등 각종 공부 요청

본조사 단계

① 재산 현황 조사서 작성

② DB상의 상속재산 내역과 납세자의 상속세 신고 내역을 대조하여 신고 재산이 누락된 것이 없는지 검토

③ 상속재산 평가 관련

→ 상속개시 전후로 6개월 이내에 처분한 재산이 있는지, 아파트 등 매매사례가액의 확인이 가능한 재산인지 검토한다.

→ 상가의 경우 임대료를 환산하는 등 재산 종류별로 적정하게 평가하였는지 확인한다.

④ 비상장주식이 있는 경우 적정 평가 여부

→ 회사의 자산과 부채, 3개년간 손익 현황 등에 의하여 적법하게 평가하였는지 확인한다.

⑤ 예금 입출금 내역서를 작성하고 연결된 계좌가 추가로 있는지 검토

→ 피상속인과 상속인의 전 계좌를 조회하여 입출금 내역에 대하여 소명이 필요한 사항을 점검한다.

⑥ 상속개시 전 10년 또는 5년 이내 증여재산 검토

→ 상속재산에 합산한 또는 합산할 내역은 없는지 조사한다.

⑦ 상속개시 전 1년 또는 2년 이내 예금 인출, 처분 재산, 발생 부채 검토

→ 미소명 금액이 1년 내 2억원 또는 2년 내 5억원을 초과하는지 확인한다.

⑧ 사업용 자산 부채의 변동 내역 검토 및 기타 가등기채권, 법인 가수금 채권 등 누락 여부

→ 사업 관련하여 누락된 상속재산은 없는지 검토한다.

⑨ 공과금공제 항목과 장례비공제의 적정성 여부

⑩ 임대보증금에 대한 실지 조사, 임대료 등 부가가치세 신고 내용 검토

→ 임차인과 협의하여 임대보증금을 과다하게 공제받은 내용은 없는지, 실제 수령한 임대료보다 부가가치세와 종합소득세를 과소 신고한

내용은 없는지 확인한다.

⑪ 개인적 채무에 대하여 객관성 있는 사채인지 여부 또는 사업용 채무에 대하여 실지 거래처 확인

⑫ 생전 거래한 부동산 매매대금이 피상속인 명의 계좌에서 매매계약 내용에 따라 적정하게 입출금되었는지 여부

⑬ 상속인이 생전 거래한 부동산 매매대금이 피상속인 명의 계좌에서 입출금된 내역이 없는지 확인

⑭ 상속인의 임대보증금 등의 재원이 피상속인 자금이 아닌지 확인

⑮ 배우자상속공제의 한도액이 적정한지 여부

⑯ 금융재산 상속공제 제외 대상 검토

  → 최대주주 주식이나 상속인 증여 가산액, 상속개시 전 인출하여 현금, 수표로 보관하는 금융재산이 공제 대상에 포함되었는지 확인한다.

⑰ 상속공제의 종합한도 검토

⑱ 차명부동산이나 차명예금 유무 확인

위 내용 이외에도 피상속인의 재산 상태에 따라 세무공무원이 질문할 수 있는 내용은 복잡하고 다양하다. 아무리 세무조사에 잘 대비한다고 해도 국세청보다는 정보력이 떨어질 수밖에 없다. 피상속인의 생전행위를 상속인들이 다 알기도 어렵거니와 상속인들이 알지 못하는 차명재산이나 출처를 알 수 없는 예금의 출금, 사업상 문제 등 예상하지 못한 문제들을 지적하는 일도 많다.

그러므로 세무조사를 통해 세금을 추가적으로 내야 하는 상황

도 얼마든지 발생할 수 있다. 상속세 세무조사에 있어서는 '조사 결과에 따라 세금이 더 나올 수도 있겠지. 잘 대비하여 안 나오면 다행'이라고 생각하는 것이 오히려 마음 편할 수 있다.

상속세 신고와 세무조사를 잘 마무리하려면 무엇보다 상속인 간의 다툼은 금물이다. 상속인 간에 재산 다툼이 있으면 세무공무원은 과세 문제를 판단할 때 조심스럽고 보수적일 수밖에 없기 때문이다. 경험 많은 세무 전문가를 신뢰하고 의논하는 것이 또 하나의 성공 요인이다.

상속세는 신고도 중요하지만 그보다 세무조사에 대한 대응이 훨씬 더 중요하다. 상속세를 신고했다면 그에 따른 세무조사 역시 상속세 신고가 종결되기 위한 절차라고 생각하는 것이 바람직하다. 무엇보다 중요한 것은 모든 상속에 관한 상황을 최대한 정확하게 알 수 있는 사람은 상속인 본인이란 사실이다. 준비하고 소명해야 할 사항이 있다면 꼼꼼히 챙겨야 한다는 것을 명심하기 바란다.

상속세와 증여세의 제척기간과 소멸시효

국세 부과의 제척기간, 국세 징수의 소멸시효란 무엇일까? 제척기간은 국가에서 세금을 부과할 수 있는 기간을 말하고, 소멸시효는 세금을 징수할 수 있는 시효를 말한다.

제척기간

1. 일반적인 경우

상속세와 증여세는 신고기한 다음 날부터 10년

2. 무신고하거나 사기, 기타 부정한 행위로써 상속 · 증여세를 포탈한 경우 등 다음에 해당하면 15년

① 납세자가 사기나 그 밖의 부정한 행위로써 상속세와 증여세를 포탈하거나 환급·공제받은 경우

② 상속세와 증여세의 법정신고기한 이내에 신고서를 제출하지 아니한 경우

③ 상속세와 증여세의 법정신고기한 이내에 신고서를 제출한 자가 다음과 같이 허위 신고 또는 누락 신고를 한 경우(그 허위 신고 또는 누락 신고를 한 부분에 한함)

  ㉠ 상속재산가액 또는 증여재산가액에서 가공의 채무를 빼고 신고한 경우

  ㉡ 권리의 이전이나 그 행사에 등기·등록·명의개서 등이 필요한 재산을 상속인 또는 수증자의 명의로 등기 등을 하지 아니한 경우로서 그 재산을 상속재산 또는 증여재산의 신고에서 누락한 경우

  ㉢ 예금·주식·채권·보험금, 그 밖의 금융자산을 상속재산 또는 증여재산의 신고에서 누락한 경우

3. 사기, 기타 부정한 행위로 상속세 등을 포탈한 경우로서 은닉 재산가액이 50억원을 초과하는 경우

납세자가 사기, 기타 부정한 행위로 상속세·증여세를 포탈한 경우에는 당해 재산의 상속 또는 증여가 있음을 안 날로부터 1년

소멸시효

국세의 소멸시효는 5년(5억원 이상은 10년)이다. 국세의 소멸시효는 복잡한 국세 부과 제척기간과 달리 5년으로 간단하다. 그러나 소멸시효에는 중단과 정지가 있다. 중단은 효력을 상실시키고 다시 5년이 시작되는 것이고, 정지는 시효기간을 단순히 정지시키고 그 후 나머지 기간이 경과하면 소멸되는 것이다.

① **소멸시효의 중단 사유**: 납세고지, 독촉, 납부최고, 교부청구, 압류
② **소멸시효의 정지 사유**: 분납기간, 연부연납기간, 징수유예기간, 체납처분유예기간, 사해행위취소소송 진행기간

중간에 독촉이나 납부최고 등의 절차가 있게 되면 소멸시효가 중단되고, 이 절차 시점부터 다시 시작한다고 보면 된다. 그러므로 세금 납부기한으로부터 5년이 지났다고 해서 안심하면 큰 오산이다. 소멸시효가 완성되려면 체납 징수 절차가 모두 완성되고 나서 5년이 지나야 하기 때문에, 완전히 세금 납부의무에서 벗어나려면 10년도 넘게 걸릴 수 있다.

12

상속·증여 재산,
국세청이 계속 주시한다!

유상속 씨는 5년 전에 부친으로부터 재산을 상속받고 모든 재산을 빠짐없이 신고해 10억원의 상속세를 냈다. 상속세 조사 과정에서도 성실신고가 인정되어 추가로 세금을 부담하지 않았다. 그런데 상속이 발생한 지 5년이 지나 국세청에서 소득이 없는 유상속 씨의 누이동생 재산이 5억원 정도 늘어난 사실을 지적하면서 소명을 요구하는 안내문을 보내왔다. 경위를 알아보니 상속재산은 아니고 사정이 있어 손아래동서가 누이동생 명의로 잠시 예금을 한 것이라는데….

피상속인으로부터 채무를 승계받은 경우, 당해 채무 상당액은 상속재산에서 공제받을 수 있다. 증여세의 경우에도 부담부증여시 채무 상당액을 공제받을 수 있다. 채무가 공제되면 과세표준이 낮아지기 때문에 그만큼 세금 부담은 줄어들게 된다.

　따라서 상속인이 채무를 승계한 경우이거나, 수증자가 채무를 부담부증여로서 받게 되면 국세청에서 사후 관리 대상자로 선정하여 일정 기간 사후 관리를 하게 된다.

　특히 결정된 상속·증여재산가액이 30억원 이상인 고액 상속인(수증자)에 대해서는 상속·증여 개시 후 5년 동안의 재산 증감 상황을 분석하여 신고 당시보다 재산가액에서 현격한 차이가 날 때에는, 신고 당시에 재산 탈루나 오류가 있었는지 등에 관해 사후 관리 차원에서 조사하게 된다. 이때 사후 관리 조사의 범위와 대상 재산은 당초 상속·증여세 조사보다 훨씬 범위가 넓다.

　상속인 또는 수증자의 재산은 물론 배우자와 부모 등 직계존·비속의 재산까지 조사하게 된다. 사후 관리 시점에서의 부동산,

금융재산 등 모든 재산을 일괄 조사하여 파악한다. 그 밖에 골프 회원권, 자동차, 보유 주식, 가등기재산, 무채재산 등 국세청에서 파악할 수 있는 모든 자료를 수집하여 상속, 증여 당시와 비교한다. 물론 조사 과정에서 그동안의 본인 신고소득은 감안한다. 재산이 상속 당시보다 10억원이 증가하였는데 본인의 신고소득이 10억원 이상이라면 조사 대상에서 제외된다.

재산을 증여하면서 증여세를 절세하기 위해 채무를 안고 증여하는 경우나 재산 취득자금에 대한 자금출처 소명을 하면서 은행 융자를 받았다고 소명하는 경우가 많은데, 그런 경우에는 그 부채 금액과 해당 이자를 누가 갚았는지 국세청에서 매년 2회 이상 사후 관리를 하게 된다.

과거에는 사후 관리가 다소 소홀했지만 지금은 최신 국세통합시스템TIS을 활용하여 재산과 부채에 대한 증감 사항을 철저히 사후 관리한다는 것을 명심해야 한다.

일단 고액을 상속 또는 증여받은 사람은 그 후 재산의 증감 변동 상황과 관련한 증빙 자료나 명백한 소명 자료를 챙겨야 한다. 또한 부담부증여 시 인수시킨 채무는 자녀 급여나 소득으로 예금 통장에서 상환하였다는 증빙 자료를 꼭 챙겨야 한다. 그 외 상장 주식 거래에 의한 주식매매차익이 발생하였을 경우에는 그 거래 내역을 잘 보관하여야 한다.

이 밖에도 상속 후 일정 기간은 세무당국의 불필요한 오해를 사지 않도록 재산을 새로 취득한 때에는 자금출처를 투명하게 밝힌다. 2014년 11월 29일부터 시행되고 있는 강화된 「금융실명법」(일명 '차명거래금지법') 위반 등의 사유도 있으니 금융재산을 타인 명의로 운용하는 일 등은 피하는 것이 좋다.

13

해외금융계좌 신고하여
과태료 폭탄 막자

해외 재산 은닉을 통한 탈세

역외탈세란 내국법인이나 개인이 조세피난처 국가에 유령회사를 만든 뒤 그 회사가 수출입 거래를 하거나 수익을 거둔 것처럼 조작해 세금을 내지 않거나 축소하는 것을 말한다. 이는 국내 거주자의 경우에 외국에서 발생한 소득(역외소득)도 국내에서 세금을 내야 하지만 외국에서의 소득은 숨기기 쉽다는 점을 악용한 것이다.

국내에 감춰놓은 소득은 소비나 상속·증여 등을 통해 언젠가 노출되지만 해외로 나간 소득은 거의 노출되지 않는다는 점을 악용해 탈세하는 것이다. 역외탈세는 그 과정이 워낙 복잡하고 은밀한 데에다 수법도 첨단화·지능화되면서 갈수록 증가하지만 추적이 어려워 큰 문제가 되고 있다.

그러나 국세청에서는 이러한 탈세 행위에 대한 과세를 강화하기 위해 많은 노력을 기울이고 있다. 앞으로도 해외금융계좌 미신고 적발과 역외탈세 차단을 위한 정보 수집 역량을 강화해나갈 예정이며, 수집된 해외금융계좌 관련 정보를 면밀히 분석하여 미신고 해외금융계좌를 적발하고, 해외 재산 은닉에 대해서는 엄정한 세무조사 등을 통해 끝까지 추적·과세하겠다는 의지를 천명하고 있다.

실제로 해외로 재산을 빼돌려 세금을 탈루한 사례를 보자.

- 조세회피처 소재 페이퍼컴퍼니 명의로 선박을 소유하고 국내외 해운회사 등에 선박을 임대 → 선박 임대료는 페이퍼컴퍼니 명의의 국내 계좌로 수취하여 제세 신고 누락 → 빌딩 취득, 자녀 유학 경비, 페이퍼컴퍼니 명의의 국내 부동산 취득 등에 사용.

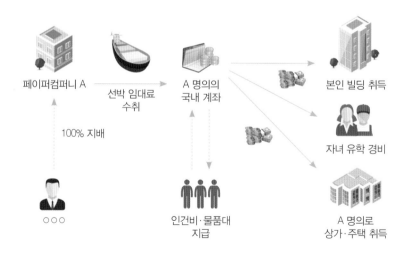

페이퍼컴퍼니 A — 선박 임대료 수취 → A 명의의 국내 계좌

100% 지배

○○○

인건비·물품대 지급

본인 빌딩 취득

자녀 유학 경비

A 명의로 상가·주택 취득

● □□□의 사주 ○○○는 조세회피처에 임직원 명의로 A와 B(A가 100% 소유)를 설립 → □□□에서 직접 수행한 거래를 A의 거래로 위장하여 조세회피처에 발생 소득을 은닉하고 국내에 제세 신고 누락 → 사주 ○○○는 해외에 은닉한 소득을 페이퍼컴퍼니(B)가 투자금·대여금 등 명목으로 국내로 반입한 것으로 위장하여 운용.

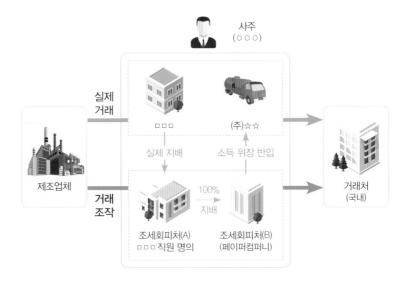

● △△△는 차명으로 조세회피처에 페이퍼컴퍼니를 설립한 후 무역거래를 통해 비자금을 조성하고 자금을 은닉한 후 페이퍼컴퍼니 명의로 국내 주식을 취득하여 거액의 시세차익을 거두고 이 자금을 다시 페이퍼컴퍼니로 빼돌린 후 해외은행 채권을 매입하여 이자소득을 수취 → 외국인 투자를 가장하여 주식 양도소득과 이자소득에 대해 신고 누락하고, 자금은 페이퍼컴퍼니에 은닉.

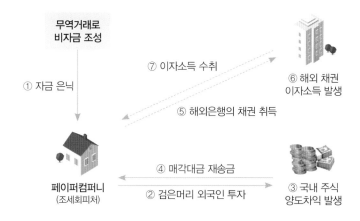

● 사주 을(乙)은 국내에 부동산임대업을 영위하며 해외에 공장을 보유한

자로, 해외에서 발생한 소득을 은닉할 목적으로 BVI(영국령 버진아일랜드)에

페이퍼컴퍼니(A)를 설립 → 해외 공장 생산품을 외국법인(B)을 통해 중계

무역을 하면서 발생된 소득을 BVI에 소재한 페이퍼컴퍼니(A)에 배당하는

방법으로 관련 제세를 탈루.

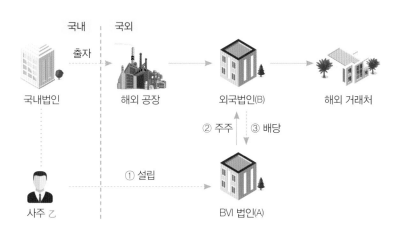

- 법인의 사주는 사전상속과 경영권 승계를 목적으로 조세피난처에 해외 펀드를 위장 설립 → 해외 지주회사의 주식을 해외펀드에 저가로 매각 → 동 해외펀드 명의를 자녀 명의로 바꿔 경영권을 불법 승계.
- 조세피난처에 본인 명의의 페이퍼컴퍼니를 설립 → 해외자원 개발에 투자하여 발생한 이익을 페이퍼컴퍼니의 해외 예금계좌에 은닉 → 배우자가 해외 부동산 구입에 사용하는 등 편법 증여 시도.
- 아들 소유의 국내 계열사에 일감 몰아주기 → 사주 일가가 설립한 조세피난처의 유령회사에 국내 계열사와 해외 현지법인들의 지분을 매각 → 해외 배당소득을 유령회사에 은닉한 뒤 변칙 증여 시도.
- 자녀 명의로 홍콩에 페이퍼컴퍼니를 설립 → 내국법인의 주문, 생산, 판매 등 주요 사업 기능을 페이퍼컴퍼니에 위장 이전 → 모든 경제적 이익을 자녀 소유의 페이퍼컴퍼니에 귀속해 사전상속.
- 피상속인이 명의신탁한 주식의 매각대금 → 상속인이 해외 페이퍼컴퍼니를 이용해 자금세탁 → 해외에서 유용하는 등 상속세 탈루.
- 중견기업 사주 2세(상속인)는 아버지(피상속인)가 임직원 등 명의로 은닉하던 차명주식을 물려받음 → 상속세 신고 누락 → 상속인은 본인 소유 회사에 해당 차명주식을 저가 매각하는 수법으로 실명화 → 세금 부담 없이 경영권 승계.
- 고령의 사주가 기업을 매각하여 받은 9백억원의 자금 → 자녀 명의로 회사 설립 → 동 회사가 인수한 페이퍼컴퍼니에 예금, 펀드, 주식 등을 무상으로 편법 증여.

이와 같이 해외에 재산을 은닉하거나 조세피난처를 이용한 역외탈세를 막고 정당한 과세를 위한 해외금융계좌 정보를 얻기 위해 국세청에서는 일정 조건의 해외금융계좌가 있는 경우에 신고하도록 강제하고 있다. 따라서 신고기한 내에 할 수 있도록 유의해야 하며 의무 사항을 위반하여 무거운 과태료를 내지 않도록 해야 한다.

해외계좌의 신고의무

해외금융계좌(은행계좌, 증권계좌) 잔액의 합계액이 매월 말일 기준 최고잔액이 5억원이 초과된 달이 있으면 매년 6월 1일부터 6월 30일까지 납세지 관할세무서에 신고하여야 한다.

만일 신고기한 내에 신고하지 못할 경우에는 미신고금액에 대해 최고 20%(10%, 15%, 20%)의 과태료 부과 등 불이익을 받을 수 있기 때문에 미리 보유 계좌 잔액의 기준금액(5억원) 초과 여부를 확인하여 신고를 준비할 필요가 있다.

차명계좌의 경우에는 명의자와 실소유자 모두, 공동명의 계좌의 경우에는 각 공동명의자 모두가 신고할 의무가 있다. 계좌 관련자는 지분율에 관계없이 계좌 잔액 전부를 각각 보유한 것으로 보고 신고 대상 여부를 판단한다. 계좌 관련자 중 어느 한 명의 신고로 다른 자가 보유한 모든 해외금융계좌를 파악할 수 있게 된 경우에 그 다른 자에 대해서는 신고의무 면제가 가능하다.

미신고금액에 대한 과태료 비율은 다음과 같다.

미(과소)신고금액	과태료율
20억원 이하	10%
20억원 초과 50억원 이하	2억원 + 20억원 초과금액 × 15%
50억원 초과	6억5천만원 + 50억원 초과금액 × 20%

단, 2015년부터 미소명과태료가 신설되어 기존의 미신고과태료에 추가 과태료가 덧붙을 수 있다. 미신고자에 대하여 자금출처 소명 의무를 부여하고 소명하지 않거나 거짓으로 소명하는 경우 미(거짓)소명 금액의 20%에 상당하는 과태료를 부과한다. 즉, 상황에 따라 미신고한 금액의 40%(미신고과태료 20% + 미소명과태료 20%)까지도 과태료 부과가 가능해진 것이다.

그 밖에도 미신고·과소 신고금액이 50억원을 초과하는 경우 위반자(법인의 경우 대표자 포함)의 인적 사항이 공개될 수 있으며, 형사처분(2년 이하 징역 또는 미신고·과소 신고금액의 13% 이상 20% 이하의 벌금)까지 내릴 수 있는 규정이 마련되는 등 해외금융계좌 미신고에 대한 국세청의 압박은 더욱 거세지고 있다.

미신고·과소 신고 사실이 적발되어 과태료가 부과되기 전까지 수정신고, 기한후신고를 할 수 있으며 경과 기간에 따라 과태료를 감면받을 수 있다.

구분	과태료 감면
수정신고	6개월 이내 90% 6개월 초과 1년 이내 70% 1년 초과 2년 이내 50% 2년 초과 4년 이내 30%
기한후신고	1개월 이내 90% 1개월 초과 6개월 이내 70% 6개월 초과 1년 이내 50% 1년 초과 2년 이내 30%

해외금융계좌 미신고 적발에 중요한 자료를 제공하여 과태료가 납부되고 불복 절차가 종료된 경우에는 20억원 이하의 포상금을 지급할 수 있다(탈세 제보 포상금, 체납은닉자산 신고 포상금과 중복 지급 가능하므로 해외금융계좌 신고 포상금(최대20억)과 해외탈세신고 포상금(최대 40억)을 합해 최대 60억까지 포상금을 지급받을 수 있음).

| 해외금융계좌 신고 포상금 지급액(지급률) |

과태료 금액 또는 벌금액	지급률
2천만원 이상 2억원 이하	15%
2억원 초과 5억원 이하	3천만원 + 2억원 초과금액의 10%
5억원 초과	6천만원 + 5억원 초과금액의 5%

※ 포상금지급한도: 20억원

국세청의 의지는 확고하다. 해외금융계좌에 대한 미신고자 파악과 제재를 위해 가능한 모든 방법을 동원할 계획이다. 세무조사 등 업무 과정에서 파생된 자료, 외국 과세당국으로부터 받는 해외

소득·자산 정보, 제보 등을 통해 제도의 실효성을 제고해나갈 것으로 보인다. 그러므로 해외 재산 관리에도 많은 신경을 써야 할 것이다.

해외탈세 제보 안내

해외탈세 제보 대상 유형

국세청은 해외탈세 제보의 접수·처리를 통해 국민과 함께하는 탈세 감시 체계를 활성화하고, 국제거래를 이용한 소득 탈루 행위를 방지하기 위해 해외탈세 제보를 권장하고 있다. 제보 대상 유형은 아래와 같다.

- 외국인(또는 외국법인) 명의로 해외에서 자산을 은닉한 사항
- 해외 현지법인 등을 통해 소득을 국외로 부당하게 이전한 사항
- 국내·국외 발생 소득을 누락하고 이를 국내와 국외에 은닉한 혐의
- 해외투자를 이용하여 기업자금을 유출한 사항
- 해외에서 호화 사치·도박 등을 일삼는 자에 관한 사항
- 세금 등과 관련하여 해외 교민·언론 등에 알려진 내용
- 세금 문제 등으로 해외 교민사회에 물의를 야기한 사항
- 기타 해외 정보로서 가치가 있다고 판단되는 사항

해외탈세 제보 신고 방법

해외탈세 제보는 다음과 같은 방법으로 신고한다.

- **인터넷:** 국세청 홈페이지(www.nts.go.kr) → 탈세 제보 → 해외 탈루소득
- **서면:** 세종특별자치시 노을6로 8 – 14 국세청 국제조사과(우편번 호 30128)/8 – 14, Noeul 6 – ro, Sejong Special Self – Governing City, Korea 339 – 003 National Tax Service, International Investigation Division
- **전화:** +82 – 44 – 204 – 3687
- **Fax:** +82 – 44 – 216 – 6090

처리 절차와 회신

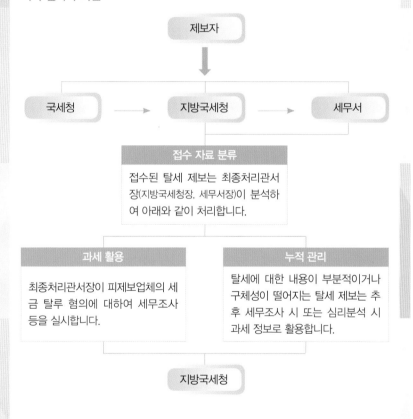

탈세 제보 포상금 안내

탈세 제보의 실효성을 제고하고 성실신고를 장려하기 위하여 탈세 제보 신고에 대해 포상금을 지급하고 있으며, 구체적인 안내는 국세청 홈페이지(www.nts.go.kr)를 통

해 확인할 수 있다.

「국세기본법」 제84조의2에 따른 '중요한 자료'를 제출하여 포상금 지급 요건에 해당되면 제보자는 탈세 제보 포상금을 지급받을 수 있다. 포상금은 아래 표에 따라 지급한다.

| 해외탈세 제보 포상금 지급액(지급률) |

탈루세액 등	지급률
5천만원 이상 5억원 이하	20%
5억원 초과 20억원 이하	1억원 + 5억원 초과 금액의 15%
20억원 초과 30억원 이하	3억2천5백만원 + 20억원 초과 금액의 10%
30억원 초과	4억2천5백만원 + 30억원 초과 금액의 5%

※ 포상금 지급한도 : 40억원

감수 및 저자 소개

박상혁 전무이사/세무사(감수)

학력
- 서울고등학교 졸업
- 경기대학교 응용통계학과 졸업
- 경희대학교 행정대학원 부동산학 석사
- 제35회 세무사고시 합격

경력
- 세무법인 택스홈앤아웃 PARTNER(전무이사)
- 한국세무사고시회 이사(전)
- 한국세무사회 홍보상담위원회 상담위원(현)
- 서울지방세무사회 조세제도연구위원회 위원(전)
- 하나은행 WEALTH MANAGEMENT 팀 세무고문
- 우수논문상 수상「주택양도소득세의 개선방안에 관한 연구」

전문 분야　병의원 회계, 부동산 컨설팅

감수　　　『병의원 만점세무』,『상속·증여 만점세무』

박상언 전무이사/세무사(감수)

학력
- 장충고등학교 졸업
- 연세대학교 경영학과 졸업
- 연세대학교 MBA/경영학 석사
- 제36회 세무사고시 합격

경력
- 세무법인 택스홈앤아웃 PARTNER(전무이사)

- 서울시청 세무상담위원(전)
- 한국세무사고시회 이사(전)
- 하나은행 PB사업본부 세무고문(현)
- 외환은행 PB사업본부 세무고문(현)
- 두올산업(주) 감사(현)
- (주)케이아이엔엑스(KINX) 감사(현)
- 학교법인 경문학원 감사(현)
- (주)IR큐더스 감사(현)

전문 분야   상속증여세, 법인세, 경영 컨설팅

감수   『병의원 만점세무』, 『상속·증여 만점세무』

박상호 이사/세무사

학력   - 반포고등학교 졸업
           - 중앙대학교 회계학과 졸업
           - 연세대학교 경제대학원 경제학 석사
           - 제39회 세무사고시 합격

경력   - 세무법인 택스홈앤아웃 PARTNER(이사)
           - 세무법인 진영 근무
           - 아카데미비엔지 세무강사
           - 하나은행 WM사업본부 세무고문
           - 하나은행 PB사업본부 세무고문
           - 외환은행 PB사업본부 세무고문(현)
           - AIG 생명보험 세무고문
           - 컨설팅2사업부 본부장

전문 분야   상속, 증여, 양도세, 법인세

저서   『상속·증여 만점세무』(공저), 『더존 전산회계1, 전산회계1급 기출문제
           해설』

학력
- 대원여자고등학교 졸업
- 이화여자대학교 경영학과 졸업
- 연세대학교 법무대학원 조세법 전공(석사)
- 제43회 세무사고시 합격

경력
- 세무법인 택스홈앤아웃 PARTNER(이사)
- 하나은행 PB사업본부 세무고문
- 하나대투증권 세무고문(전)
- 하나은행 WM사업본부 세무고문
- 외환은행 PB사업본부 세무고문(현)
- 한국투자증권 세무고문(현)

전문 분야   상속, 증여, 양도세, 법인세

저서   『병의원 만점세무』(공저), 『상속·증여 만점세무』(공저)

학력
- 송악고등학교 졸업
- 국립세무대학 내국세학과 졸업
- 제39회 세무사고시 합격

경력
- 세무법인 택스홈앤아웃 PARTNER(이사)
- 국세청 8년 근무
- 국민생활체육회 이사
- 컨설팅사업부 본부장

전문 분야   조세불복, 세무조사 컨설팅, 재산제세

이호준 세무사

학력   • 대구경신고등학교 졸업
            • 경희대학교 경영학과 졸업
            • 제56회 세무사고시 합격

경력   • 세무법인 택스홈앤아웃 세무사